大地之下

Underland: A Deep Time Journey

時間無限深邃的地方

羅伯特・麥克法倫 Robert Macfarlane 著
Nakao Eki Pacidal 譯

那兒黑暗嗎？
那青草穿過毛髮而生之處？
虛無的地下世界黑暗嗎？

虛無向地表遷徙……

海倫．亞當，〈下方暗處〉，一九五二

《地球物理學進展》，二〇一六

一枚墜向地心的螢光，也是逆升的星芒

——以全身上下，來閱讀《大地之下》

撰文　詹偉雄（文化評論人）

航行到最遙遠的點，我的經驗已到極致。……他的黑暗是不可刺穿的黑暗。我看著他，就像你向下窺視著一個人躺在懸崖底部，而太陽從不會照到的地方。——約瑟夫．康拉德，《黑暗之心》

你們不是鷹，因此你們不知道精神在驚恐中體會的幸福。不是鷹的人，不能在深淵之上做巢棲息。——弗里德里希．尼采，《查拉圖斯特拉如是說》

詩，表達的不只是體驗的意義，還有意義的體驗。——泰瑞．伊格頓，《如何閱讀文學》

拿到《大地之下》的中文翻譯稿，翻讀之前，我坐到桌邊，打開瀏覽器，隨意檢索，看看英語世界的書評作者，是怎麼評價這本書。

依據過往的經驗，在那個圈子裡，評論者會援用受評書所展現的鮮明特質——也許是題材之奇特、運筆之魔幻，或某些強勁、具後座力的道德啓示——揀選近似的字詞、腔調或語法，發之爲文，這是一種戲仿，當然也代表著某種尊敬。這些寫手要不是以評論爲專業的資深作家，就是同一領域裡著作等身的老手，對一本書作出讓人過目不忘的提綱契領，是在那本書的風采上，暗暗抹下一筆自己創作的印記，對原作者和讀者來說，也是讀來十分過癮的事。

但在提及評論《大地之下》的這些文字之前，我得先說說更早之前讓我印象極其深刻的羅伯特．麥克法倫新書評論，那是一篇刊登於二〇〇三年五月十日《愛爾蘭時報》，奶奶級的專欄作家阿敏塔．華萊士（Arminta Wallace）在她的專欄「巔峰季節」（Peak Season）中所寫，關於麥克法倫第一本書《心向群山》的閱讀報告。

她先是這樣說：「這本書的章節有關於冰、冒險、態度、地圖。有驚人廣泛的文獻索引，從約翰．羅斯金、羅蘭．巴特到 C.S. 路易士的《納尼亞傳奇》，還包含對一九二四年命喪聖母峰之馬洛里的一段動人（但又耳目一新地毫不傷感）的記述。」接著她話鋒一轉：「麥克法倫驚嚇我們的是：藉由實境冒險所產生的讓人驚駭卻又栩栩如生的這些片段（some horribly vivid snippets of real-life derring-do），在我們眼前的，不是沙發旅行家，而是這樣一個傢伙——用懷裡的袖珍摺刀（penknife）刮掉他凍傷指尖上的老皮，然後在香菸打火機燃起的火焰裡一把燒盡。」除了「horribly vivid snippets of real-life derring-do」讀來有一種喘不過氣來，擬眞的現場感之外，讀者應當也可明白「penknife」的雙關含義：它也是一把用筆做的刀，那麼受切削、被火焰吞噬的，就不是老皮，而是歷險歸來寫就的刻骨銘心文字，但只要太過慌張、失之精準，作者可是一樣硬派地要除之而後快，正如他在冰雪風霜的現場那樣，持守著一種果敢的明快。

這當然是阿敏塔．華萊士女士對年輕作家麥克法倫的讚賞，在那個英語文學世界還對他陌生的年代，阿敏塔用她的文字「說」出了麥克法倫書寫的奇異特質。《心向群山》和後來陸續出版的《荒野之境》與《故道》組合成「鬆散的行路文學三部曲」，不僅創造了不凡的銷售量，也使不少評論家認爲傳統的旅行文學類型已經無法收納他的寫作，麥可法倫的書寫應該獨自成爲一種文類，諸般過程，華萊士女士當記一功。

二〇一九年出版的《大地之下》是麥可法倫自然書寫系列的第五本。之前的《地標》結集了他對自然地景的字源系譜學研究——用哪個字或詞語來指涉哪種地形，既是地方，也是歷史、風土、人類學和文學，非常多層次，也麻煩得很——加上對幾位傑出自然地景作家的作品導讀和傳記探索，沉甸甸有著份量，我私下揣度：這會不會是麥可法倫在劍橋大學獲得博士學位的論文內容之一部分。一以貫之的是，他在撰寫這些前輩作家的評論與介紹時，採取的也是前三本書的田野式行路策略，例如他寫以《游隼》一書知名的孤寂作者J.A. 貝克，除了按書索驥沿著英格蘭東南海岸線，複製著當年貝克的行腳，往天空去張望、在草徑中追逐這殺戮的猛禽之外，還造訪了艾塞克斯大學的貝克紀念室（貝克正是艾塞克斯郡長大的小孩），在一只一百公升的檔案箱裡翻箱倒櫃，藉著好幾把望遠鏡——地圖和手記，拼湊出這位因慢性疾病而快速老化的寂寞作家，如何在追鳥的過程中化身爲鳥，掙脫了身形束縛的故事。

《地標》當然也是好看的書，但當我讀完《大地之下》，我清楚知道它是一本過渡的著作，在寫完「鬆散的行路文學三部曲」後，麥克法倫顯然有個新的計劃，如果前三本書分別指向自然裡某個特殊地景——險峻拔高的山岳、隱隱作祟的荒野、湮沒在時空中的故道，這新的一本當然也會有個相對應的宏大主題；顧名思義，《大地之下》深入的是地底——黑暗、幽閉恐懼、未知，而且是更加粗礪、荒涼、時空相忘的自然世界。

先來看幾則評論：《衛報》的威廉．戴倫坡（William Dalrymple）爲文〈一場向著深度時間（deep time）的眼花撩亂旅程》，他說《大地之下》爲了探究暗黑裡交錯的地下路徑，作者再度將數個知識領域迷宮般交織在一起：歷史與記憶、文學和地景、地底觀察加上高妙散文，但這些學問最終之所以得有一種啓明（illuminated）的結果，在於麥克法倫「對語言進行了發明（inventive way of language），最好的狀態是」，他說：「這本書有著既是史詩，也是咒語的品質。」《紐約時報》前書評版主編都艾．加納（Dwight Garner）說它讀了「有種刺痛感，閱讀麥克法倫就像閱讀戴爾（Geoff Dyer，以《然而，很美》成名的英國全方位作家）一樣，當你讀著讀著穿越一道圖書館的門、一具下水道人孔蓋、一條蓊鬱林中路，它引領你抵達的卻不是最終章節，而是另一場嗑藥大會與銳舞派對」。

但讓我難忘的，是在美國紐約巴德學院（Brad College）發行的文學期刊《連結》（*Conjuctions*，雜誌有一個副標題：讀得危險一點／Read Dangerously）第七十三期（二〇一九年秋季號），一篇由資深自然文學作家戴安．艾克曼（Diane Ackerman）訪問麥克法倫的對話集。黛安的書《感官世界》與《鯨背月色》曾是上個世紀自然書寫領域中的引路之作，但她訪問四十三歲的羅伯特時已經七十一歲，也是準老奶奶級的前輩了。

黛安說：她發現羅伯特所有的書都有「大開眼界」（eye-opening）的特質，特別是針對地景敏銳調控出一套「可口、激賞，有時近乎法醫般」的細節描繪，這些描寫都有一種身體覺察感，彷彿它是一種地球上的生命形式，能夠同時感受與思考，「一個人的心智和身體，怎能如此精緻地與地景交織」，不論在地的感受是崇高、怖懼、骯髒、痛苦或是致命的，「地景將它自己烙印進（inks onto）你的身體，一點一滴（dot by dot）。」而羅伯特總能將激情和無法言喻的誘惑，轉譯成文字，這些文字雄辯滔滔，常常帶有詩意，而且也被迫豐富了英語的字庫，因為作者必須往古代或稀有詞源（但非常精準）去考掘，找出符合眼前大地最恰當的形容，「如果一個作者可以用一百種字來描繪雪，那他肯定是一位與眾不同之理解雪的人。」

同樣身為自然文學作家，黛安說她明白這類型寫作有特殊難處：在現場體驗是一回事，回到書房，要把經歷寫出來讓讀者感受，則是另一件事。她說自己寫作，就有一個麻煩之處，稱之為「修改的冰河化」（glaciation of revisions），點點滴滴，冗長而無休止，別人認為乏味，但她卻認為在字詞上不斷修整，找尋辭意更多的弦外之音，是她志業所在，不管得花掉多少時間，「發現一種方法讓世界能『說出話來』（make the world sayable），讓人感受到一種『礦物氣息般、內在的』（minerally, viscerally）滿足。」她也用一種「麥克法倫式」的修辭，來比喻此類作者拉鋸的兩種內心世界：一種是旅行時「用手指感覺世界」（fingering the world），讓感官來閱讀它，另一種則是寫作時「像僧侶般入定」（monk-like remove），兩種都需要對當下投以高度專注，雖然前者更可能包含讓人毛髮直豎的困局和驚嚇。接著她問麥可法倫：地下的時間和地上的時間，感受有何不同？曾經去過地下，是否對時間的概念有所改變？

在對話中，羅伯特謙遜地說：黛安的問題本身其實就是一篇優美回答的散文，他的回應不會更好，但他也承認，自身也是一個修辭的完美主義者，光是《大地之下》正文的第一句話：「進入地下世界的途徑，是穿過皸裂的老白蠟樹幹」（The way into the underland is through the riven trunk of an old ash tree），就花了好幾個禮拜才寫出來，整本書的前十五頁和關於格陵蘭與芬蘭的章節都花了同樣長度的時間，重寫好幾次，才最終定稿。羅伯特說他對散文中的韻律節奏和聲音模式非常執著，他矢志讓他的每一個句子——橫跨十三萬字的整本書——都擁有近似的韻律魅力和聲響質地（prosodic attention and acoustic life），讓英語讀者讀起來會毫不猶豫地想到十四行詩的「商籟體序列結構」（sonnet sequence）。

看他說到這裡，我馬上翻出書來，找出一個疑似精心打造的段落，對照起英文，大聲地唸起來：在無雲之夜仰望夜空，你能看到億兆公里外的恆星之光，但若是向下看，你的視線卻止於表土、瀝青和腳趾（Look down and your sight stops at topsoil, tarmac, toe），連續好幾個「t」，果然好有土味。

「深度時間」是《大地之下》的一條情感主軸線，相較於人類城市生活中的分分秒秒、生老病死，深度時間是地球洪荒造陸至今，以迄太陽五十億年後熄滅，捻熄生命最後一口氣息間的時間尺度，由岩塊、冰、鐘乳石、海底沉積物與漂移中的地殼板塊來紀年。這時間在陸地表面上難以感受，但當麥克法倫深入地表以下，以身體認識這巨大時間造就的孔洞與穴室，思索最早的人類在石壁上留下的赭色手印，對比巴黎地穴裡探洞者留下的綠手印，又細看當今人類如何將核廢料塞入地底的霸王式佈局，這個抽象時間便具備了巨大的存有論哲學意義——既然人的一生對比起這深度時間渺小得近乎無意義，那我們是就此虛無享樂地過掉一輩子，還是自己模塑出一種渴望搏戰的生命意義，爲止住人類毀滅世界的部署，在暗夜中奮力燒出一點螢光？

《大地之下》的空間軸線是高度立體的，它的第一章取名「降下」，最後一章則是「浮現」，横亙這兩者之間的是四十六億年的地球歷史旅行，從一腳踏入英國門迪丘陵的墓葬場起，經由巴黎地下穴室、倫敦地底菌絲森林到斯洛維尼亞的空心之地；由挪威羅弗登群島史前洞穴、格陵蘭的融解冰帽，再到芬蘭西部晶亮的核子廢料儲存槽（麥克法倫說他從小就是個「北方控」〔north-minded〕），終曲是回到英國劍橋郡羅伯特家旁林藪中的九道湧泉，與四歲幼子相偕攜行。這趟旅行，除了空間經歷，還包括歷史探求——祖先們總是把最珍貴與最羞恥的埋入地底，知道先人在此發生了什麼事，可讓身體銘刻進更多的感受，反芻人性中複雜和不可說明的質地。而同時，在當今的「人類世」（Anthropocene）中，由於人類大量開發抽取，許多過往永恆被埋葬（burial）的事物開始陸續出土（unburial），也帶來許多巨大的不可測結果，整本《大地之下》的行文都可探測到這種不合諧音的嗡鳴，匍匐潛行在商籟體的底層。

因而，相較於「鬆散的行路文學三部曲」，《大地之下》是快節奏與幽暗的驚悚劇，它們相同之處在於內涵都是「身體的詩劇」，麥克法倫竭心盡力設法——要讓讀者感受到他所說的，人類面向地下世界的「癡迷、費解、強迫症、啓示錄」，在地底，即使戴著岩盔，他也努力要讓讀者頭部直擊岩壁和坑道，在通篇清幽、玄思的《湖濱散記》中，梭羅最暴力的一段話如下：「我的頭就是手跟腳，我覺得最好的能耐都集中在裡面，我本能告訴我：我的頭就是一個挖洞的器官，正如某些動物的鼻子和前爪。」在〈隱形城市〉這一章，麥克法倫描寫地鐵列車開過穴道頂端，帶著比梭羅更強悍的硬派風格：

> 我感覺我周遭的岩石，包著我的岩石，彷彿棺材一樣測量我的岩石，開始振動。……我想叫喊，但是不能；想回頭，也不能，於是只能繼續一寸寸向前爬，口中含著灰塵，手指扒著粗糙的石面，身後拖著背包，一切都在靜默中進行，唯

有響起又退去的火車隆隆聲，以及粗重的喘息、如鼓震的心跳，如此度過腸胃因恐懼而翻攪的五分鐘後，空間變寬，我們可以跪著了，然後我們能站立了，然後我們能行走，然後我們快到旗廳了。——《大地之下》，頁一九四

但在遙遠距離外的另外一章，彷彿爲了要平衡恐怖、眩暈和暴力，他也可用這樣的文字寫道：

我們所有人身上都帶有生痕化石——亡者和故人留下的痕跡。信封上的筆跡；踩踏磨損的木階；記憶中故人熟悉的手勢，那記憶如此反覆出現，在空氣中和心靈上都磨出刮紋。這些也都是生痕化石。其實有些時候，失去所留下的一切都是生痕，也有些時候，空無比存在本身更容易留在我們心頭。——《大地之下》，頁九八

對於中文讀者如我，也許無法察覺到商籟體行走的韻律，但是三段主述結構，佐之以明暗閃爍的地上地下穿越，時空如幻似夢，閱讀過程有如聽完一曲在鬆緊、簡繁、動靜上皆有對比與拉鋸的交響曲，十分享受，這是可以感受得到的。在我有限的

閱讀經驗裡，可以這麼說：如此這般在散文中能有如此「時間之技藝」全面調控能力的，在麥可法倫之外，暫時沒有第二人。

《大地之下》二〇一九年上市之際，出版書商與英語世界評論者都看重它對當今世界的警世意義：隨著地球暖化，許多地下事物浮上地表；滾動時光流轉，被掩埋的黑暗殺戮重見天日；要經濟更多成長，大企業有各種像地底抽取的新計畫。麥克法倫指出：自然學者愛德華．威爾森（E. O. Wilson）所說的「孤寂年代」（The Age of Loneliness）即將到來，人類大量消耗超過我們需要的事物，最終地球將被掏空，僅餘回聲，因此，他呼籲一種燃燒自己小宇宙的入世淑世行動方案，作爲對深度時間的積極回應。

但身爲中文讀者如我，卻更著迷他的文字抒情世界裡，藉著自然地景的描摹，對東方讀者的內在身體自性，作出啓蒙與開光的那種現象學作用，也許我們都先得讓身體連接上周遭的萬物，讓情感的脈衝電光石火重整起對世界全然新鮮的認識，如此，「人類世」往「資本世」（Capitalocene）的荒謬轉折才不會僅是抽象的道德訓斥，而能成爲生命眞理。譬如他在《荒野之境》裡對當代地圖的批評，比任何政治經濟學的析理都更吸引著我：

道路地圖，它無視於達特摩爾荒原上的迷霧，它像牛奶一般黏稠、流動，以及蘭諾克的黑泥炭，它是如此接近流體，幾小時內就能把人的腳印抹掉。它不知道蒼鷹棲息在黑峰山的森林，也不知道雀鷹在劍橋郡的獵食路線。

我也是在《荒野之境》的最末一章，才對麥克法倫的書房有著驚鴻一瞥。那時他剛剛完成爲寫作整本書的全部旅行，在書房裡靜靜整理思緒，他把最後一趟旅程拾起的一塊石頭——帶著雲母斑點的卵形淡色花崗石，是一位創造荒野朋友的遺物——排入先前收集的幾顆在地石頭，先是以發現它們的地點，排成一張地圖，排著排著，羅伯特發現他開始用時間序排了起來：寒武紀、奧陶紀、志留紀、泥盆紀、二疊紀、侏羅紀……，接著他抬頭看看，書架上還有一些別的紀念物，靜止在這浩大的時間之流中：猛禽的羽毛、木刻的海豚、帶缺口的蛾螺、風乾的柔荑花。

這大概是《大地之下》本書的最早發源之處了。

目次

壹號室

進入地下世界的途徑，是穿過皸裂的老白蠟樹幹。

晚夏熱浪，燠重空氣。蜜蜂在草上盤旋，令人昏昏欲睡。金黃色筆直的玉蜀黍，新刈的綠色乾草，刈後田野上散落的黑色石塊。看不見的火在地勢較低的某處燃燒，孤煙如柱。有小孩對著金屬桶扔擲一個又一個的小石子，**叮，叮，叮**。

走上一道穿越田野的小徑，經過一座山丘來到東面，九座圓形的墓塚突出於大地上，像椎節之於脊柱。蒼蠅群集成亮閃的浮雲，三匹馬在其間佇立不動，偶爾嗖然掃尾，頭部猛然抽動。

爬上梯凳越過石灰牆，沿溪來到小樹叢厚生的斜坡，古老白蠟樹生長之處。樹冠對天向榮，樹枝長而低傾，樹根深入地底。

燕子旋舞衝飛，羽毛閃爍。貂在空中跳躍交錯。有天鵝在高空咯吱振翅，向南飛去。這地上世界非常美麗。

白蠟樹幹的基部裂開，形成一道崎嶇的裂隙，只容一人穿過中空的樹心，降入下方的黑暗空間。裂隙邊緣被摩挲得平滑光亮，是走過此路的前人所爲。他們都通過白蠟樹進入地下世界。

白蠟樹下，迷陣開展。

樹根之間有一條陡峭深入地下的岩石通道。色彩淡去而成灰色、棕色、黑色。冷空氣掠過。上方清一色堅固的岩石。地面已難想像。

循此通道，迷陣漸次展開。兩側裂隙捲曲。方向難以維持。空間表現古怪——時間也是如此。地下世界的時間自成一格，稠化，匯集，流動，沖刷，減慢。

通道轉彎，轉彎，再轉彎，變窄，通往意想不到的空間。眼前穴室忽現，聲響陡然，引發共鳴。牆壁乍看之下光禿無奇，但離奇情事旋即出現。地下世界的場景在石上顯現，在時間裡彼此相距甚遠，但在回聲裡欣然結合。

某個喀斯特陡坡的洞窟裡，有人吸入一口紅色的赭石塵，將手放上洞窟石壁，手指張開，拇指向外，手掌貼合石面，然後用力將赭石吹向手背。紅塵乍然，手抽離石面，石頭染上紅塵之色，留下印記如魅。手移動，更多吹塵，留下另一個隱約輪廓。方解石將會流過表面，封存印記。這印記會存留超過三萬五千年。是什麼樣的印記？快樂？警告？藝術？抑或黑暗中的生活？

大約六千年前的北歐，一個分娩時與男嬰一同死亡的年輕女子被小心降入淺沙土壤中的墓穴。她身旁鋪著天鵝的白色羽翼，小男嬰安置於羽毛上，在死亡中受到天鵝羽翼和母親臂彎的雙重擁抱。堆起的圓形土塚標示這墓葬之所：女人、嬰兒、白天鵝之翼。

羅馬帝國創建之前三百年，一座地中海島嶼上，一名金屬工匠完成銀幣的圖案設計。硬幣表面有個方形的迷宮，迷宮上方邊緣有道入口，通向中心的道路錯綜複雜。迷宮的牆壁就像硬幣的邊緣一樣微微凸起，拋出光澤。迷宮中心雕出牛頭人腿的動物身影——米諾陶牛頭怪，在黑暗中伺機而動。

在那之後六百年，埃及的一名年輕女子盛裝端坐以備入畫。她有著濃密的黑眉，色深如墨的大眼睛。一條綴著金珠的金屬曲帶將她的黑髮從前額向後攏起。她戴著金色的圍巾和胸針。畫家以熱蜂蠟、金箔和彩色顏料作畫，層層疊加於木頭。他畫的是這名女子的遺像。她死時這畫像會被置入木乃伊的裹布內，取代她眞實的面容，當她的軀體在繃帶下衰敗，這畫像會常保青春。這些最好在人容光煥發時及早進行。她的身軀將安放在大墓園，這座死者之城築於低陷沙漠的入口，墓室牆壁襯以石灰岩，並覆上石英岩板，以阻止盜墓人挖掘。靠近穹頂處則有超過一百萬具朱鷺木乃伊。

十九世紀晚期，南非的一座高原下方，礦工在當世鑿得最深的狹窄隧道中爬行，從沉落的黃金礦脈中拖出含金礦石。成千上萬的年輕人爲求工作移居此地，最終死於落石和事故。還有更多人年復一年在索命的黑暗中吸入岩塵，最終死於矽肺病。在擁有礦權的企業和驅動開礦的市場看來，這裡的人體用完即丟，不過是微小不可靠的提煉工具，失效或損壞時就得更換。他們開採的礦石將被粉碎冶煉，產生的財富充實的是遙遠異國股東的荷包。

印巴分治後不久，印度喜馬拉雅山腳下的一個洞窟裡，有個年輕女子每天冥想十六小時，長達七十五天。她靜坐如石，紋絲不動，唯有口唇頌唸梵咒。她通常在夜間外出，在無雲的日子裡可見銀河揮灑而過山峰之上的夜空。她掬飲聖河之水、採擷周圍土地的野生漿果和果實以維生。梵咒、孤寂和黑暗使她感知一新，她的視野產生深刻的變化。結束靜修時，她感覺自己廣袤有如蒼穹，古老彷彿山巒，無形勝似星光。

三十年前，有個男孩跟他父親在屋子裡用榔頭的爪撬開一片地板。他們即將告別這棟房子，於是用果醬罐製作了一個時間膠囊。男孩將一些物件和訊息置入罐中。一個蘭開斯特轟炸機的壓鑄模型；白紙上用紅色墨水畫出的他左手的輪廓；爲找到這罐子的人所留的自述，以鉛筆寫在筆記本紙頁上：**以我的年紀來講算是很高，很金的頭髮，最大的恐懼是核子戰爭**；已經停止的手錶，有發亮的指針和錶面，他喜歡用手摀住錶面，看錶上發光的數字。他倒了一把米進去吸收濕氣，擰緊黃銅罐蓋，放入藏匿點，再將地板釘回去。

一座死火山深處有片鑽挖出來的隧道網路，位在名爲鬼舞（Ghost Dance）的地殼斷層上方。通道斜斜沒入傾斜的地層，並在儲存區內平鋪開來，組成置物廊道。這些廊道要用來掩埋高階核廢料——放射性鈾丸以鐵包覆，外面再包上銅，然後埋藏在鬼舞斷層上方，等待度過千百萬年的半衰期。危險物質的時間尺度令負責埋藏廢料的人煞費苦心：如何讓遙遠未來的人得知核廢料的危害？這風險之長久不僅長過核廢料製造者的壽命，可能也長過整個人類物種。要如何標記這個地點？如何讓來到荒漠此地的任何生物了解，這石棺裡埋藏的東西並無價值，極端有害，**無論如何都不該打開**？

在一道泥濘的岩棚上，深入山中洞窟系統四公里處，十二個男孩和他們的足球教練因洪水而受困，為了保持手機的電力，他們不使用手機照明，坐在極度的黑暗裡，日復一日等待著，看水是漲或退，看是否會有奇蹟發生，是否有人前來營救。每過去一個小時，洞穴的氧氣就隨著他們的呼吸而減少，二氧化碳隨之增加。上方山頭季風雲團湧現，更多雨水還將滂沱而下。山外聚集了來自六個國家的數千名救難人員。起初他們不知道孩子是否還活著，而後他們在深入洞穴系統三公里處的洞壁上發現了泥手印。這帶來一線希望。潛水員在洪水氾濫的通道裡向前再向前推進。入山九天之後，男孩聽到流經岩壁的河流中有聲音傳來。然後他們看到水中有亮光。氣泡冒出。亮光升起。男孩和教練被這人的頭燈照得不斷眨眼。一個男孩舉手致意，潛水員舉手回應。「你們有多少人？」潛水員問。「十三。」有人回答。「來了很多人。」潛水員說。

在皸裂的白蠟樹下，迷陣當中，不可能的穴室裡，地下世界的場景沿牆展開。三個相同的任務在不同的文化和時代反覆出現：庇護珍貴之物，產出有價之物，處置有害之物。

庇護（回憶，珍貴物品，訊息，脆弱的生命）

產出（資訊，財富，比喻，礦物，願景）

處置（廢物，創傷，毒物，祕密）

長久以來，我們將所恐懼的和想擺脫的，以及所珍愛的和想保存的，都安置在地下世界。

一、降下

我們對腳下世界所知甚微。在無雲之夜仰望天空，你能看到來自億兆公里外的恆星之光，可以認出小行星撞擊月球表面留下的隕坑。但若是向下看，你的視線卻止於表土、瀝青和腳趾。即使離地面僅僅十公尺，但我身陷古代海床石灰岩層平面的光亮巨頷時，卻有股罕見的離世之感。

地下世界安守秘密。億萬年來，眞菌將一棵棵樹木連結成互通聲氣的森林，但生態學家直到過去二十年間才循線追出林地土壤中細密交織的眞菌網路。二〇一三年在中國重慶發現的一個洞窟網絡竟然擁有自己的天氣系統——在太陽遠遠照射不到的地下，洞窟中心的龐然空間裡豐沛水汽層疊，雲朵彌漫的巨大穴室內冷霧飄移成形。而在義大利北部的石灰岩下方三百公尺處，我沿著繩索垂降，穿過一處廣大空間的穹頂，這裡被沉入地底的河流所切割，被黑色沙丘所充塡。徒步穿越那些沙丘，彷彿在無光的行星上跋涉穿越無風的沙漠。

何故向下？向下是一種反直覺的行動，逆著理智的紋理、精神的坡度而行。刻意將什麼放入地下，通常是爲了避免有人輕易望見，而要積極由地下世界取回東西，幾乎都得大費周章。地下世界難以企及，長久以來都用以象徵不易言說觀看的一切——失落、悲慟、隱晦的心靈深處，以及史卡莉（Elaine Scarry）稱爲「幽深地下事實」的身體痛楚。

人類對地下空間的憎惡有長久的文化史背景。與地下世界相連結的是麥卡錫（Cormac McCarthy）所謂的「世界內部可怖的黑暗」。恐懼和嫌惡是面對地下環境時普遍的反應，污穢、死亡和慘酷勞動是自然的聯想。幽閉恐懼是各種恐懼症當中最激烈的一種。我經常注意到，即使不是親身經驗，只是聆聽敘述或形容，幽閉恐懼依舊令人焦慮，威力遠勝眩暈。聆聽被囚入地下的故事會教人坐立難安，望向光亮，彷彿光是言詞就能將人圈禁。

我還記得十歲閱讀到的描述，在加納（Alan Garner）的小說《布里希嘉曼的怪石》（*The Weirdstone of Brisingamen*）中，兩個小孩爲了躲避危險，鑽入柴郡阿德利斷崖（Alderley Edge）砂岩露頭下方的地道逃跑了。斷崖深處的岩石親密相擁，作勢要將他們包夾：

> 他們直直躺著，牆壁、地板和屋頂緊貼他們，有如第二層皮膚。他們的頭轉向一邊，因為換作任何姿勢，嘴巴都會被屋頂壓入沙中而無法呼吸。由於他們完全不能曲腿，彎曲肘部又會導致手臂無助地卡在身下，前進的唯一辦法就是靠指尖和腳趾推動。〔然後柯林的〕腳跟卡到屋頂了，他既不能上也不能下，突出的岩石卡進他的小腿，他痛得叫出聲來，卻無法動彈……

那些段落令我心底發冷，肌肉因為同情而收縮。而今重讀，我的感覺依舊。那情境至今還在我身上施加強大的敘事牽引。柯林無法動彈，我則手難釋卷。

人類對地下世界的厭惡深藏於語言和故事。我們常用的隱喻中，高度為人所尊重，深度為人所貶抑。Uplifted（昂揚）優於 depressed（消沉）或 pulled down（拆毀）。Catastrophe（浩劫）的字面意義是「急轉直下」，而 cataclysm（災變）意為「向下的暴力」。主流的觀察與表現手法中隨處可見對深度的偏見。葛拉漢（Stephen Graham）在《垂直城市》（*Vertical*）中稱地理學和製圖學具有「平面傳統」，以及因此導致的「大體水平的世界觀」。他指出，我們覺得很難脫離習以為常的「堅決扁平觀點」，而他認為這不只是政治上的失敗，也是感官的失敗，因為這使我們不願去關注地下網路中的抽取、開發與處置，而正是這面網路支撐著地表的世界。

是的，我們基於許多原因總是對地下不聞不問。但如今我們比任何時候更該了解地下世界。培瑞克在《空間物種》提出「要強迫自己看得更平」的誡命，我則反駁，「要強迫自己看得更深」。地下世界對我們的當代存在乃至於記憶、神話和隱喻的實質結構都至關緊要。這是一個我們每日思索、每日形塑的地形，我們卻傾向於不去承認地下世界存在於我們的生活當中，不將它那惱人的形象付諸想像力。我們的「扁平觀點」愈來愈不適合我們所居住的深層世界，以及我們即將在深度時間裡留給後世的遺產。

我們正活在人類世，這個全球性巨大可怖變遷的世代，「危機」不再是恆常向未來延遲的世界末日，卻不斷發生於現在，且總是最無助的人感受最深。時間陷入深刻的脫序混亂，地方亦復如是。本該深埋於地下的東西如今自行隆起。當這樣的東西浮現表面，人的目光很容易便被那入侵的污穢牢牢抓住，難以移開。

在北極地區，遠古的甲烷正透過永凍土融化形成的「窗口」外洩。原本埋在凍土之下的麋鹿屍骸，如今因腐蝕和溫暖而暴露出來，釋放出炭疽孢子。西伯利亞東部的一道隕石坑地面軟化，打著呵欠吞下數以萬計的樹木，並露出二十萬歲的地層，當地的雅庫特人稱之爲「通向地下世界的門戶」。阿爾卑斯山和喜馬拉雅山的冰河消融，退回數十年前吞沒的遺體。不列顛近來的熱浪讓古老的建築遺跡（羅馬時代的瞭望塔、新石器時代的城牆）閃現世人眼前，以麥田圈的形式在空中被觀察到——土地沉沒的過去在烈烤的天譴之中隆起，乾燥不毛有如X射線。捷克共和國境內的易北河近來夏季水位下降之多，連「飢石」都暴露出來——過去幾個世紀的人們在這巨礫上記錄乾旱，也警告乾旱的後果，其中一塊石頭上刻著：「若看到我，便哭泣吧。」五十年前的冷戰時期，美國在格陵蘭冰帽下建造了導彈基地，埋下的數十萬公升化學污染物如今開始向光移動。考古學家佩圖多提（Þóra Pétursdóttir）寫道：「埋在地層深處並非問題，問題是這些東西很持久，會存在比我們更長的時間，然後以一種不爲我們所知的力量反撲……一種『沉睡巨人』的暗黑力量。」從深度時間的沉睡中醒來。

深度時間（deep time）是地下世界的年表，從當下延亙到遠古，是地球史炫目的浩瀚篇幅。深度時間的單位是「世」與「元」①，而非人類微不足道的分鐘年月。深度時間是岩、冰、鐘乳石、海床沉積物和漂移板塊的歲月，通往未來也通往過去。太陽將在五十億年間耗盡燃料，地球隨之落入黑暗。我們的腳趾和腳跟同樣立於深淵邊緣。

深度時間裡存在著可以汲取的危險安慰，是食蓮民族的召喚②。既然智人這支人種於地質尺度而言轉瞬即逝，我們所作所爲有何重要？從沙漠或海洋的角度來看，人類的道德荒謬，可謂非關宏旨。價值的斷言微不足道。扁平的本體論甜美誘人，說眾生在終局的毀滅之前同等卑微。在行星恆常起落衰敗又修復的脈絡下，物種或生態系的滅絕根本無關緊要。

我們應該反抗這種慣性思維。確實，我們應該一反其道，將深度時間視爲一種激進的觀點，激勵我們行動，而非因此對一切漠不關心。我們以深度時間來思考，不是爲了逃離當前煩憂，而是要重新想像現在，以過去步調較慢的塑造與反塑造的故事，來取代當前的急躁貪婪和騷動。在最好的情況下，深度時間有助於我們認清：我們是過去億萬年和未來億萬年遺贈傳承的一部分，引領我們去思索要留下什麼給未來的世世代代。

遲滯的一切在深度時間裡活躍起來。新的使命到來。生命的歡快躍入心靈和雙眼。世界變得異常多樣，再度充滿活力。寒冰呼息。岩石潮信。山巒漲落。石頭搏動。我們生活於活躍不息的地球。

◆ ◆ ◆ ◆ ◆

為了尋找死亡國度的某物或某人而展開降入黑暗的危險旅程，這是最古老的地下世界故事。西元前兩千一百年左右蘇美人寫就的《吉伽美什史詩》有個變異版本，訴說吉伽美什的僕役恩基（Enki）奉主人之命降下冥府取回失落物件的故事。恩基航越「錘子」般朝他撲打的冰雹風暴，小船因為受到有如「頭槌烏龜」、「野狼」和「獅子」的波濤衝撞而搖搖欲墜，但他仍然抵達了冥府。他很快就被囚，直到年輕的戰士屋圖（Utu）開啓通向地面的洞穴，乘著高颸的微風將他帶回。恩基與吉伽美什在陽光中相擁親吻，說了數小時的話。恩基沒能取回失落的物件，但帶回消亡者的寶貴消息。「你有沒有見到我那些死產的孩子？他們從不知活著為何物。」吉伽美什絕望地問道，而恩基回答：「我見到他們了。」

世界各地都有類似的神話。古典文學中有許多希臘人稱為 katabasis（降入地下）和 nekuia（向鬼或神或亡者詢問人間未來）的事蹟，包括奧菲斯試圖從冥王手中帶走愛妻尤麗狄絲的故事，以及埃涅阿斯的航行——在父親的庇蔭之下，他受到女先知西比拉的引導和金枝的保護。最近受困山中洞穴的泰國足球員獲救事件正是一則現代的katabasis，因爲具有神話的力量而吸引了全球關注③。

這些敘述都暗示著某種近乎矛盾的東西：黑暗可能是視覺的媒介，而下降可能使人迎向啓示，而非剝奪。常見的動詞to understand本身就帶有那種深入事物下方才能全盤理解的古老意涵。動詞to discover的意思是透過挖掘而展現、下降並將之帶往光亮、從深處取得，這些都是古老的聯想。歐洲已知最早的洞穴作品是以點和手印的形式在西班牙的洞穴壁上畫成的梯子，定年在距今六萬五千年前，也就是智人由非洲初抵歐洲之前約兩萬年前。尼安德塔藝術家留下這些圖像，遠早於解剖學上所謂的現代人類抵達今日所稱的西班牙，而一位負責爲這項藝術品定年的考古學家寫道：「那時人們正踏上進入黑暗的旅程。」

《大地之下》是進入黑暗之旅的故事，也是爲追尋知識而降入地下的故事。旅途從宇宙創生時形成的暗物質，直到人類世的核子未來。敘事在深度時間這遙遠的兩端之間展開，講述著恆常變動的現在，各個章節也都有一個統整回聲、型態與關聯的表面網路，以呼應題旨。

在過去十五年以上的時間裡，我一直在書寫地景與人類心靈之間的關係。起初只是為了解答一個私人問題：為什麼像當時的我那樣的年輕人會如此深受山的吸引，甚至有時甘願以身殉愛？之後卻開展成為一項測繪計畫，綿亙五本書，超過兩千頁。從冰雪覆蓋的世界最高峰，我循著一條向下的軌跡，來到一個必然是終點的處所，探索地表之下的分層。威廉斯（William Carlos Williams）在一首晚期詩作中寫道：「下降之旅招手示意／在上升之旅招手之後。」而我到人生的後半段才明白他的意思。我在地下世界見過我但願自己永不忘懷的事物，也見識了我但願自己不曾見過的事物。我本以為這將是我最不人性的一本書，卻出我意料之外地成為我最具有公共性的一本書。若我之前作品的中心圖像是行者落下和抬起的腳，這些書頁的核心圖像便是攤開的手，為了問候、同感或製作標記而向前伸出。

我常懷想薩米人的地下世界，那揮之不去的景象，彷彿人類疆域的完美倒置，而地表是永恆的鏡像線④，於是「倒立而行的死者之腳能夠觸及直立而行的生者之腳」。那姿態的親密性向我迎來。自從看到早期人類留在馬特拉維索（Maltravieso）、拉斯科（Lascaux）或蘇拉維西（Sulawesi）洞窟牆上的手印，我就想著可以將手精準貼上那無名創作者留下的輪廓。我也想像一隻溫暖的手穿過冷硬的岩石，穿越時間，指尖對指尖，與我相遇。

◆ ◆ ◆ ◆ ◆

本書所要講述的旅程展開前不久，有人給了我兩樣東西，兩樣東西各有伴隨而來的請求，我得同意那請求，才能收下東西。

第一個物件的形狀和大小有如天鵝蛋，是青銅所鑄的雙層棺，入手沉重，內容刻毒。製作者在紙上寫下他的心魔：他的仇恨、恐懼和失落，他帶給旁人的痛苦，以及別人帶給他的痛苦。他將心中所有一切黑暗向那張紙上傾注。然後他燒了那張紙，將紙灰封印在以脫蠟法鑄造的青銅棺內。然後他在外面又加鑄一層青銅以提升強度。然後他釘入四根鐵釘，穿過青銅棺的中心，再截去釘末，將之銼磨光亮。這物件的力量強大異乎尋常，創作之強度近乎儀式。它大有可能製造於過去的兩千五百年間，卻偏偏是最近的製品。

獲得這青銅棺的條件是，我得將之安置在我去到的地下世界中最深或最牢固之處，讓這物件永不見天日。

第二個物件是鑿自鯨骨的貓頭鷹，是具護符，代表著魔力。這貓頭鷹以死後被沖上赫布底里群島某處海岸的小鬚鯨製成。鯨魚的某根肋骨被修成幾道截面，每道都厚不足一．二公分、高不及十五公分。其中一道截面再切成貓頭鷹的形狀，上有四道大膽刀痕：兩刀切出眼睛，兩刀切出羽翼線條。這物件之美非比尋常，具有冰河時期製物之簡潔。就風格而言屬於過去的兩萬年，卻偏偏是最近的製品。

獲得這東西的條件是，無論何時進入地下世界，我都得帶在身邊，讓我在暗中也能視物。

＊注1：地質時間以元（aeon，或譯為宙）為最大單位，其下分代（era），代下分紀（period），紀下分世（epoch），世下分期（age），期下分時（chron）。我們所處的時期是：顯生元新生代第四紀全新世，最早的時期則是冥古元隱生代，約始於四十五億六千七百多萬年前，也就是地球誕生的時代。地質時間的劃分純屬人為，與曆法中年月日等固定的時間刻度不同，通常以地球史上的重大事件或現象為劃分標準，如無生物的隱生代便以DNA等最初生命形式出現告終。——譯注

＊注2：洛托帕奇人（Lotophagi/lotus-eater）是希臘神話中的一個民族，居住在蓮類植物繁盛的島上，以麻藥般的蓮類花果為食，因此縱情享樂，對世事漠不關心。——譯注

＊注3：二〇一八年七月，十二名泰國足球隊男童與教練因洪水受困山洞深處，九日後由兩名英國洞窟潛水員發現而獲救。——譯注

＊注4：在某個形狀或某組圖形上畫出一條線，該線兩側呈現完美對稱。——編注

第1部

眼見

不列顛

二、墓葬（門迪，薩默塞特郡）

黑暗中，一個天然洞窟裡，石灰岩架上躺著一名小孩。這孩子不見天日已經超過一萬年。在這漫長的時間裡，銀漆般的方解石從四周的岩上流下，將這具身體包覆成繭。

一七九七年一月的某一天，兩個年輕男子到薩默塞特郡的門迪丘（Mendip Hills）獵兔。他們從溝壑的陡坡上趕出一隻兔子，兔子逃開並躲進雜亂的巨礫堆中。兩人實在餓了，想要逮住兔子，於是搬開一些岩石，「意外發現一條隱密的地道。」地道陡然將他們引往石灰岩懸崖，通向「一個巨大而高聳的洞穴，穴頂和壁面有著再奇異不過的波紋與浮雕」。

冬陽尾隨他們身後，照亮整個空穴。他們所見的是葬骸所，左側的地面和岩架上滿是散開的骨頭和完整的骷髏，「雜亂躺臥，幾欲化爲岩石」。骸骨因方解石而閃閃生光，紅色的赭石粉末則令其中一些骨頭蒙塵。洞穴頂端懸吊著一具大型石鐘乳，敲擊下聲若洪鐘，在洞穴空間引發回響。石鐘乳已經往下伸，開始吸收一副骷髏，嵌入其中的是頭骨、一段股骨和兩顆琺琅質還完好無損的牙齒。

洞穴中還有動物遺骸：棕熊的牙齒、歐洲馬鹿的鹿角製成的倒鉤矛刺，還有猞猁、狐狸、野貓和野狼的骨頭。此地也埋有祭品：十六個穿了孔的玉黍螺殼，如此一來當作項鍊穿戴時螺旋就會朝外；一窩共七片菊石化石，弧形尖端都已打磨得平整光滑。

日後人們會知道，這裡的人骨都有上萬年歲，有兒童嬰孩也有成人，生前似乎都有慢性營養不良的問題。成年人身高不過一．五公尺，孩童的臼齒幾乎沒有磨損的痕跡。這個神祕處所日後被稱爲亞佛林之穴（Aveline's Hole），而研究者將逐漸發現，早在中石器時代就有證據顯示，此地充作墓地已過百年之久。那時世上的水泰半封在冰河中，海平面比現在低得多，今日所稱的布里斯托海峽和北海都不存在。人可以從門迪向北走陸路直達威爾斯，或者向東穿過多格蘭前往法國和荷蘭。

亞佛林的證據顯示，有一群狩獵採集者在門迪一帶活動，以此地爲家，爲時超過兩三代，並以這個洞窟爲陵墓。這些人生命短暫，極其艱辛，總是苦於糧食和能源匱乏，卻不畏辛勞，背負亡者遺體來到這險惡的山壁墓址，將之安置在墓室裡，留下重要物件和動物骨骸相伴，每有新葬便將墓室開了又封，封了又開。

這些飢餓流浪之人想在安全處所埋葬亡者，一個還能日後重來的地方。不列顛在此後四千年間都沒有差堪比擬的墓園。

我們往往善待死者多過生者，雖然生者才最需要我們善待。

◆　◆　◆　◆　◆

「門迪是採礦之鄉，」尚恩說，「也是洞穴之鄉。但我認為門迪更是墓葬之鄉。這裡散布著數百座青銅時代的墓塚，有些還有紀念碑和巨石陣，形成大規模的儀式建築群。有個名叫施金納的古物收藏家在一座墓塚找到一顆琥珀珠子，裡面困著一隻蜜蜂，連腳上的毛都保存完好。」

午後遲晚，初秋熱浪不合時宜。陽光下空氣微熒，車門觸手灼燙。但尚恩和珍（Jane）的房子卻像冷藏室一樣涼爽。屋子坐落蕁麻橋谷（Nettlebridge Valley）（Nettle-bridge Valley）側面的蔭影當中。門廊上桌遊堆疊欲墜，還有薄荷、百里香、迷迭香的茂盛盆栽。前門石檻中嵌著一大塊菊石，數十年來被踩踏得平滑光亮。花園裡有高達三公尺高的木製圖騰柱，伸出的兩翼上掛著兩張剝下的人皮。

「那是我們的洞穴服，」尚恩說著，對人皮揮手，「嚴格來講應該叫做化學災害防護服，我從東歐弄來的，很適合我們的需要，到時候你就知道了。」

尚恩和珍有兩個兒子，一家人在這童話故事般的小屋住了好幾年。前屋主曾在這裡舉辦降靈會，相信自己可以透過面紗向亡者說話。屋子西側有一片褶皺田野，先是隆為陡坡，之後消失在山脊的白蠟樹林裡。小溪汩汩流下陡坡，從屋旁經過。

我為了學習在黑暗中視物而來到門迪。而尚恩熟知門迪，對地面和地下同樣了然於胸。他是養蜂人、洞窟探險人、行腳人，也是非凡的詩人，一頭黑色的鬈髮，個性十分溫和。這幾年他一直在研究一系列門迪地下世界（甚至在其內寫成）的詩歌或聲位，鉛礦、鐵作、石灰岩採石場，許許多多墓地，冷戰時期的掩體、迂迴基岩達數百公里的天然洞窟與隧道。尙恩深受冥界神話中精采的入地故事所激發：但丁與維吉爾[1]、普西芬妮與狄蜜特[2]、奧菲爾和養蜂人阿里斯泰俄斯[3]等，以及與此相關的那些黑暗與目盲的預視能力。在我的感覺裡，他所寫的關於地下世界的詩歌既出土（unearthed），也出世（unearthly）。他的詩裡，深層時間有了嗓音，大地動起身子，石頭啓齒吐字。也是在他的詩裡，亡者因詩人的關注而短暫重生。

門迪丘位於布里斯托以南、巴斯以西，在晴朗的日子裡，由丘陵地南緣可以望見坐落於水鄉薩默塞特平原彼端的格拉斯通岩。丘陵地由西向東綿延近五十公里，到布里斯托海峽朝海洋逐漸變窄。丘陵地的地質組成很複雜，主要是一片石灰岩山脈，正如柯南道爾爵士所寫，這石灰岩帶「是空心……土地，若你能用巨錘擊打，它會如鼓作響，也有可能整個塌陷，暴露出巨大的地下之海。」

關於石灰岩的首要事實是，它能溶於水。雨從空氣中吸收二氧化碳，製造出溫和的碳酸，只要時間夠長，便足以鐫刻、腐蝕石灰岩。腐蝕會造成石灰岩表面穿孔，出現岩溝和岩棚，也會在石灰岩內部製造出裂隙和穴室的隱祕迷宮。溪流以水力爲岩石塑形。上湧的地熱水將石灰岩鑽刻成形。石灰岩景觀豐富，滿是祕密空間，表面龐然繁雜，宛如肺的內部。廣闊的地下世界有其入口：滲穴及冰臼、溪流在溪床上消失之處。西愛爾蘭的偉大作家兼製圖家羅賓森比任何人都了解石灰岩的把戲。測繪石灰岩地圖超過四十年後，他總結道：「空間的一毫一釐我都不相信。」

「我帶你去花園逛逛。」尚恩說。

小屋的土地一路向下，以谷地主要溪流爲界。我們在岸邊停步。溪水之清澈，肉眼幾乎難辨。水流裡鱒魚跳躍。

「這是石化溪流，裡面溶解了很多碳酸鈣。不管什麼樹枝草葉掉進去，馬上就覆上白色石殼。」尚恩說。

水面有黑與綠的豆娘舞踴。虻蠅遊弋尋血。

「看那個。」尚恩指向上方。老赤楊的最低枝與樹幹交會處有東西突出，是彎曲金屬刀片的一端。那東西的其餘部分都消失在樹皮之下。

「那是鐮刀。幾十年前有人把刀勾在這裡，結果忘了。樹因此吸納了刀，圍著刀生長，而刀柄就在這當中爛光了。」尚恩說。

菜園裡，兩個紅赭色蜂巢擠在黑刺李樹籬的下風處。著陸板斜斜伸往暗處的巢嘴。蜜蜂降落在板上，爬進蜂巢，又再呼呼飛出。

我放眼望去，處處都有埋葬與挖掘的跡象。獾穴、兔洞、蜜蜂穴隙、鐮刀、蜂巢、鼴鼠丘、礦坑入口。就連矗立於白雲石坡的房子也有一部分算是洞穴。

「從地底展開探索以後，我才開始了解門迪丘。」尙恩說。「這裡的一切幾乎都跟地下世界有關：採石、採礦、洞窟探險。青銅時代的人開鉛礦。羅馬人開煤礦。現在有巨大的採石場開採石灰岩礫，洞口大到有條螺旋狀的坡道開切入狹窄的中心，這樣卡車就可以開上開下，就像但丁螺旋《地獄》④的工業版。玄武岩採石場供應道路鋪設所需要的基底。」

一隻蜻蜓窸窣而過。

「還有墓葬地點——多半是青銅時代的圓塚，不過也有新石器時代的長塚，當然，還有亞佛林的中石器時代墓室。有中世紀和近代的墳地，還有我們現在還在發展的墓園。一萬多年來這裡早已成了一片葬地。長久以來我們向這土地託付事物，也不斷從中提取東西。」

◆ ◆ ◆ ◆ ◆

「人道（to be human）的首要意義在於埋葬。」哈里森在關於墓葬習俗的大作《亡者的領域》（*The Dominion of the Dead*）中做此宣稱。他大膽借用維科⑤的揣測，提出拉丁文 humanitas（人性）一字其實來自 humando（埋葬），而 humando 則來自 humus，意爲大地或土壤。

我們確實是從事埋葬的物種，正如我們是從事建築的物種，而我們的祖先也同樣是埋葬者。在南非布魯班河谷地（Bloubank）名爲上升星（Rising Star）的洞窟系統內，六名女性洞窟考古學家發現了化石骨骼，可能是不爲人知的遠古人類近親，如今這個物種被稱作納萊迪人⑥。從兩個深窟內這暗物質的排列看來，納萊迪人早在三十萬年前便將亡者埋入地下了。

人體在埋葬後成爲大地的一部分，成爲塵土而歸於塵土——入土（inhumed），重拾謙遜（humility），轉而恭順（humble）。正如生者需要棲息之所，我們創造回憶的本性中也常希望能夠記下亡者在地表上的特定位置。墓室、墓碑、骨灰遍撒的山坡、紀念的疊石，這些都是生者能重返、逝者得安息之處。無法找到摯愛遺體的人可能會椎心蝕骨——酸楚難當，無由癒合。

我們將身體及其殘餘託付大地，這也算作一種保管。埋葬是保存（記憶與物質）的一種形式，因爲地下世界的時間自有步調，地表快速的運動可能在此減慢甚至停頓。《甕葬》（*Urne-Burial*）是布朗恩（Thomas Browne）對墓葬與時間的深刻思索，他在書中描述一六五〇年代在渥辛罕附近一片沙質田野的發現：「甕爲數在四十到五十之間……下埋不及一公尺深，彼此相距不遠。」每個甕裡最多有九百公克的骨骸和骨灰，還有一些祭品：「小匣子、精美鍛造的梳子、小銅管樂器的把手、黃銅鑷子，有個甕裡有**蛋白石**之類的東西。」布朗恩稱這些葬甕黑暗的內部空間爲「貯藏所」，也就是保存的空間，與那腐蝕地表世界的「空氣中的尖厲原子」隔絕開來。他描繪每個甕都是一間明亮的記憶之室，緊緊關入「大地的下層」。

石灰岩向來被認爲適合墓葬，一方面因爲它在世界各地都很常見，一方面因爲它易受侵蝕，由此產生許多可以安置遺體的天然地穴，還有部分原因是石灰岩本身以地質學而言就是墓地。生物石灰岩是微小海洋生物的屍體擠壓而成——海百合與球石藻、菊石、箭石和有孔蟲，死於遠古的海域，而後數以兆億地躺在海床上。這些生物代謝生活水域中的礦物質，以碳酸鈣創造出結構精美的骨骼和外殼。由此觀之，石灰岩不過是地球動態循環中的一個階段：礦物變成動物變成岩石，最後（在深度時間中），岩石終將再度供應碳酸鈣給新生物建構自己的身體，讓同樣的循環再度誕生。

石灰岩的創生中包含生死之舞，無疑是我所知道最富生命力也最古怪的岩石，而石灰岩內的人類墓葬有時也呼應這種生機，呼應多個物種的創造促成了石灰岩的誕生。

兩萬七千年前，在現今奧地利境內俯瞰多瑙河的石灰岩坡上，有人把兩名死產的嬰兒並排放進一個新挖的圓洞。遺骸裹著獸皮，周遭布滿紅色的赭石，其中混有黃色的象牙珠。上方則建有設施，保護他們不被大地的擁抱所壓垮——猛獁象的肩胛骨像遮蔽物一樣架在一根根長牙上方。

現今以色列北部希拉宗河（Hilazon River）上方有個石灰岩洞，是距今一萬兩千年前一名四十多歲女子的墳墓。洞穴地面挖出一個橢圓形的洞，兩側是石灰石板鋪設的牆。她的遺體放在墓中，蜷縮抵著這橢圓空間的北側。她身上披著兩隻石貂，一隻蓋過她的上半身，一隻蓋過下半身，棕色和奶油色的毛皮在黯淡光線下顯得光滑潤澤。她肩下襯著野豬的前腿，雙腳之間放著一隻人腳，身邊散落八十六具變黑的龜殼，脊椎底部附近放著原牛的尾巴，身上蓋著金鵰的一隻翅膀。她成了奇異的混合體，許多生物體構成的生物體。最後，一片大型石灰石板蓋住洞口，將這複合生物封印入她的棺室。

大約五千五百年前，薩默塞特郡的斯東尼利多頓村（Stoney Littleton）附近，有人在一塊石灰岩露頭內部打造了墓室，至今依舊是地景的一部分：位在山坡之上，低矮的屋頂有草坪覆蓋，迎人的主要入口有巨大的門楣石，兩側各有一塊直立的石板門框，西側的門框上嵌著菊石蛻下的殼，直徑近三十公分長。

自從第一批漁獵採集者的遺體被安置在日後兩名捕兔人發現的墓室起，在長達至少一萬年的光陰裡，人類持續將亡者埋葬在門迪丘的石灰岩高地。光是門迪一地就有超過四百座青銅時代的圓塚，年代從西元前兩千五百年到西元前七百五十年不等。墓塚多半聚集在一起，在遭到掠奪或犁開之前，塚內多半只葬一人，並有陪葬物品。亡者遺體多半安置於襯有石頭的石棺或寬頸甕中，再埋入地下穴室。殉葬品包括陶杯、燧石矛頭、青銅匕首、針頭綴有琥珀的針、黑玉和頁岩的珠子。墓中物件說明了一種遍布各種文化的信念，亦即墓葬是前往來世的旅程，而這些物品是來世所需。

・・・・・

尙恩跟我一起走回小屋，踩過門檻上的菊石，進入白牆圍繞的廚房。經受花園的炎熱之後，重回涼爽眞是一種解脫。珍笑著迎向我們。

「就農舍來說，你今天來得正是時候。」她說。「夏天這裡美好得像夢。但一年的其他三個季節裡，北風直直吹入山谷，從這面山牆進來，那面山牆出去，室內根本無法保暖。陽光也很早就退了。隆冬的下午很早就陷入深沉的黑暗，寒冷的黑暗。」

那天下午，我們坐下聊天喝茶。桌上有藍白色的瓷盤，俄羅斯風的圖紋，盤上有列蒸汽火車從隧道中現身，駛入冬日的田野。兩個農夫模樣的人走在軌道旁，背著成捆的樹枝。火車身後拖著狀如雄雞羽冠的蒸汽，升入藍色薄暮，再彎回隧道口。

珍和尙恩的兩個男孩，路易和奧蘭多，正在房間一角的電腦上玩《當個創世神》，我也過去加入。他們正賣力地用鶴嘴鋤鑿向岩床，尋找寶貴的礦物。

「我們不要紅石頭。我們要黑曜石。」路易說。

「我們要攻打終界龍。」奧蘭多說。

「我們正在建造通往下界的入口。」路易說。

「走吧，挖洞去。」尚恩說。

◆ ◆ ◆ ◆ ◆

向晚光線稠如琥珀，向東灑遍大地。

越過柵欄梯蹬，穿越長滿黃色狗舌草的野地後，草原往下沉到一片陷落的圓形低地，此地最寬處約有一百八十公尺。圍著馬匹飛繞的蒼蠅形成一圈圈金色光環。滲穴的側坡柳蘭萋萋，腹部是一片低矮的接骨木灌林。兩隻林鴿在我們接近時譁然飛去。斜坡的最低點就是門迪地下世界的入口。

一座小堡壘保護著石灰岩中的黑暗入口。我以前進入過不少洞窟系統，此刻卻突然感到吞嚥困難，彷彿食道裡卡著卵石，頭皮上停滿蜜蜂嗡嗡。尚恩很平靜，迫不及待想往下走。

通道很古怪，首先要屈體向下蠕動，然後落入一個感覺很封閉的圓筒空間，一只上了鎖的鍋子。我們的瞳孔擴大，望向黑暗中的井口，直到我們啪的一聲打開頭燈。尙恩帶頭先行，躺下，將頭探入鍋底暗影中的一道裂隙。我看著他踢蹬的雙腿慢慢消失，等他的腳完全不見，我趴在地上加入他。臉被迫貼著濕漉漉的礫石，身體蠕動前行，感覺岩石像一隻手向下壓著我的頭，然後是背，然後是我整個身體。被岩石包夾片刻之後，我爬了出來走到尙恩身邊，站在一道三十六公尺高的缺口頂端，瀑布由此向下奔流已有千年萬年之久，切出這通向下方裂隙的狹窄水道。我們面朝內側向下攀爬，腳下岩石濕滑。我先下，然後看著尙恩下來。裂隙轉了又轉——然後豁然開朗。

眼前的空間令人驚嘆。我們的頭燈沿著穴頂和岩壁照了一圈，描出洞穴的範圍。我們擠過的小門開展成一片峽谷，是水流在無垠時間裡淘挖而成。峽谷兩側是灰色的石灰岩，上有方解石條紋交錯，有如閃電。

我們繼續往下。一些從穴頂墮入湍流河床的岩石大如汽車，我們得攀越繞過。坡度變陡了。穴頂星點閃爍，那是石鐘乳氣泡，捕捉、匯聚了我們頭燈的光。然後峽谷兩側突然落石有如雪崩，巨礫和碎岩波濤般砸向我們，卻不知何故在橫掃的途中凍結，懸吊在我們頭頂。我看清碎岩全被方解石黏合起來。時間開始裝神弄鬼。已然靜止數千年的運動似乎隨時可能無預兆重來。我走在懸吊的石浪之間，神經刺痛。身體動作感覺好似痙攣、一觸即發。

地面上，馬匹揮拂蒼蠅，狗舌草上毛蟲翻騰，太陽沉入暮色，人們下班開車回家，收音機開啓，車窗降下。

尚恩和我穿越兩道石拱。峽谷地面變得更加滑溜。我們逐漸意識到前方某處有片大型落差。我感覺自己像水一樣受到牽引，好像即將沿著斜坡往下流，越過那道看不見的斷崖邊緣。音質變了，回音漸大。小心，我們即時在邊緣止步。峽谷地面在我們腳下落入斷崖，崖底深不可見。

「尚恩，我覺得這很像冥界。」我說。

「我們在這邊待個幾分鐘吧。」尚恩說。

我們坐在巨礫上，關掉頭燈。起初所見是光的來世，視網膜上的鬼魅圖形，如蕨與葉。而後黑暗靜下來，擺正了。於是當我將手置於眼前兩三公分處，我只能從呼吸和手掌的聲音與溫度確知手的存在。一道沉重的黑色帷幕落在尚恩和我之間，而後硬化爲一堵石牆，我們很快就分處不同的地下世界。

我們總是將石頭想成無生命的物質，執拗地固著不動，但這裂谷中的石頭卻彷彿流動間暫停的流體。石頭在深度時間裡翻摺爲地層，凝固似岩漿，漂移如板塊，移動同砂礫。萬古之後，岩石吸收、變形，從海床升到山巔。生命與非生命的界線在此不復清晰。我想起亞佛林之穴發現的骨頭，閃現方解石的微光，**雜亂躺臥，幾欲化爲**

岩石……我下意識拿出鯨骨貓頭鷹，感受它背部的凸點，和它翅膀的曲線，想著貓頭鷹如何自鯨魚肋骨飛起。我們牙齒是礁石，骨骼是岩石，我們其實也是半礦物性的生物，而身體一如土地有其地質。礦化（將鈣化爲骨骼的能力）使我們能夠直立行走，能夠成爲脊椎動物，能夠形成保護大腦的頭骨。

尙恩輕輕開啓頭燈。刺眼，閃眨。腳前再度出現斷崖，水沿著壁面流瀉。我們不可能在稍後的旅程中找到通往瀑布底部的路，因此決定現在先架好繩索，以備我們可能需要從下方往上攀爬。我們找到一顆沉重的球狀巨礫，繩索繞成一圈，套在巨礫光滑的背面，然後尙恩用掌跟敲入一塊石頭，以防我們從下方拉時繩索從巨礫上方滑脫。我把剩下的繩子收成繩圈，兩端打結，甩兩次熱身後，一、二、三！將繩圈投下斷崖。

嘶聲、嗡聲，宛如頭燈光線中震顫的蛇，繩索下落時如同鞭子揮打，擊中岩石。

「現在我們只要找到下去跟回來的路就好。」尙恩說。「我看過地圖，我們左上方某處有個側面通道，不過這也要選對地圖才算數。」

我們遠離斷崖，攀回峽谷前方，穿越鬼魅湍流走向上游，以頭燈光束探測左手邊的峽谷。可見的通道有三條。我們逐一嘗試。

第一條先以其曲折和我們蠻纏，再往回繞轉，盡頭是一道俯瞰瀑布的寬闊開口，而那下方是無法攀爬的陡降坡。第二條是裂谷，得一路擠進去，我們不得不在裂谷閉合前原路退回。第三條帶我們遠離主要穴室，我們得在腦海中計算轉了幾道彎，邊向自己默唸（一左，一右，二右），如此一來，回程時我們就可以反向而行——我們也真的折返了。

如今只剩一種可能：靠近穴頂有個小入口，要進入就得橫越一大片傾瀉而下的潮濕流岩，而這流岩高高掛在峽谷底部的上方。我們攀上岩瀑邊緣，考慮如何橫越。這種橫越令人生畏。我們可以架繩，問題是沒有東西可以固定確保者，一人失足，我們就同歸於盡了。

岩瀑是繁複的巴洛克結構。流岩是方解石沉積物之名，由礦物飽和水流經石灰岩洞窟的斜坡時沉澱而成。你可以將流石想像成白濁的蠟，在流動中逐漸硬化，只不過白蠟是在短暫的熾燒中積累，流石則在一段時間內成形。流石由於是日積月累而成，造就了精緻的褶邊和波皺，紋理如同皺起的象皮、有褶的長襪。賞心悅目，卻難以抓握。

很少有人死於洞窟探險，但要將腿部骨折的人從裂谷深處帶回地面也很要命。從岩瀑摔下去未必會送命，但免不了跌斷雙腿。大概有七十五公尺吧。不過我們知道這是正確路徑，因爲尚恩的頭燈照到高處有條痕跡，先前有靴子將堅硬的方解石踩碎成薄荷蛋糕。

開始橫越岩瀑時，憂慮的小惡魔齧咬我的胃。步伐穩定，小心試探每一步，就像試圖走過潮濕石索的斜坡，傾身向前，以指尖觸摸岩瘤以維持平衡，**慢，慢、慢**……然後尚恩走完了，我走完了。我們來到靠近穴室頂端的入口，笑著鬆一口氣——眼前是一片新的迷宮區。

我們跟隨重力的引導，在隧道分岔時總是選擇向下的路徑，直到經由回聲得知通道正在接近較爲寬廣的空間，然後我們來到瀑布底部，這裡有我們早先扔下來的繩索。

但繩索卡住了，卡在巨石後方，無法直直垂向我們，以致我們無法順暢攀爬，只能一路在繩子上打結，攀爬，解開，再打結。如此多少可以在墜落時提供保護，聊勝於無。我當先鋒。岩石很溼滑，上攀途中幾度遇上困難。還好我們將繩子扔了下來。尚恩在我之後上來。我們在瀑布頂逗留了幾分鐘，蓄勢返回地面。黑暗、石頭和潮濕令我全身發冷，寒意滲入骨髓。

爬上峽谷，爬上缺口，擠過窄道，鼻端聞到越來越濃的青草氣味，上到生滿接骨木的沉降地腹側，上到田野的高度，馬匹，飛掠的燕子，離開石炭紀，進入人類世。

地表日落。學生們旋上百葉窗。顏色再度荒誕綺麗。藍是格外的藍，綠是全然的綠。一切彩度很高，風聲狂響很高，照亮飛燕的最後一絲日光很高，巨大天穹與天上沸騰的雲彩也很高。

我們穿著橙色防護服走向道路，眼睛仍一眨一眨。有戶家庭開著簇新閃亮的荒原路華駛過，後座的孩子轉頭望向我們這些看似高高從天而降，其實是從地底深處鑽出的外星人。

• • • • •

英格蘭洞穴探險史上著名的故事跟牛津大學一名叫莫斯（Neil Moss）的二十歲哲學系學生有關。在我的經驗裡，即便已有近六十年，峰區（Peak District）的人還是不想討論這件事。

一九五九年三月二十二日週日早晨，莫斯加入一支八人探險隊，踏上深入峰窟（Peak Cavern）的旅程，那是德比郡卡瑟頓（Castleton）附近的一個洞窟系統。峰窟的前八百公尺是露天的遊覽洞窟，自十九世紀初期以來就有當地人和外來觀光客漫遊其間，還可以在名爲「大穴室」的天然石灰岩廊道裡聽見「管弦樂」。

但進入峰窟八百公尺後，地形就不是開玩笑的。穴頂低到只容人爬行通過，這濕漉漉的空間名爲「泥鴨」（Mucky Ducks），每逢大雨就氾濫。泥鴨之後是一道低而長的裂谷，稱爲畢奇林通道（Pickering's Passage），通向一個直角彎道，彎道由只容一人通過的岩石眼孔捍守。通過眼孔後是一片深及大腿的湖泊，那之後是個小穴室，地上有個開口直徑約六十公分的豎坑。隊伍正是爲了探索這道深溝而來，希望能更深入白峰（White Peak）下方的這片通道迷陣。

身材瘦高的莫斯領頭，爬下一道鋁鎂合金的軟梯進入豎坑。那豎坑在前四十五公尺維持垂直，之後變得低矮扭曲，最後以直角彎回垂直。莫斯排除困難，設法通過彎角，下降到下一段，卻發現豎坑中塞滿巨礫。沒路了。

他感覺得到巨礫在腳下移動，但似乎沒辦法再下降，於是決定往上爬。就在彎角下方，莫斯從梯上失足，然後發覺自己卡住了。

他無法屈膝重新踏回梯子的橫擋，但就算踏回去，橫擋也太過泥濘。他的雙手被豎坑兩側壓得緊貼身側，雙掌試圖抓住滑溜的石灰岩，但徒勞無功。梯子可能被坑底移動的礫石拖住了，也在坑中移動，讓他更難向上爬。縫隙緊緊夾住他，而他的每一個動作都讓自己陷得更深。

「喂，」莫斯對約十二公尺上方的夥伴叫喊，「我卡住了。一吋都動不了。」

他的夥伴以爲垂下一條繩索給莫斯，再將他拉上來，應該就可以解決問題了。但他們手邊只有輕巧的手釣線，沒有確保繩。他們把手釣線垂下去，莫斯設法用繩子綑住自己，但繩子就在開始拉升時驟然斷裂。繩子再次垂下，再次綁好，又再次斷掉。同樣的事情一再發生。至於梯子本身，則爲了避免進一步擠壓到莫斯而無法向上拉。

莫斯開始恐慌。每次輕拉都讓他的身體更向豎坑深處滑落一點。他確實卡住了，也嗆到了。每一次呼吸都消耗一點豎坑中本來就有限的氧氣，增加了一點二氧化碳。二氧化碳的密度高於空氣，就此從豎坑底部向上彌漫。空氣愈來愈濁，先是豎坑，之後連上方洞穴都受了影響。

地面警報也在此時響起，史上最大洞窟救援行動之一就此展開。英國國家廣播公司發出新聞快報，皇家空軍、國家煤炭部、海軍及民間洞窟探險員紛紛趕赴現場。莫斯的父親艾瑞克趕到卡瑟頓，卻無法深入洞穴。他在附近等待，深陷恐懼卻又幫不上忙。困住莫斯的豎坑離洞窟入口有三百公尺遠，所有救援設備及人員都得通過一連串艱難的障礙才能運抵坑頂。沉重的氧氣瓶喀喀鏘鏘通過泥鴨，被人用頭用手推過巨礫通道。兩名年輕人拖來兩個十二伏特的汽車電池，提供光照所需的能源。有人帶來鹼石灰，用來吸收越來越濃的二氧化碳。數百公尺的電話線穿過洞窟系統，讓裂谷中的搜救人員得以和地面溝通。三名志願者以較強韌的繩索進入豎坑，卻因失去意識而被拖走。第四個人試圖將繩索繞過莫斯胸口，但拉起繩索只是讓他本已痛苦的呼吸雪上加霜。所幸此時莫斯已被自己吐出的氣悶到失去意識。

來自曼徹斯特的十八歲打字員貝莉（June Bailey）身材極為修長，是經驗豐富的洞窟探險人。她聽說莫斯受困，立刻趕往卡瑟頓試圖協助。她排除萬難抵達豎坑，並且同意展開救援。她收到指示，必要時可打斷莫斯的鎖骨或手臂，讓他的肩膀脫離岩石的包夾，以便將他拉起。貝莉試圖搆到莫斯，一名皇家空軍軍醫則站在及腰的泥濘中，將氧氣手動打入豎坑，卻跟貝莉一樣被惡臭的空氣驅趕回去。

三月二十四日星期二上午，莫斯正式被宣告死亡。艾瑞克聽到消息，要求將遺體留在豎坑，不要其他人再為了拉起他的遺體冒上性命危險。

但艾瑞克希望能有某種形式的埋葬。他取得驗屍官的許可，要將莫斯的遺體封在奪去他性命的裂谷裡。附近工地的水泥粉末被帶進洞窟，與深及大腿的湖水混合後，大量倒入穴中，將莫斯葬入永恆。峰窟的這一段如今被稱為莫斯室（Moss Chamber）。

• • • •

尚恩和我回到小屋時天已全黑。我們用水管沖洗防護衣，在花園的涼爽空氣中將防護衣掛在圖騰柱的兩翼。我邊忙邊用口哨吹著披頭四的《橡膠靈魂》。

尚恩告訴我，他曾經去伯靈頓峽谷（Burrington Combe）攀爬一道正對著亞佛林之穴的蔥鬱斜坡，找到一個通往洞窟的入口。那孔隙大到他可以伸頭進去，但太過窄小，身體過不去。

「我對著裡面叫喊，裡面唱不同的音調來回應我。」尙恩說。

我睡在閣樓。閣樓貫穿全屋，歪斜的榆樹巨梁在一人高處支撐整個空間，惱人的甲蟲在裡面挖出我無法看見的複雜廊道。每面山牆都有一扇橡木框的小窗戶，夜間的冷空氣由此吹入。刷上白堊的牆太過傾斜，不能設置書架，幾十本書就堆疊在地。睡前我又讀了一點哈里森描述墓葬習俗的《亡者的領域》，我從書的開場摘錄了兩句話：

幾千年來頭一遭，大多數人即使假設自己會被埋葬，卻不知道將會埋骨何方。與先祖同葬的可能性日益渺茫。從歷史學或社會學的角度看來，這實在驚人。身後居所難能得知，這對幾代前的絕大多數人而言根本無從想像。

附近樹林裡的灰林鴞呼聲飄入室內。那天晚上我夢見被方解石緩緩吸收，一種清漆蔓延全身，將我定在原地。

我被花園裡的叫聲吵醒。黎明晨光。我透過山牆窗口聽見路易穿過花園。我探頭向外看。他穿著睡衣，赤腳站在雞舍。

「媽！我們早餐要幾個蛋？」

那天早上的報紙說，地質學家發現地殼內埋著浩瀚的水。地殼含水量可能高達當前海洋、河流、湖與冰總和的四倍，全都鎖在名為尖晶橄欖石的礦物裡。

◆ ◆ ◆ ◆ ◆

接下來幾天，尙恩跟我在門迪四處活動。尙恩教我如何「下看」（undersight），辨識地下世界隱約的入口、僞裝的程度。熱浪執拗不退，氣溫勤勤懇懇地升高。大地渴望雨水，我們卻不渴望，因爲雨水會沖入洞穴系統，裡面會變得太過危險，不能進入。

在樹木繁盛的地面，蕨類比人還高，古老的松樹人造林已經長成野生樹林。我們循著鹿的獸徑來到一小片懸崖，那底部有個寬闊的洞口，在岩石下方召喚我們。洞口以蕨爲記，披掛著一圈懸鉤子。常春藤蔓生於絕壁。一隻紅色花蝶在陽光灑落處取暖，雙翅緩緩開闔。我們在懸崖下方攀爬，進入一個駭人空間。一道陡峭的碎石坡向下傾斜，接上一個較爲低平的穴室。裂谷破碎的頂端懸著一塊塊巨岩。我們下到穴室，蹲伏在那兒。

此地之怪顯而易見，且千百年來一直吸引人類造訪。這裡舉行過儀式——裂谷中有人類和動物的骸骨，或扔擲或安放，大概是新石器時代的遺留。這裡也有青銅時代的文物出土：銅製胸針、琥珀珠子。十六或十七世紀的某個時刻，有人在入口處的石頭畫上紅色圖案。據信這具有保護作用，是用來驅邪的銘文。而我站在那裂谷中揣想：這是設計來防止邪靈進入地下世界，還是防止邪靈出去？

另一天，在門迪高地最高點附近，尚恩跟我一起走上所謂的 gruffy ground。Gruffy 的意思是粗糙、崎嶇。這崎嶇之地是兩千多年前開採鉛礦的地貌遺跡。羅馬人在此從事小規模採礦，留下幾百個小礦渣堆，到了十八世紀這些礦渣又被再度加熱，融出所有殘餘的鉛礦。這兩度開採留下了粗糙生瘤的地貌——有毒礦渣的小丘上草叢繁茂，嗅到污染的食草動物無不敬而遠之。

我們沿著蔥鬱有毒的小谷地走向一個觀景點。空中有輕淡薄霧。尚恩一一指點地標：布里斯托海峽；西南方達特摩爾荒原（Dartmoor）的丘陵起伏隱約可見；辛克利角（Hinkley Point）的核電廠蹲踞在海岸；我們下方是綿延的薩默塞特平原，而我們透過出奇精準的樹輪定年得知，西元前三八〇七年，新石器時代的人類砍下橡樹，劈成木板後捆在一起，以交叉的木桿支撐，鋪成棧道穿越沼澤，串起一座座高地。

風箏在我們上方翻轉，風箏上方鷲鷹飛旋。天線塔傳遞訊號，穿過空氣也穿越我們。下方平原上一簇柳樹中有火燃起，燒煙直上靜止的空氣。陽光襲來。我閉上雙眼，看見紅色和金色的卷鬚。

「地面太熱了。」尙恩說。「走吧，我們找個涼快點的地方。」

我們就這樣去了。那將是我所進入過最令人不安的地方之一。

・・・・・

越過田野，來到接骨木和老白蠟樹的綠蔭下，苔蘚在岩石上長成金綠華絨。沿著河床穿過一脈金雀花和歐洲蕨，佇立的田鶇向西展翼招搖，喋喋不休。燕子在東北風中乘著洶湧的溫暖氣流滑翔過草原。進入深陷的坑洞之前，我們點點頭，向太陽——綠葉之網篩下的光線，向盤旋而過的鵟鷹，做最後的致意。而後我們向下進入冷透的土中，擠入地下溪流蝕成的洞口，進入大地的食道，進入光滑石隙的幽黑咬口，深入難關。石隙內或胡亂或巧妙地鑲著菊石的螺、箭石的彈頭。

尙恩帶頭，降入一道兩公尺深的豎坑。我跟著墮入黑暗，發現他跪在地上。這裡只夠容我們兩人屈身蹲伏。我們面前是寬與肩齊的入口，通往巨礫陣。

「這是坍塌而成的空間。」尙恩悄聲說，語帶欽佩。

巨礫陣是一堆向彼此坍塌的巨礫，通道或裂隙因此阻塞，但還是有可能在巨礫縫隙之間找出路來。巨礫陣是脆弱而難以預測的結構，若不受擾動，可能維持數萬年之久。但一次大地震動就可能使一切瞬間重組。人手觸摸也可能牽動巨礫，於是整堆巨石隨之位移，夾住的人手腳，或乾脆恐怖地將人全部呑沒。

我蜷身於在那狹小空間內，心跳聲在耳中清晰可辨。我伸手摸上第一塊巨礫的黑色岩面，寒意像電流般衝入我體內，令我的手臂向上一抖，令我石化。

巨礫陣的石頭很美，我如此認爲。那是一種深色石灰岩，在頭燈光下亮如堅冰，連巨礫之間的空氣看起來都似乎熠熠生輝。人眞的會忍不住走向前投身陣中。

而那裡有一條線索在迷陣中指引方位——巨礫陣開口處懸著一條白色尼龍繩。這是「阿麗雅德妮之線」，是之前的洞窟探險人所留下，名字則來自阿麗雅德妮送給忒修斯的羊毛球，當他屈身下到米諾陶牛頭怪的巢穴，可以解開線團，在暗黑通道沿路留下線索，引導他再度回到安全之地。

「你先。」尚恩向我低語，對著繩索做出手勢，盡他可能在那狹窄的空間裡鞠了個躬。

「不要，拜託，眞的，你先。」我低聲回答，也鞠躬回禮。

尚恩翻了個白眼，然後一馬當先，低下頭緩緩通過巨礫陣的第一道開口，大概只略寬於五十公分。他的腳消失了。我跟上。

前進然後穿過然後往下，滑過大地縐褶上每道轉彎的每處洞口，循著白線，彎身以縮入空隙，蜷貼上冰冷的石頭，盡量輕輕抵著巨礫，試圖讓自己**蒸發**，好像氣體那樣在此地流過而不觸及岩石表面。然而我卻意識到自己的血肉之軀的笨重，意識到得肘膝並用才能將自己上拉，得用腳才能把自己撐離，用手指拉動才能向前，而每次觸碰岩石都覺得是在冒險，每一下就可能觸發巨礫陣塌陷——直到尚恩小心翼翼通過最後一道裂隙，我聽見他在空地上嘆息，也滑到他身邊，那是個大得幾乎足以直立的穴室，上方穴頂再度毫無空隙。

「要命。」我喘息道。

「是啊。」尚恩說。

我們左方有一條通道，逐漸變縮成一道與肩同寬的黑色圓圈。前方是兩面三公尺的黑亮岩片，更像大理岩而非石灰岩，斜斜相抵，伸往黑暗。

這是岩石落入海床變成沉積物後形成的層面。地層運動在數百萬年後將之強行撬開，水又在兩道層面之間洗磨淘空。而我們此去就是要進入這深度時間的空間，這深度時間的裂隙。

我們忐忑不安地進入層面，向後抵著角度較低的石面，然後向前滑入黑暗，較高的層面朝外傾斜，越過我們上方。此處沒有坍塌不穩的危險，但幽閉感強烈。我們**屈服於**層面，直到層面往一個淤積槽閉合，那不是水道的終點，但絕對是我們這無法伸縮的頑固人體的耐受極限。

到了那個消失點，我們都沒有說話。言語已然粉碎。我們終究只能忙於組建內部結構，以安頓精神，因爲此地的壓力巨大，岩石和時間的重量從每個方向壓來，以我從未經受的強度，迅速將我們變爲石頭。此地迷人而可怖，不宜久留。

於是我們回到巨礫陣的邊緣，明白我們心須穿過巨礫陣才能返回地面。我們的繩索尾端就躺在那裡，我們的白色線索，沒了它，我們幾乎無從在礫石迷宮中回溯來路。那就像在來時默記五十字長的繞口令，然後在回程時以倒序背誦出來。

我臥上巨礫，率先循線而行。巨礫陣中每個小空間都毫無意外地通向下一個空間。我穿過最後一道缺口，將自己拉到豎坑入口，感覺到黑石的巨顎嚙咬著腳趾下的虛空，於是我從地下溪流中冒出，走入山谷，暖空氣在我周遭翻滾，我的骨頭在光暴中再次生長，蕨類的綠葉捲上我、覆過我，苔蘚在我的皮膚上綠開，綠意充盈我的雙眼。尙恩與我笑著坐下，在那片刻我們懂了——想要了解光，得先短暫葬入幽深的黑暗。

我們離開谷地，離開接骨木和白蠟樹。陽光濃稠，我想仰躺在陽光上，漂浮光中一如漂浮於高含鹽的海水。層面的經歷使我們的視域線變得開闊。在我們上方的天際線上有兩道剪影，那是兩座綠油油的圓頂。

尙恩指著那圓頂，說：「那是普利迪九塚（Priddy Nine Barrows）當中的兩個。」

那時正當門迪曬製乾草期間，空氣中有刈草熟爛的臭味。乾草捲成一筒筒，金色殘株中已有新抽的鮮綠枝條。尙恩和我一起從巨礫陣洞窟沿著一條沒徑（holloway）往上走，兩岸從路底到樹籬頂至少有四公尺半高。

一群金翅雀飛掠而過，高亢的鳥囀在我們四周閃耀。這平凡大地的顏色與空間之慷慨令我悸動。門迪的那些日子讓我明瞭，陽界與陰界的界線如此之細，而不論向哪一個方向翻越又有多麼困難。

沒徑通往石牆上的一道缺口，抵達一片寬闊的草地，有溫暖的西風吹拂而過。墓塚沿著山坡臥成長長的線。尙恩和我走過草地，在彼此的沉默中稱心愜意，又慶幸有對方的陪伴。我們來到第一個墓塚，躺倒在高高的青草上，背抵著山丘的背，皮膚被太陽燙得發熱。

繡線菊、矢車菊、輪蜂菊。一切都怪誕到令人悚然。青草葉片上的蒼蠅奇異有如老虎——眼睛是千顆六角形的紅寶石，翅膀是最精緻的掐絲。我們靜靜躺著，靜到蚱蜢安心落在數公分外，我看著牠將腿拖過翅鞘時翅小腿不停顫動，鳴音流瀉。我想著這些墓塚的興建者，想著他們選擇這樣的高地作爲埋骨之所。製作石棺，模鑄骨甕，焚化遺體，建造墓塚。

九座墓塚中有八座是一八一五年施金納牧師（Rev. John Skinner）在短短一週內接連發現，既是出於對古代文物的興趣，也是爲了盜墓。所有墓塚都包含至少一起火葬。一座墓塚的墓葬之豐，堪稱門迪之冠：一個曾經懷孕的女子，失去骨盆，卻有琥珀珠和彩陶、一把銅錐、一件精緻的連身裙陪葬。盜過普利迪九塚後二十四年，施金納舉槍朝自己的臉部射擊，若非朋友成功隱瞞他自盡的事實，他必然不能葬在自己的薩默塞特教區。**我們往往善待死者多過生者，雖然生者才最需要我們善待……**

尙恩跟我講了一個故事：現代考古學家在門迪的一片樹林間開挖青銅時代的墓塚，發現一個安置在骨甕的女子遺骸。二十世紀初期，此地的墓園廣植樹木，墓塚被深深犁開，但那骨甕倖存下來。考古學家挖出骨甕，研究其中的女子並予以定年。之後某個白色飛蛾掠過林蔭的夜晚，他們將女子遺骸裝入複製甕中重新埋葬，並在墓地祝禱——這是跨越數千年的再葬儀式，出於尊重，或許也是出於歉疚。

尙恩跟我在暖風中起身，我們依序走過每個墓塚，直至終點，來到九座墓塚的最後一座，然後跟來時一樣，回到第一座墓塚，再度躺下，一切盡在不言中。我們下方是大地及大地保藏的石棺，在那之下是石灰岩和石灰岩保藏的裂谷。

我們在墓塚草地上躺了許久，離去時我回頭一看，我們的身體已在墓草上壓印留痕，勾勒出即將發生的故事。

＊注1：羅馬詩人維吉爾在但丁的《神曲》中代表人類的理性，也是他帶領但丁穿過《神曲》前兩部的《地獄》和《煉獄》。——譯注

＊注2：普西芬妮是希臘神話中主神宙斯與大地女神狄蜜特的女兒。普西芬妮被冥王劫走後，狄蜜特離開奧林匹斯山四處尋找女兒，導致大地歉收，最終宙斯作主，讓普西芬妮掌握世間兩界，一年有一半的時間在冥界爲后，另一半時間回到人間與母親團聚，傳說這就是人間季節的由來。——譯注

＊注3：奧菲爾是希臘神話中阿波羅與繆思女神之子，妻子尤麗狄絲受到同爲阿波羅之子的養蜂人阿里斯泰俄斯追求，不愼遭到毒蛇咬死，奧菲爾爲救回尤麗狄絲不惜下到冥府，以超凡的里耳琴藝打動冥王和冥后，但最後因爲沒能遵守冥王訂下的規則而功虧一簣，最終悲慟而死，是歐洲藝術史上被反覆創作的題材。——譯注

＊注4：但丁在《神曲》的第一部《地獄》中形容地獄呈倒螺旋形的漏斗狀。——譯注

＊注5：指義大利政治哲學家暨歷史學家Giambattista Vico（1668-1744）。——編注

＊注6：納萊迪人（Homo naledi）發現於二〇一三年。——譯注

三、暗物質（柏壁，約克郡）

地下一公里處有道澄澈的銀色岩鹽，是兩億五千萬年前大陸邊緣一座北海蒸發的孑遺。如今這裡設有一間實驗室，一名年輕的物理學家正試圖望進虛無。

他坐在電腦螢幕前，左近有個銀色立方體，名為DRIFT，是一座氣息捕捉儀。這年輕的物理學家正試圖捕捉遠從許多光年外的天鵝座拂越太空而來的粒子風那微弱的氣息。

宇宙中心有某種不詳的存在，而這年輕的物理學家正在搜尋相關證據。那存在如此神秘難解，幾乎吞噬我們所有調查、描述的企圖。這東西拒絕與光作用，甚至連存在的本身也成疑問，而我們給了它一個名字：「暗物質」。而這年輕的物理學家只能在這裡，這個以九百公尺厚的鹽岩、石膏、白雲石、泥岩、粉砂岩、砂岩、黏土、表土與地表隔絕的地下世界中，展開他的探究。

他的工作是個悖論：為了觀看恆星，他必須降入地下，遠離恆星（太陽）。但有時在黑暗中反而看得清楚。

◆ ◆ ◆ ◆ ◆

一九三〇年代初期的加州理工學院，有位名為茨維基（Fritz Zwicky）的瑞士天文學家透過望遠鏡觀察星系團，注意到一些異乎尋常的跡象。星系團是受重力束縛的星系，而茨維基的工作之一是測量個別星系沿軌道繞著星系團核心公轉的速度，以便測量整個星系團的重量。茨維基注意到星系公轉速度都比預期還高，星系團外緣尤其如此。這樣的高速公轉應該早就使個別星系掙脫重力的束縛，導致星系團分崩離析。

那麼，茨維基思索，只有一個可能的解釋：一定還有別的重力源，強大到在這樣的高速公轉下還能維持星系團不散開。但這樣足以拴住全部星系的巨大重力來自何方？他又為什麼看不到這「失蹤的質量」？茨維基找不到解答，但他在提問中展開的搜尋一直持續至今。他所謂的「失蹤質量」，現在稱為「暗物質」，而證明其存在並確定其性質，堪稱當今物理學的聖杯。

但如何在黑暗中搜索黑暗？如何尋找具有質量和重力場，但既不發光不反光也不阻斷光的物質？自茨維基以來，關於暗物質存在的證據主要是推論所得，亦即並非偵測到物質本身，而是在觀測到的發光物體上發現可能來自暗物質的影響。要察覺沒有影子的物質，要尋找的不是它的存在，而是它造成的影響。

例如，我們現在已經知道，暗物質會影響螺旋星系的自轉曲線，導致星系內的所有星體不論距離星系中心有多遠，都以相仿的速率公轉。現在我們也知道，光通過星系時會因暗物質而彎折，造成所謂的重力透鏡。愛因斯坦在廣義相對論指出重力會彎曲空間，而光在通過星系這等巨大的物體時會順著空間的弧形前進。正如茨維基發覺星系自轉過快，通過星系的光也彎得太過劇烈，不可能單純只由星系本身的可見成分造成。因此，再度推論出一定還有更多不可見的質量。這種難以覺察、能夠彎曲空間、造成重力透鏡、圍繞著可見星系的巨大存在，天文物理學家稱為「暗物質環」。

觀察顯示，宇宙質量中只有五％是我們的手摸得到、眼睛和儀器觀測得到的物質。這些物質構成了岩石、水、骨頭、金屬和大腦，也構成木星上的氨氣風暴和土星的碎石行星環。由於這些物質的質量絕大部分是物理學家稱爲「重子」的質子和中子，天文學家於是稱之爲重子物質。據推測，宇宙質量的六十八％強是由暗能量所構成，那是一種難以捉摸的力量，似乎會加速宇宙的擴張。餘下二十七％不知所終的宇宙質量似乎都由暗物質組成，其粒子幾乎全不與重子物質相互作用。

暗物質是宇宙萬物的基礎，將所有構造固定在一起。若是沒有暗物質，超星系團、星系、行星、人類、跳蚤和桿菌都不會存在。梅爾（Kent Meyers）寫道，要證明並解開暗物質之謎，就得接近「一種新秩序的啓示，一個新宇宙，在那裡，即使是光都不同於我們目前所知，黑暗也是如此」。

暗物質物理學家在可量測和可想像的邊緣埋首研究，追索著暗物質在可感知的世界中留下的痕跡。這工作艱苦而富於哲學性，需要耐心和某種類似信仰的東西。身兼詩人的暗物質物理學家艾索（Rebecca Elson）有此一喻：「那裡一切，都是螢火蟲／而你藉以推斷出草地」。

目前被認爲最有可能構成暗物質的粒子爲WIMP（weakly interacting massive particle），全稱爲「大質量弱相互作用粒子」，名字很拗苦。如今我們知道的是WIMP很重（重量超過質子千倍以上），大量生成於宇宙創生後的數秒之內，數量之多，足以解釋那些失蹤的質量。

WIMP就跟暱稱爲「幽靈粒子」的微中子一樣，毫不在意重子物質的世界。每秒都有數以兆億的WIMP穿過我們的肝臟、頭骨和內臟。微中子可以穿越地殼、地函以及固態的鐵鎳地心，卻連一個原子都不會撞到。對這些次原子粒子來說，我們是鬼魅，我們的世界則是影子世界，充其量不過由薄透的網絡構成。現今粒子物理學所面臨的一大挑戰，是如何迫使這些捉摸不定的粒子與實驗交互作用，是如何編織新網以捕捉這些稍縱即逝的快魚。其中一種解決方案就是移師地下。世界各地開始設立地下實驗室，致力於偵測WIMP或微中子與重子物質短暫作用的證據。這些深陷地底的實驗室進行著各種形式的幽靈搜索，而之所以要在地下進行，是因爲周遭的岩石能夠屏蔽物理學家所謂的「噪音」，讓實驗不受干擾。

噪音是粒子通過空氣時所產生，那是普通原子世界日常運轉發出的喧囂。放射線是震耳欲聾的噪音。宇宙射線緲子是噪音。想要聽見微弱到甚至有可能不存在的聲音，自然不能容人在你耳畔奏鼓。要想聽見宇宙誕生的聲息，就得進入地下，前往對實驗而言宇宙中最安靜之處。

在日本一道廢棄礦坑地下八百公尺處，兩億五千萬年老的片麻岩穴室裡，有個裝著五萬噸超純水的不鏽鋼水箱，一隻由一萬三千顆光電倍增管組成的巨大複眼正默默注視著其中的水。這複眼在尋找一種微弱的藍色閃光，稱爲謝倫可夫輻射，當電子在水中行進得比光還要快時，便會出現。原子偶然間受到微中子撞擊時，那衝擊會使原子中的電子以超越光速的速率散射。這些散射電子被稱爲「湮滅產物」，若電子是在水中散射，移動時便會在四周製造出一閃即逝的藍色光錐。故而那光電倍增管的複眼注視的是「幽靈粒子」三重位移的證據。不是微中子本身，不是被微中子撞擊的原子，也不是被擊散的電子，而是那撞到幽靈的原子所留下的藍色行跡——湮滅的餘暉。這埋藏在片麻岩中的空間是一座「天文台」，儘管深藏地底，多數時間卻在凝視天星，衆多任務當中也包括尋找銀河系裡的超新星。

美國南達科他州一個露天鍊金礦脈深處，一具一．八公尺高的眞空容器裡裝著超冷卻的氙氣，周遭環繞著三十二萬公升置於焊接鋼槽中的去離子水，並在光電倍增管的監測下觀察因WIMP的撞擊而引發的個別光子和電子的位移。氙是惰性氣體，有著非常大的原子。氙冷卻時，原子非常密集。這些大型原子擠成一團，進入氙的粒子因此會面對更大的截面，將WIMP撞擊的可能性放到最大。過去此地曾爲了尋找一種珍貴的罕見金屬而將土地開腸破肚，現在尋找的則是一種遠遠超乎想像的物質，而且一點都不值錢。

約克郡的濱海小村柏壁（Boulby）附近，一九七三年開始營運的鉀鹽與鹽岩礦場下方，有一座鹽穴目前正在進行暗物質偵測實驗，以縮寫「DRIFT」爲人所知，全稱則爲「軌跡定向性反沖識別」（Directional Recoil Identification From Tracks）。

◆ ◆ ◆ ◆ ◆

尼爾（Neil Rowley）在書桌上攤開他的地下世界地圖，爲了保持地圖平整而在四角各放一塊岩石，並在放下時說明：鉀鹽、鹽岩、雜滷石、方硼石。他用手掌由中心到邊緣撫平地圖。尼爾是礦業安全專家，以前在煤礦場工作，現在則在鉀礦場。他喜歡奧登（W. H. Auden）的詩，喜歡地圖，喜歡採礦。

尼爾的地圖詳載柏壁礦脈內的坑道和救生艙，乍看之下彷彿巨型蜻蜓的翅膀，脈絡與結構精密錯綜。我的眼睛花了一點時間才慢慢看懂謎碼。

地圖上的英格蘭東北海岸線是一條西北到東南的淡淡灰線，那是一道無關緊要的平面，主要目的在於指明方位。柏壁的位置上有兩道圓，表示這裡有兩條深入基岩的礦井，可以由此進入隧道網。隧道由中心向東北和西南呈扇形展開，構成蜻蜓的翅膀。西南方的隧道蔓延於荒原和山谷下方，深入約克郡北部，東北方則散入北海下方，越過航道而進入開闊的水域。

這個龐大的水道與坑道網統稱為「橫坑」（drift）。如今共有超過一千公里的橫坑鑽入海洋及大陸下方四處蔓延的鹽岩（鹽）和鉀鹽（碳酸鉀）柔軟岩層，抵達採礦面。每一年的每一小時都有人或機器從礦層鏟起成噸的鉀鹽，再經由導管送入貯存槽，這二疊紀之海深埋地下的殘渣就此展開通往全球農地的旅程，在地球一年的兩個春天化為肥料撒上大地，將生命所需的鉀歸還給生長週期。

正如門迪地下存在著水所打造的迷宮，柏壁地下也存在著人所打造的迷陣。我從裂谷來到橫坑。

尼爾地圖上的紅線表示切過鹽岩的橫坑，黑色表示穿過鉀鹽的橫坑，黃色方塊標記挖入水道兩側的救生艙，外牆包覆抗熱的發泡膠，是深處礦井坍塌或發生火災時的撤退所。

蜻蜓兩翼的翼尖分別深埋在大海與荒原之下，是向外竄的綠色細線。這些是礦山地質學家所鑿出的側向鑽孔，目的是要探測工作面前方沉積物的礦脈走向和完整性。他們送回的情報將會決定未來的開礦方向，以及未來蜻蜓翼的展向。

「你要知道，這坑道網是傾斜的。」尼爾說著，手指橫過地圖，從蜻蜓翅膀的一端劃到另一端，「橫坑是斜的，因為沉積物是斜的。坑道沿著鉀鹽伸展，而鉀鹽地層是傾斜的。」

內陸地區的鉀鹽礦開得較深，最外緣在荒原下方，達到最大深度地下一千四百公尺。朝海一面的沉積床則向上傾斜，在航道之外的最遠處上升到地下八百公尺的最小深度。溫度梯度隨深度梯度而變化。八百公尺處的溫度是攝氏三十五度，一千四百公尺處則是攝氏四十五度。這兩處的地熱都非常強烈，空氣濕度低至你甚至來不及看見汗液，汗液就已經蒸發。脫水來得極迅速。而對礦工來說，這就好像正午時分於一片漆黑中在撒哈拉沙漠上勞動。

「這些人身上都有保冷盒，每一次輪值有四公升涼水。」尼爾說。「他們的班表上都有補水時間。你必須不斷喝水，那比較安全。」

「來吧，看看能不能搭升降機下去，找點暗物質，然後開長途到海底採礦面。」

戴上護耳。呼吸器掛在帶子上。口袋裡有編號的銅製三角環是進出的許可證——**不要弄丟，丟了你就出不去……**。黃色吊籠的籠門鏗然關上，吊籠開始下降，緩慢卻仍令胃臟絞緊。風扇的咆哮漸弱，吊籠開始加速。半途起了一陣劇烈震動和爆破聲，有具吊籠向上升起通過，擠壓吊籠之間的空氣，就像兩列對向的火車發出**衝撞的高**

斷。慢，慢，慢，顛簸，停，黃色籠門鏘鏗開啓，有聲音大喊著：「拿下護耳！燈亮了！拿下護耳！燈亮了！」

岩塵在空中旋舞，厚重到足以用嘴品嘗。舌上帶著鹹味。

橫坑的黑色開口在海底引領我們離開，潛入二疊紀。

一面牆上有道氣鎖，通往實驗室。

• • • • •

年輕的物理學家坐在電腦前，看著來自天鵝座的信號。他的名字是克里斯多弗（Christopher），而他身上那件實驗室白長衣對他來說太大了。克里斯多弗言談沉著清晰，舉止謙遜優雅，而我在想，這是否因爲他日復一日思索時間，而那思索之深，已直溯宇宙的創始。

實驗室牆上每隔五公尺左右貼著黑黃兩色的警示帶，標示出某些東西的輪廓，那些東西看似是門，但高度只及大腿。膠帶貼出的每道輪廓上方都有一把長柄斧，斧刃用兩道鉤子固定著。

鹽的伽馬輻射極低。鹽是很好的絕緣體。鹽具有近零輻射。想要研究大質量弱相互作用粒子，鹽是絕佳的物質。但鹽也具有極高塑性，會隨著時間而流散，四處蔓延。若是在鹽層裡切出一個穴室，而上方有九百公尺厚的基岩，那個穴室將會逐漸扭曲，穴頂會下沉，兩側會鼓起。重力會索取回那個空間。所以柏壁實驗室的科學家知道這個空間只能支撐一時，只有幾年的安全壽命。研究深度時間動作要快。

「那是鹽岩突然坍塌時的緊急出口。」克里斯多弗說著，模仿空服員解釋安全須知時的手勢，指向警示膠帶標示的門，「這邊，這邊……和這邊。如果實驗室開始崩塌，就抓起斧頭，用斧頭砍穿實驗室的牆，然後再一路砍穿鹽岩，到安全的地方。」

他頓了一下，露出笑容，「嗯，至少理論上是這樣。」

目前實驗室裡正在進行幾項地下實驗。一項分析岩石標本，以便研發在地下長期貯存放射性廢料的方法。另一項研究稱爲「緲子斷層攝影」，使用太空宇宙射線所產生的高穿透力帶電粒子（緲子）。由於緲子能夠深入岩石，追蹤緲子就可以察知岩石深處的構造，例如火山的內部和金字塔的空心。緲子提供了透視岩石的途徑。這些都是非凡的實驗，但橫坑才是柏壁實驗室皇冠上的珍寶。

克里斯多弗帶我走向實驗室一側的一具大型物體。「這是我的地下水晶球，也稱爲時間投影室。」他說著，像魔術師施展戲法一般揮舞雙手。

這有著雄偉名字的時間投影室從外面看來令人失望，不過是具大金屬箱外面粗略貼著黑色垃圾袋。

「我懂了。你水晶球的重要外層是由垃圾袋構成的。」

「你儘管笑，但膠帶和垃圾袋對科學突破的重要性超乎你的想像。」克里斯多弗回答。

「我們知道暗物質的質量很大，很大的大質量。所以儘管我們看不見，但暗物質粒子是有質量的。只要有質量，總有偶然間跟我們看得見的粒子碰撞的時候，而這種碰撞會導致原子核散射。DRIFT的第一個目標就是要探測碰撞，追蹤散射的原子核。」

他停頓下來，而我等待著。兆億微中子穿過我們身體，再穿透地球的基岩，進入地幔、液態的內部，及堅硬的核心。

「假想在看撞球比賽。紅球看得見，白球看不見。突然間你看到紅球（電子）在檯面上移動。你畫出紅球的路徑，可能就可以回溯那個看不見的白球，也就是WIMP撞擊紅球的路徑，還有可能進一步知道白球的方向、質量和性質。我們想要做夠多次夠精準的觀測，好得出暗物質環的特徵。」

DRIFT設備的核心是一具體積一立方公尺的鋼製眞空容器，中有超薄、超高電荷電線形成的交叉網格，電線之間相隔一公釐。如果有WIMP在這實驗室裡與一般物質的原子和相撞，會產生一道離子化路徑，而電線網會強化並記錄這路徑。將這路徑做三維空間重構之後，就可以知道相撞粒子的種類和來源。那些電線收在一種低壓氣體中，低壓氣體在一個導電艙內，導電艙在鋼製中子屏蔽盾裡，整個元件則放在鹽岩帶中，而鹽岩帶是古代海洋蒸發的孑遺。

我會在未來的歲月得知，地下世界的許多東西具有這樣中國套盒般的結構，各有其密封準則和儲存程序。古埃及墓葬習俗使用游隼鳥首的石造骨罈，罈中有死者的重要器官，骨罈收入木匣中，木匣收入墓室，墓室位於金字塔內。核反應爐的廢棄鈾丸也有這種同心包覆：鈾丸放在鋯棒裡，鋯棒以銅筒密封，銅筒以鐵筒密封，鐵筒以膨土環密封，膨土環封入深層地質設施中的基岩裡，沉入上千公尺深的片麻岩、花崗岩或鹽岩中。

克里斯多弗帶我到他的書桌前。他電腦的螢幕保護程式是加拿大落磯山脈路易斯湖那藍綠色的湖水。他給我看一份圖表，是時間投影室回傳的數據，上面是各種色彩明亮的線條，有條細細的黑色虛線以某個角度切過。

「這條對角線是 α 粒子的路徑。」克里斯多弗說，小指順著黑色虛線畫過，「α 粒子是令人生畏的大個子紳士，闖進我們的實驗，在來去間製造很大的聲響。我們對他不感興趣，只想確定他的訊號是不是有助於我們知道我們**不要**找什麼東西。」

「我們想要聽到的是他吼聲背後的低語。那甚至還不算是呢喃，比較像是最微弱的呼息。這地下鹽礦幾乎就是唯一能聽到這種呼吸的地方。那是大質量弱交互作用粒子穿越時所產生的聲音，是一道細微的痕跡。我們所想的ＷＩＭＰ碰撞，看來更像兩個小光點，兩條通道裡各有一個。」

他用指甲指向兩個小點，一個在黃線上，一個在粉紅線上。他頓了一下。螢幕保護程式變成顏色過度飽和的白沙灘與棕櫚樹，青金石色的海水拍打上岸。來自天鵝座的ＷＩＭＰ風吹過我們的身體。

「習慣了以後，就會覺得這數據很漂亮。」他說，而我點頭表示同意。

「現在，你正以針尖的精確度看進宇宙的絕對渺小，向下窺看最微小的尺度。那些彩色線條就是我們的放大鏡。」克里斯多弗說。

然後——彷彿這句話剛才突如其來在他腦海閃現，拖出一道痕跡——他說：「一切都會激起火花。」他停頓下來。

「你爲什麼要尋找暗物質？」我問。

「爲了拓展知識。」克里斯多弗毫不猶豫地回答。「爲了賦予生命意義。不探索的話，我們一無所成，不過就是在虛耗光陰。」

他再次停頓下來。我等著。他電腦的螢幕保護程式變成秋天的優勝美地，酋長岩頂薄有新雪。克里斯多弗一言不發。

「尋找暗物質是信仰的實踐嗎？」我問。

他等我進一步說明——他之前就被問過這個問題，想在回答之前多聽一些。他的螢幕保護程式變成納米比亞索蘇斯雷（Sossusvlei）的沙丘。

我想起柏壁西方的里沃修道院（Rievaulx Abbey），熙篤會僧侶在那座富饒的河谷創建了一個參與彌撒的空間。他們在鐵礦石內部鑿出一個挺拔的結構，有著高聳的扶壁和拱形的穹頂。世界各地有許多這樣的空間，祈禱者在此將自己獻給一個不願在尋常的懇求中現身的存在。

修道院上方的山坡是地質學上稱爲「走滑裂谷」的構造，岩石中的裂谷緩慢開闔，散發地下深處的暖氣，在寒冷的日子裡彷彿山坡在呼吸，大地有生命。早在熙篤會士抵達谷地之前的數千年，新石器時代和銅器時代的人們已踏入裂谷內的黑暗中，進行不盡然是犧牲但必定是虔信奉獻的儀式，將肢體埋入裂谷的石頭間。這是另一種湮滅的產物。

我想起南達科他州黑山的風穴系統，這是拉科塔蘇族人的聖地，離設在露天金礦深處的美國暗物質探測實驗室不遠。從入口到風穴，在地下綿延超過二百公里，吹進或吹出的風力之強，足以將帽子從人頭上吹走。在拉科塔人的創世故事中，當人類從風穴來到上方的世界時，對著色彩和空間目瞪口呆。

「我的感覺是，」我對克里斯多弗說，「尋找暗物質的活動創造出繁複、精巧的宏偉預設，以及朝聖地的網路，也就是實驗室，這些全都致力於尋找一種拒絕揭露自身、看不見的普遍實體。這看起來像是我們稱為宗教的東西，而不只是我們所謂的科學。」

「我從小就是非常虔誠的基督徒，」克里斯多弗說，「發現物理學時，我幾乎徹底失去了信仰。現在信仰已經恢復，但形式有了很大的變化。就我們想要發現的東西、我們相信我們已經得知的內容而言，我們這些研究暗物質的人掌握的證據確實比其他科學家少。上帝呢？如果有神性的話，神性一定會完全脫離科學的探究和人類的渴求。」

他再度停頓下來，但並不是因為這種思考對他來說很困難。他已經走過這些路，現在只是在斟酌字句。

「我想要相信的神不會通過我們能認可為證據的東西來展現自我。」他指了一下數據讀數，「如果真有上帝的話，我們一定找不到。我若是發現了神存在的證據，我就不會相信神了，因為神應該比那更聰明才對。」

「那是否改變了你對世界的感覺？」我問，「知道每秒都有億兆微中子通過身體，有無數這類粒子穿透大腦和心臟，改變了你感受事物——要緊事物的方式嗎？

我們不會每走一步就從這世上的每道表面摔落，不會每觸碰一次就捅穿，這會讓你驚訝嗎？」

克里斯多弗點點頭。他在思考。他的螢幕保護程式變成桂林的石灰岩塔，向晚時分背著光聳立，是那種會在Instagram等大型影像分享平台上大受歡迎的景致。

「週末的時候，」克里斯多弗說，「有一個晴朗的日子，我跟我太太一起在這附近的懸崖上散步，我知道我們的身體是寬大的網，我們所走的懸崖也是網，而且有時候就好像，嗯，像奇蹟一樣，好像我們突然發覺自己在日常世界裡走在水上或空中。有時候我會好奇，如果不知道這些，會是怎樣。」

他頓了一下，顯然他的思考已經超越鹽窟的範圍，甚至超越已知宇宙的極限。

「但多數時候，在好幾方面，我很驚訝我竟然能夠握住所愛之人的手。」

◆ ◆ ◆ ◆ ◆

那一天，尼爾想要用達卡拉力賽的方式開車返回。他在範圍超過一千公里的地下沙漠迷宮操縱一輛無門的福特全順廂型車①。他再過幾週就要退休了，但他根本不當一回事。

我們速度夠快，足以凌空衝上坡道。坑道在我們身後沒入煙塵。尼爾轉彎時並不減速，卻大鳴喇叭。叭——！他對礦業安全滿懷熱忱，對樂趣也滿懷熱忱。我很喜歡他。

我左手拉著車頂把手，右手抱著自己，前傾身體靠在儀表板上，咬緊下巴來克制牙齒喀噠作響。

「實驗室所在的主井和生產區域之間，除了換班時候幾乎都沒有人，」尼爾說，「如果他們朝我們過來的話，我們應該很遠就可以看到他們的燈了。」

車道從鹽岩切出來，有著通向鉀鹽礦層的坡道。道路兩側在燈下發出微光，有如寒冰。我們正開著貨車通過純鹽。坑道是高三．八公尺、寬八公尺的標準尺寸，坑頂都用一人高的螺栓加固，以減緩坍塌。

「鉀鹽更容易裂掉、碎開。」尼爾說。「除非迫不得已，不然不要開車通過鉀鹽。鹽岩通常只會下陷而不是震裂，安全多了。」

砰！叭！

「這些主要道路開始皺縮之前大概可以安全個兩年。我們用木棧來支撐。木頭比鋼好，不會啪一聲斷掉，只會壓扁，安全得多。但有時還是會一整區還沒開採就掛了。那也只好這樣。」

尼爾有個令人不安的習慣，說話時會轉向我，留一手在方向盤上，但兩眼都不看路。有時候他會用手掌轉動方向盤，好像在小弧度拋光汽車面板。上蠟，刮蠟。「這裡不像煤礦，總是要擔心空氣裡的煤塵燃燒。」他說。「這裡的鹽就像乾粉滅火器一樣，安全得多。」

「這裡上一次死人是在二〇〇〇年代，有個生產面發生低速爆炸——新開採的礦道裡有五百公噸岩石落下，把機器往回推，壓死了一個人。這個十年裡這裡還沒死過人。」

在那之後數個月，素孚眾望的礦工安德森在瓦斯井噴的意外中喪生。

我們進入鉀鹽礦層。尼爾在一片煙塵中煞車停下，跳出車外，從坑道牆上扯下厚厚一塊鉀鹽遞給我。粉紅的肉色，銀色雲母點點，入手意外地輕盈，幾乎帶有浮力。

「舔舔看。」尼爾說。鉀鹽在我舌上嘶嘶冒泡，帶著金屬和血的味道，讓我想整個吃掉。

一股水沿著坑道頂部的一道裂隙流下牆面。尼爾向上指，「我們剛穿過海岸線，現在已經在海底了！」

「鹽岩和鉀鹽都溶於水，」尼爾說，「在海底開採這就成了問題。我們得一直抽水來維持礦井，每分鐘要抽五千公升水，每年光是電費就要繳差不多三百萬英鎊。俄羅斯人和加拿大人都曾經有鉀礦因爲洪水而泡湯。

「不太久之前我們就遭過洪水——每分鐘一萬六千公升，連續八個禮拜。有一陣子我們想說這礦大概不行了。結果它自己慢慢好了，也不真的知道爲什麼。很難說不會再來一次。」

「眞令人安心啊。」

我們再度坐上福特全順。「這工作怎麼樣呢，嗯？」尼爾說，不是眞的在問什麼人。「我可是收錢幹這個的！」他猛然踩下踏板，我們向後坐正，砰砰駛上橫坑。

尼爾的定位能力令我印象深刻。他沒有地圖，路上也沒有標示，但我們行經幾十個路口，他從來沒有遲疑過。

「你要是死了，」我說，「我是說假如，我要怎麼出去？」

「不確定的話就跟著輪跡走。」他大聲地說。「我要是掛了，你只要讓臉一直吹到風，就能出去了！」他再度指向上方，「我們現在已經脫離航線了。那些掌舵的船長怎樣也想不到我們在下面猛衝！」

還要再二十分鐘才會抵達生產面。尼爾把車停在坑道一側，另外兩輛福特全順後面，認眞校準車輪，好像在郊區街上停車。

空氣中岩塵彌漫；前方坑道分叉；閃爍的光與移動的影。坑道壁面銘刻著坑坑洞洞的圖案：螺旋形和交叉的陰影線，看來彷彿有生物試圖刨挖出路來逃離陷阱，又像是什麼部落的儀式岩畫。

「八八七號生產區，礦層的極限。」尼爾說。「探測顯示礦層差不多在這裡耗盡。這區開採完以後不會再從這裡向西北推進。我們會轉向海底橫坑的東部和東南邊緣。」

兩隊人坐在兩張長凳上喝水進食。黑暗中我只能看見他們反光外套上的發光條，儼然《電子世界爭霸戰》的場景。男人們抬眼點頭問候，繼續低下頭用餐。桌上的白板上有圓珠筆和麥克筆塗鴉的幾十具陰莖。

向左走下一條坑道，向右走下另一條坑道。噪音更甚，煙塵更甚。鹵素燈光切割窒息的空氣。金屬刮上礦物，發出尖銳聲響。

一具巨大的紅黑二色機器，低伏在地且尖齒鋒利，一如科莫多巨蜥，正在岩面上進食。巨蜥被包覆厚重黑色橡膠的電纜控制，像頭被狗項圈拴住的龍。巨蜥的肛門排出一條又薄又長的鉀礦，上到輸送帶後流向貯存槽，展開前往世界農地的旅程。

巨蜥機繼續在岩面上進食，輸送帶上礦石繼續滾向貯存槽，而我突然間被採礦作業的「活物性」所震撼——對岩石的凶猛舞爪、被開挖出來的坑道網路。我想起我看過白蟻丘、螞蟻窩、兔子洞和鼴鼠窟內部的剖面圖，而尼爾的礦場地圖有著數百公里相交的橫坑，正是爲了尋找資源而挖掘出來的另一種生物洞穴的複雜結構圖。

礦場和實驗室，兩者在黑暗當成爲奇異的夥伴，古怪地呼應彼此的活動。地質學家將探測器送至前方岩石，期望探測出最豐厚的礦層。物理學家則等待知識的到來，那是純粹的知識，相當於知識中的鉀鹽，難以取得且一文不値，而物理學家期望能夠偵測到宇宙下落不明的那一部分——暗物質，一種沒有銷路的產出。

尼爾再度靠近，雙手在嘴邊合成杯形，好壓過開採的噪音把話吼進我耳朵。「看到那些採礦機嗎？一輛要三百二十萬英鎊。引擎顯然經過改裝，以避免產生火花。我們把機器拆成幾段，用礦井升降機運下來，在裝卸區組裝，然後送到生產面，在後面裝上發動機。他們花了三天時間才把機器拖過十一、二公里，然後開始工作。」

工作壓力很大，而機器的使用壽命很短。「機器使用壽命快要結束時，運回地表不合成本效益。這樣會占用礦井中礦石的空間，太貴了。所以機器會被運到鹽岩裡開採過的通道，就丟在那。鹽會慢慢流過來包住機器，坑道就自然關閉了。」尼爾說。

半透明的鹽岩圍著模控的巨龍融化，機器遺骸在葬身的鹽堆中石化——這情景令人震撼。

我想起左拉所寫的礦坑小馬②。馬崽早早就被送入十九世紀偉大的法國煤礦礦井，再也不會重見天日。牠們在黑暗中成長，在黑暗中被餵養，在黑暗中工作至死，羸弱的屍體被棄置在側面通道，等待著崩塌帶來的葬禮。

新墨西哥州沙漠下方的鹽岩中，鑿有一座名為「廢棄物隔離先導場」（Waste Isolation Pilot Plant; WIPP）的地下設施，用來長期貯存核子武器在研發、製造中所產生的超鈾放射性廢棄物。在沙漠下方六百公尺深處鹽岩中鑿出的掩埋空間，可以容納數以千計裝滿核廢料的銀色鋼桶。核廢料的放射性會維持數千年，因此會不斷產生熱，而這會提升鹽岩的塑性，一旦每座艙室都塞滿了，暖化的鹽岩會在鋼桶周遭緩緩蔓延，在未來的深度時間裡將之緊緊密封。

我心頭盈滿一股短暫的渴望，想走進一條側面通道並躺下，讓鹽岩慢慢將我封印，五年也好，萬年也好，在半透明的繭中度過漫漫人類世。

◆　◆　◆　◆　◆

一九九九年，在墨西哥城有場會議以全新世為題——全新世是我們身處的地球史時代，始於約一萬一千七百年前，而諾貝爾獎得主大氣化學家克魯岑（Paul Crutzen）對全新世定義之模糊不清大感驚訝。他事後回憶道：「我突然間覺得不對，世界改變得太多了。所以我就說：『不對，現在應該是人類世。』我只是靈光一閃創造了這個字，但看來似乎受到認可。」

隔年，克魯岑和一九八〇年代以來就一直使用「人類世」一詞的美國矽藻專家史多默（Eugene Stoermer）共同發表文章，主張應將人類世視為新的地球時期，理由是「人類〔**原文如此**〕在未來的數千年乃至於數百萬年內，都將是一股主要的地質力量」。正如更新世是由冰的活動所界定，全新世是氣候相對穩定、生命得以勃發的時期，人類世是由人類的活動來劃定——人類在全球的尺度上形塑了地球。

科學界認眞面對克魯岑和史多默的提議，並提交給嚴謹的地層學家。二〇〇九年，第四紀地層學次委員會成立了人類世工作小組③，負責提交兩項提議：首先，是否該將人類世劃爲正式的時期？其次，若是的話，「地層學上最適合的」時間界限應落在何時？也就是說，應從什麼時候開始？小組考慮的時間基線有：人亞族首次用火的一百八十萬年前；八千年前農業曙光初露之時；工業革命；二十世紀中期的所謂「大加速」（the Great Acceleration），也就是核子時代的開端，資源開採、人口成長、碳排放、物種入侵與滅絕、金屬的生產與廢棄、混凝土與塑膠的蓬勃使用等各方面都巨幅增長的時期。

我們這物種將在地層中留下何等記號！我們移去整片山巓，好劫奪它們蘊藏的煤礦。數十萬噸的塑膠廢料與海洋共舞，慢慢落到海床的沉積層上。武器測試讓人工放射性核種散布全球。爲了生產單一作物，雨林付之一炬，瀰漫的煙霧最後落入諸民族的土壤。由於全球大量使用含氮肥料並燃燒石化燃料，能在冰核和沉積層中測得的氮氣尖峰將成爲人類世主要的化學標記之一。全球生物多樣性正在崩解，我們正加速進入第六次大滅絕。羊、牛、豬等少數家畜物種的數量暴增，這表示牠們也將留存在地質的化石紀錄中。我們已然成爲強大的世界創造者，遺跡在未來世世代代都將清晰可見。

因此，人類世的遺物有我們原子時代的輻射落塵、崩毀的城市建築、數百萬隻集約養殖的有蹄動物的脊椎骨、我們每年生產的數十億個塑膠瓶的模糊輪廓——含有這些瓶子的地層可被精確定年，因爲瓶身上列有跨國公司的商品資料。拉金（Philip Larkin）曾有名言，說愛比人長久。錯。比人長久的是塑膠、豬骨和鉛207，鈾235衰變鏈末端的穩定同位素。

我們有許多理由懷疑人類世的概念。這想法籠統地將製造苦難和承受苦難當成同一件事來譴責。人類世論述裡的「我們」抹消了嚴重的不平等——環境破壞的苦果是由特定地點承受，在這樣的修辭下卻變成全球。將這個世代命名爲「人類的世代」，似乎是我們自我神話下運動的最高點，充其量不過是在刻印造成此等當前危機的科技專制自戀（technocratic narcissism）主義。

然而，人類世的概念縱然頗多缺陷，卻也對我們作爲一個物種的自我認知構成強烈的衝擊和挑戰，暴露出我們對地球長期進程的控制有其極限，也暴露了人類活動所造成的嚴重後果。人類世揭示了我們與現在的其他生物之間，乃至於人類和未來超人類之間，存在著繁複交錯的脆弱性與罪責。也許最重要的是，由於我們正在打造的地景終將沉入地層，成爲地下世界，人類世迫使我們在深度時間裡放眼未來，並考量我們會在身後留下什麼。未來是什麼的歷史？我們未來的化石會是什麼？我們形塑世界的能力增強了，因此對於形塑造成的長期後果也應該負起更多責任。人類世向我們提出免疫學家沙克（Jonas Salk）那個難以忘懷的問題：「我們是好祖先嗎？」

但在深度時間裡思索未來與心智的運作背道而馳。我們不妨試試看，思索未來一年，然後十年，然後一個世紀。想像力在此一瘸一拐，細節變得稀薄。再試著想像一千年。迷霧籠罩了。只要超過一世紀，就連想像個人生活或社會情況都變得困難，遑論在更長的時間之流中同情未來世界尚未降世的衆生。我們這個物種是優秀的歷史學家，卻是差勁的未來學家。我們發明了標示過去深度時間的縮寫，如以BP（before present）表示距今多少年前，以MYA（million years ago）表示百萬年前，卻沒有相應的縮寫可資標示未來的深度時間。沒人以AP（after present）表示距今多少年後，也沒人以MYA（million years ahead）表示百萬年後。

人類世的概念要求我們以回顧省思的態度理解當前時刻。這是一種「現代的古生物學」，我們在其間成爲沉積物、地層和鬼魂。人類世請求我們想像一個人物，一名假設的後人類地質學家，在數百萬年後的未來，我們這個物種已然滅絕之後，他要檢視地下世界，試圖了解**人類**的時代。這個想像中的人物是我們的檔案員，我們的分析師，我們的審判者，是如同幽靈般出沒在十九世紀大滅絕敘事中的「最後一人」的當代版本，是像麥考利（Thomas Macaulay）的「紐西蘭人」④，坐在重回自然懷抱的倫敦泰晤士河畔，反覆思索咀嚼滅亡。

我置身生產面的混亂間，心裡想著我們為未來地質學家製造的難題。我好奇，數百萬年後，她要如何解釋柏壁礦脈中蜥蜴狀採礦機的化石——製造於人類世，卻嵌入兩億五千萬年之老的海床鹽層？她要怎麼認出這是機器而非生物？她又怎麼解釋橫坑本身——這長達一千公里的迷陣，將在鹽岩和鉀鹽層中留下怎樣的微弱印記？

地質學家和古生物學家提到「生痕化石」，是生物活動留下的痕跡，而非生物本身留下的岩石紀錄。恐龍的腳印是生痕化石。被稱為「巨隧石結核」、謎樣的甜甜圈狀燧石也被認為是生痕化石，可能是直立生活於白堊紀海床的蠕蟲狀穴居生物所留下，其呼吸器官只比淤泥高出一點。鑽孔、漏斗、管道、滑動、軌道，這些都是生痕化石，是石頭的記憶，在那裡，印記製造者消逝之後，印記依舊存留著。生痕化石是由逝去的身軀撐起的空間，標示著生命的不在。

我們所有人身上都帶有生痕化石——亡者和故人留下的痕跡。信封上的筆跡；踩踏磨損的木階；記憶中故人熟悉的手勢，那記憶如此反覆出現，在空氣中和心靈上都磨出刮紋。這些也都是生痕化石。其實有些時候，失去所留下的一切都是生痕，也有些時候，空無比存在本身更容易留在我們心頭。

・・・・・

從生產面到地面的回程是一場荒唐的拉力賽。尼爾開得更猛。滿嘴灰塵，高速撞向坡道──碰！──胃好像要從嘴裡翻出來，然後再度向下撞擊鹽岩地面。車子接近轉角，尼爾鎚擊喇叭。叭！再次鎚擊。安靜。鎚擊。安靜。

「我好像震鬆了一條電路。」尼爾說。

「顯然已經好一段時間了。」我說。

「不用擔心，我們就快出去了。至少理論上我們有找對路。我開慢一點。」

他根本沒有減速。

「注意側面牆上朝我們照的頭燈！要是我掛了你就接手，往西南方開！」

我們兩度經過側向坑道裡失事的福特全順。車子的引擎蓋因不明撞擊而碎裂，等待鹽岩的吸收。我們一路衝過好幾公里的坑道，終於回到豎井的黃色升降籠前。

升降籠下降通過我們身邊，發出柔和的嗖嗖聲和空氣擠壓聲。我們一搖一搖地慢慢接近地面。人們拖著腳步走向出口，想著淋浴、家、家人、食物、飲料。門嘎嘎開了。一塊塊方形光線通過鋼製籠門的鎖孔。大海的氣息，太陽的氣息。走入氣閘，一個個清點人數。礦工先過。呼吸器掛回鉤上。檢查。將銅製三角環推入窗前的桌上。**檢查**。完畢。

走出大門，踏入灼灼白晝，雲朵在藍天翻湧，陽光在擋風玻璃和鍊環上、柏油路面與草葉上閃爍，暗物質在我們四周無所不在——而從地下回到這令人目眩的日光中，彷彿一腳踏入無知。

◆　◆　◆　◆

在那之後，我一連數小時開車穿過荒原，迂迴歸家。石南盛開，花粉在空中閃耀。放眼望去，採礦的痕跡無所不在，數千年來人們在這北方大地鑽探，尋找各種各樣的物質：板岩、鉛、鐵、銅、鐵礦石、銀、煤、螢石。墓葬痕跡也無所不在，數千年來人們在這同樣的地形中下葬亡者，留下中世紀教堂的墓園，新石器時代、青銅時代和鐵器時代的墳塚。

我在黃昏時分來到北本寧山（North Pennines）奇兀聳峭的石灰岩谷地。早晨徐來的東風已然變爲強風。我在路克霍普村（Rookhope）停車，步行約一公里半爬上村莊上方的荒原。

餘暉雖仍濃烈，但高處的風寒意逼人。羊鬍子草毛茸茸的尾巴在風中鳴響，像氣燈罩一般發光。我西邊的荒原上方有四隻紅隼略呈一線低飛，迎風維持著優雅的姿態。我狼吞虎咽這過剩的光亮、縈繞的空間。我來到一堆雜亂的巨礫，站上最高的一塊岩石，面向東方，略微傾身迎風，感覺風的手放在我胸口推著我，摟著我幾欲飛起，將我化爲紅隼。

入過礦坑後，時間感變得不同了——更深，也更多皺摺。我對自然的感受也不同了——更受激盪，也陷得更深。我東方某處有人在工作，在荒原下方一公里半，海底之下八百公尺，在海洋的鹽層幽魂中切鑿坑道，爲尚未生長的穀物採收能量。時間投影室等待來自天鵝座的訊號，那可能會透露一些一百三十八億年前宇宙創生的事實。橫坑迷宮緩緩關閉，巨龍機器和福特全順封入鹽墓，而WIMP和微中子的粒子風吹越這一切，世界之於粒子風，不過薄霧與絲綢。

「夜晚，根據他們調校過的手錶，星辰橫越大地之下的小徑。」早在一千三百年前，比德（Bede）就在《時間的推算》裡這樣寫過了，那時他正在計算地球過去的六個時代和將來的第七個時代⑤。我想到整個十九世紀在本寧峽谷地下開挖的礦工，沿著含有銀、鎂、鉛、鋅礦石的礦層前行。在那裡，覆有方鉛礦的裂谷壁像鏡子一般明亮閃爍。同樣的礦脈裡螢石如花盛放，結晶在紫外線中發著藍光。有時礦工會不小心劈開房間大小的晶洞，牆上、穹頂覆滿水晶與金屬。石英、霰石、白雲石、螢石、黃鐵礦與方鉛礦發出亮光，是這些晶洞裡中的燈火——他們彷彿誤闖深埋在地殼中的星室。

一輪滿月升起，天空夜色加深成紅色與黑色，荒原沉入棕色與銀色中，整片峽谷突然不似在人間。

第一顆星子現身，之後其他星子閃入眼簾。我步下巨礫，走下山脊，身後一公尺處有雲雀倏忽飛起，我心頭爲之一跳，將手放上牠飛出的坑洞，以及捕抓牠身體的那抹微溫，不讓寒冷捷足先登。雲雀飛入天空，流洩而出的歌聲清越且悠揚。

• • • • •

開著漫長的夜車，穿過高處的荒原與低處的海濱，車頭大燈掃過轉角的石南，在上坡時向天空投射錐光，午夜過後終於抵家，一幢西部山腳下的房子。天空撒滿星子。

我放輕腳步，走進小兒子威爾的臥房。月光穿透薄薄的窗簾，將我的身影投在地板上。

我站在威爾身邊，而他一動也不動，一股冰冷的恐懼在我體內奔流，我耳中聽得見自己的心跳。我伸手到他嘴邊試探呼吸，在黑暗中尋找生命的證據。什麼也沒有。沒有呼吸，**沒有呼吸**——然後，啊，有了，呼氣，微弱而溫暖，在我的皮膚上漂移。我用指背撫著他的臉頰幾秒鐘，感受他身體的質量。

還在嗎，我的寶貝？

呼吸。

再次呼吸。

我的心跳慢了下來。星光爲他的皮膚滾上銀邊。一切都激起粒子閃光。

＊注1：福特全順（Transit）的名字有通過、過渡、變遷等意思，作者在下文好幾度特別指出車名，將置身過渡的人與他們所處的橫坑（英文名同爲drift）迷陣結合成一個整體形象。——譯注

＊注2：礦坑小馬是十八至二十世紀在歐洲地下礦坑內工作的小馬，最早於一七五〇年見於文字記載，地點在英格蘭東北部杜罕郡（Durham）的煤礦。而自然主義作家左拉的代表作《萌芽》（*Germinal*, 1885）則是以一八六〇年代的法國煤礦爲背景，是描寫礦工悲慘人生的社會寫實小說，小說中出現了境遇與礦工同樣悲慘的小馬。——譯注

＊注3：第四紀地層學次委員會（Subcommission on Quaternary Stratigraphy, SQS）是屬於國際地質科學聯盟（International Union of Geological Sciences, IUGS）的國際地層學委員會（International Commission on Stratigraphy, ICS）之下的組織，任務之一在於界定第四紀全球地質尺度的標準。——譯注

＊注4：〈紐西蘭人〉（*The New Zealander*）是英國政治家、歷史學家、詩人麥考利男爵就彌爾的《政府論》（*Essays on Government*）在《愛丁堡評論》（*Edinburgh Review*, 1829）發表的書評，其中設想一個來自紐西蘭的毛利人，在未來已成遺跡的倫敦思考過去。——譯注

＊注5：比德是八世紀諾森布里亞王國（Northumbria）的僧侶，諾森布里亞本篤會會士，是盎格魯薩克遜時期的重要編年史學家及神學家，也是淵博的天文地理學家，傳說他發現地球是球體，並將之寫入《時間的推算》（*De Temporum ratione, 725*）。羅馬天主教會於十九世紀將比德封聖，他至今仍是英格蘭史上唯一的教會聖師（Doctor of the Church），也是但丁《神曲》第三部《天堂》中唯一的英格蘭人。比德在英國歷史學上有其特殊的地位和尊榮，作者在此引用名作，以突顯他入過礦井後更深一層的感受和思考。文中提到地球的六個時代，指的是聖奧古斯汀於西元四〇〇年左右提出的世界的六個時代（sex aetates mundi），是基督教的歷史分期，第七個時代則在最後的審判之後來臨，是永恆安息的時代。——譯注

四、下層植物（埃平森林，倫敦）

有時候——夠幸運的話，一生大概能有那麼一兩次會遭逢一些想法，其影響力之強大，足以動搖你所踏足的地面。

初次聽人談起「樹聯網」（wood wide web）時，我強忍淚水。那是十多年前的事。一個摯愛的朋友即將死去，他年紀太輕，病勢也太急。我去探望他，想著這就是最後一面。疼痛和藥物使他疲憊不堪。我們坐著聊天。我的朋友是森林人，生活與思想都與樹相共。他祖父的姓氏是伍德（Wood，樹林）。他住在自建的木屋裡。這些年來他親手種植了好幾千棵樹。他曾在筆記本中寫道：「樹液在我血中流淌。」

那天我向他大聲朗讀一首對我們而言都很重要的詩。在佛洛斯特（Robert Frost）的詩作〈白樺〉中，攀上白樺的雪白枝幹既是迎向死亡，也是宣告新生。而後他告訴我最近讀到的樹際關係研究：若有一株樹木生病或是承受壓力，樹林會透過地下網路來分享養分，這網路將土壤中的樹根連結起來，有時並樹可以藉此療養而重獲健康。我朋友性情之慷慨由此可見——他是如此接近死亡，卻能夠全無嫉妒地談起這種治癒現象。

他沒有力氣告訴我這地下共享系統運作的細節——在人眼所不能見之處，樹木如何在土壤中向別的樹木伸出援手。埋藏入地的神祕網路將個別樹木納入森林社群，那畫面讓我難以忘懷，就此在我腦海中生根。隨著時間過去，我還會聽到其他人提及這個非比尋常的想法，那些個別的片段開始彼此連結，形成某種近乎理解的東西。

・・・・・

一九九〇年代初期，加拿大森林生態學家席瑪（Suzanne Simard）研究不列顛哥倫比亞省西北部一座溫帶採伐林的地下植物，發現了一種奇怪的相關性：當白樺樹幼苗在皆伐和追播植林中被除去，四周種植的花旗松幼苗也會恰好出現凋萎、早夭。

長久以來，林業人員認為除苗有其必要，如此才能避免白樺苗（屬於「雜草」）剝奪花旗松苗屬於「作物」）寶貴的土壤資源。但席瑪開始懷疑這種單純的競爭模式究竟正不正確。她覺得白樺很可能是在幫助而不是阻礙花旗松成長，因為白樺被移除後，花旗松的健康也受到影響。如果這種物種間的援助真的存在於樹木之間，其本質為何？個別的樹又要如何跨越森林空間而互助？

席瑪決定要解開這個謎題。她的首要任務是確認樹木之間是否存在著某種彼此連結的結構性基礎。她和同事利用精微的基因工具將森林地面剝離，窺看下層植物，也就是土壤的「黑盒子」，這個研究領域在生物學家當中是出了名的棘手。她們看到的是片蒼白且極端纖細的絲線，是真菌在土壤間伸出的「菌絲」。這些菌絲相互連結而形成網路，其範圍之龐大，結構之複雜，令人歎為觀止。席瑪所檢測的森林土壤中，每一立方公尺就含有長達數十公里的菌絲。

眞菌對植物有害，是引發疾病並導致植物功能障礙的寄生蟲，這樣的看法存在已有數世紀之久。然而隨著席瑪展開研究，有愈來愈多人認爲，某些常見的眞菌和植物之間可能存在著微妙的互利共生關係①。據了解，這些所謂的「菌根」眞菌的菌絲不僅潛入土壤中，也在細胞層次上編入植物的根尖，因而創造出可能可供分子傳送訊息的介面。個別樹木的根也在這種編織中連結起來，形成繁複驚人的地下系統。

席瑪的調查證實，她研究的森林地面下確實存在著她所謂的「地下社群網路」，是將樹苗串連起來的「眞菌物種的繁忙聚落」。她還發現眞菌聯繫不同的物種，不只連結白樺與白樺，花旗松與花旗松，也連結花旗松和白樺及遠方，在許多植物之間形成非層級式的網路。

席瑪確定樹苗之間存在著聯絡結構，但菌絲網路只是共生的手段，其存在本身並不足以解釋白樺樹苗被皆伐時，花旗松樹苗何以搖搖欲墜，也無法解釋這種合作系統傳送了什麼東西（如果眞有的話）等細節。席瑪的團隊於是設計了一個實驗，要來追蹤這個地下隱形格陣的生化活動。他們向花旗松注射放射性碳同位素，之後以質譜儀和閃爍計數器來追蹤碳同位素從一棵樹到另一棵樹的動向。

追蹤結果令人震驚。碳同位素並不會一直局限於注射的樹裡，而是經由樹的維管束系統向下移動到根尖，由此進入與其他樹木的根尖相連的真菌菌絲。一旦進入菌絲，碳同位素就沿著菌絲網路進入另一株樹的根尖，由此進入另一株樹的維管束系統。真菌在這過程當中吸取並代謝了一些沿著菌絲移動的光合作用產物，這就是真菌在共生系統中的獲益。

這證明了樹木可以透過菌根網路在彼此之間挪動資源。同位素追蹤結果也顯示了此種相互關係之複雜。有一項涵蓋三十平方公尺的研究顯示，範圍內的每棵樹都和真菌系統相連結，有些老樹木甚至與多達四十七株樹木相連。這結果也解開了白樺和花旗松共生的謎團：花旗松自白樺收到的光合碳多於自身所送出的碳，雖然違反直覺，但白樺皆伐後，花旗松幼苗所攝取的養分不增反減，最後導致花旗松凋敝而死。

席瑪將她的發現整理成一份摘要，大膽寫道，真菌和樹木「已然化二元爲同一，從而創造了森林。」席瑪不再視樹木爲彼此競爭的個體，而主張森林是一個「共工系統」，樹林在其中「交談」，創造出她稱爲「森林智慧」的集體智能。有些較老的樹木甚至「餵養」被視爲「親屬」的小樹，充任「母親」的角色。從席瑪研究的角度觀之，整個森林生態的形象都閃爍生光，與過去大不相同——從激烈的自由市場，轉變成更像社會主義系統的資源重分配社群。

一九九七年，席瑪將這個主題的第一篇重要論文發表於《自然》雜誌②，樹木與真菌的地下共生系統也是在此獲得「樹聯網」的稱號。她發表於《自然》的文章極具開創性，影響之大，催生出一塊完整的研究領域去探究。地下生態的科學研究自此蓬勃發展，而新的偵測和繪圖技術也闡明了樹木與植物這種「社群網路」的新穎細節。正如席瑪所言：「樹聯網被繪製、追蹤、監測、細理，揭開森林網路的美麗結構及精巧運用的語言。」

而在新一代的森林語言學家和製圖家當中，有一名年輕的植物科學家，名字是梅林（Merlin Sheldrake）。真的，他真的叫這個名字③。

• • • • •

梅林和我並肩站在一簇巨大的櫸木萌生林裡④——我從沒見過這麼大的萌生林，更別說走進去。樹根從一端到另一端有十公尺長，樹的本身可能有四、五百歲了。

「我猜這樹至少有半世紀沒採伐了。」我對梅林說。

萌生枝條沒有被採伐，已長成直立枝幹，圍在萌生林的伐樁邊緣四周向外放射，在中心留下足以容納我們兩人的空間。我們在那裡待了一段時間，享受置身古老樹木內的感覺，透過灰皮枝條向外眺望埃平森林（Epping Forest）。

櫸樹兩條較老較低的枝幹相交，已經融入彼此，樹皮連成一整片皮膚，維管束系統增生並結合。只要不受擾動的時間夠長，活木就彷彿緩慢移動的流體。就像我在柏壁礦脈的黑暗中見過的鹽岩，像我在門迪地下見過的方解石，像行過表土和岩床的冰河之冰——只要時間足夠，活木似乎能**流**。

「我聽說這叫做『編結』（pleaching）。」我拍著相融的枝幹對梅林說，「藝術家納許（David Nash）在北威爾斯一片林間空地上種了一圈白蠟樹，然後把樹木彎曲、編織，讓它們不只是長在彼此身邊，還長入彼此身上。那是一座舞動的『白蠟穹頂』，由主幹和分枝結合而成。」

「其實我們植物科學家對這有個專業術語，叫做『擁吻』（snogging），全名叫做『樹吻』。」梅林微笑起來。「好啦，其實術語是 inosculation，來自拉丁文的 osculare，意思是親吻。Inosculation 的意思是『吻合』。這可能發生在樹木之間，也可能發生在不同物種之間。」

我知道 inosculation 這個字，但並不知道它的詞源。看似冰冷的術語有了熱切的溫暖，感覺十分切合這樹木的「吻合」，讓人無從認定何處起始、何處終結。我想起奧維德（Ovid）版的鮑西絲與費萊蒙神話（Baucis & Philemon），老夫老妻化爲交纏的橡樹與椴樹，以結構和營養相互支撐，通過彼此的樹根自地面獲取力量，在吻合中溫柔地分享力量。

「這種結合也會發生在地下。」梅林說。樹根之間的交流可能比樹枝更強烈，原因是地下空間更加有限，縱橫交錯也會比較密集。不過這在真菌網路**異乎尋常**地常見，通常連結起相當不同的物種。」他用手指摸著兩個枝幹的編結。

「從兩條菌絲管柱開始，兩株真菌突然就結合為一，東西也開始可以在彼此間流動，包括遺傳物質和細胞核。就是基於這個原因，物種的概念在真菌界窒礙難行，甚至連生物究竟是什麼的這個問題也很難回答，因為真菌雖然行有性生殖，但彼此間也橫向傳送基因物質，彷彿**狂亂**雜交，難以預測，而我們對這些所知依舊有限。」

正如真菌學裡最古老的笑話所說，跟梅林在一起很有趣。他為我施法開啓了埃平森林，那些日子裡我提出的問題之多，遠甚於我在許多年裡對其他人提過的問題。他在那不太顯眼的城郊森林裡告訴我並帶我看見的一切，重塑了我對世界的感知，至今還在咀嚼反芻。

梅林誕生於一九八七年十月十五日的大風暴後三天，那是颶風等級的風暴，陣風風速高達每小時二百公里，航空母艦因而傾覆，渡輪掀翻上岸，約一千五百萬株樹木因風斷斷——英格蘭南部和法國北部的森林地面撕裂，像板根一樣朝天傾斜。梅林人生的第一天是黑色星期一，道瓊指數創下新低，億兆財富一筆勾銷，全球金融市場隨之崩潰。

梅林並非帶著吉兆來到人世。若是放在希臘神話，他注定必然成爲破壞和毀滅的力量。但他被賦予神奇的名字，長大成爲神奇的人。他高大、修長，身姿挺拔，有一頭密實的深色鬈髮，熱誠的眼神，虹膜周圍一圈清晰的眼白，還有大而溫暖的笑容。他也是令人肅然起敬的科學家，擁有劍橋大學植物科學的博士學位。他身上帶有淡淡的古意（對於學科界線視若無睹，好奇心無邊無界），也與英雄時代的植物獵人差相彷彿⑤。在我心中，他就如同博物學家布朗恩爵士和植物學家沃德（Frank Kingdon Ward）的混合體，後者以收藏傳奇的喜馬拉雅藍罌粟聞名。

梅林從少年時代起便迷上生物區內落寞、乏人欣賞的居民——地衣、苔蘚和眞菌，對世上那些富於魅力的大型植物反而興趣缺缺，而這並不令人意外。他在少年時期以業餘科學家的身分研究這些植物，數算墓碑和花崗岩巨礫下的苔蘚物種，試圖理解眞菌生活的地下建築術——地上的蘑菇是子實體，是地下世界龐然結構的驚鴻一瞥。

「我小時候的超級英雄不是漫威的漫畫人物，而是地衣和眞菌。」有一次梅林這樣對我說：「眞菌和地衣摧毀了我們的性別分類，也重塑我們對社群和合作的理解，砸碎我們那種演化世系的遺傳模型，徹底**肅清**我們的時間觀念。地衣會製造可怕的酸性物質，將岩石崩解成塵土。眞菌能將強效酵素釋出**體外**，溶解土壤。它們是世上最大的生物體，也是最老的生物體之一。它們創造世界也破壞世界。有什麼比**那個**更像超級英雄？」

• • • • •

某天早晨，梅林跟我一起走入埃平森林，從高處的林間空地大略向北而行，始終走在太陽左側。

埃平森林一直延伸到倫敦東北方，但並非野生樹林。十二世紀，亨利二世初次指定為王室狩獵森林，偷獵的處罰包括監禁和斷肢。今日，埃平森林由倫敦市法團管理，規範森林範圍內的細則超過五十條，但只罰錢而無肉刑。整座森林都在M25（圍繞倫敦外圍的環狀高速道路）內，有支道穿過森林，但長度總不會超過四公里。埃平森林範圍不大，卻很容易迷路——森林內步道縱橫交錯，千百年來，不停有大倫敦地區的子民在此避難、交歡、逃匿，也探訪綠林魔法的遺跡。

道路喧囂。落葉因大黃蜂低飛的下降氣流而微微顫動。鵟鷹在上空盤旋、鳴唳。古老的萌生樹未經修剪，成了多頭的枝梢。倒地的原木生滿厚密的苔蘚，小小的橙色眞菌從木紋間濕潤的裂縫中蔓生。樹木漸稀而光線照入之處，數百株山毛櫸幼苗生長於枯枝落葉之間，全都不過三公分高。五隻黇鹿現身於我們前方的冬青樹間，穿過森林下層時，樹葉上的光點在牠們頸部的斑點上翻飛。

在林業和森林生態學的術語中，「下層」（understorey）指的是生活在森林地面和樹冠層之間的生物，也就是在這中間地帶怒生、競爭的眞菌、苔蘚、地衣、灌木和樹苗。但作爲一種隱喻，「下層」也是敘事、歷史、思想與文字的總和，彼此糾纏，不斷增長，交織出樹木和森林多元的文化生命。

「我最感興趣的是下層的下層故事。」梅林指著周遭的山毛櫸、鵝耳櫪和栗樹說：「所有這些喬木和灌木都以某種方式在地下彼此連結，我們不僅看不到，也只是剛開始有淺薄的了解。」

在劍橋研讀自然科學期間，梅林讀到席瑪關於樹聯網的創新研究。他還讀了紐曼（E. I. Newman）發表於一九八八年的論文，〈植物間的菌根連結：菌根的作用及其生態學重要性〉（*Mycorrhizal Links Between Plants: Their Functioning and Ecological Significance*）。紐曼在論文中反駁「植物在生理上彼此分離」的假設，並提出植物可能由一種「菌絲網路」連成一體的可能。紐曼寫道：「此種現象若是廣泛存在，在生態系統的運作上可能具有深刻的涵義。」

這些「涵義」確實深刻，令梅林著迷。他原本就很喜歡奇異的眞菌世界，知道眞菌能把岩石化爲碎石，能夠在地面和地下迅速移動，可以水平繁殖，還能透過代謝巧妙地分泌酸性物質，消化體外的食物。他知道眞菌的毒素足以殺人，眞菌的精神性化學物質可以誘發幻覺。但席瑪和紐曼的研究讓他知道，眞菌還能夠讓植物交流。

梅林大學時代的導師是拉克漢（Oliver Rackham），赫赫有名的植物學家。他的研究改變了我們對英國地景文化史和植物史的認識。在師從拉克漢期間，梅林發覺自己最感興趣的知識領域恰是正統演化理論最薄弱之處——而對他而言，最薄弱之處，正是互利關係作用之處。互利是互利共生的一個子集，是有機體彼此依賴、互惠互助的長久關係。

「從基本演化論的角度看來，互利關係很不穩定，可能很快就崩解成寄生關係。這是我最著迷的地方。」梅林說：「但事實證明有些互利關係非常古老，延續時間之長，簡直匪夷所思。比方說絲蘭和絲蘭蛾，或者，當然了，耳烏賊目和寄居在其發光器內發出生物光的細菌。」

「當然了，」我回答，「古老的短尾發光烏賊和細菌之間的互利關係。」

「但終極的互利卻發生在植物和菌根眞菌之間。」梅林說。

◆ ◆ ◆ ◆ ◆

Mycorrhiza 一字是希臘文「眞菌」和「根」兩字的結合，本身就是一種合作或糾纏，因而提醒了我們，語言也有其沉沒的根源和菌絲，意義藉此得以分享、交換。

菌根眞菌和其所連結的植物有著極爲古老的關係，約四．五億年之久，主要是互利關係。當樹木與眞菌共生時，樹木以眞菌所不具有的葉綠素進行光合作用，合成葡萄糖，眞菌再由葡萄糖中吸收碳。相對的，眞菌則經由樹木所缺乏的酵素，自土壤中獲取磷和氮，再將這類營養素供應給樹木。

然而樹聯網的可能性遠不止於植物和眞菌的這類基本物資交換。眞菌網路也使植物得以分配彼此的資源。森林中的樹木可以分享糖、氮、磷：垂死的樹木可能將其資源送入網路，嘉惠整個群落，掙扎求生的樹也可能由鄰居獲得額外的營養。

更令人驚嘆的是，植物還會藉由這樣的網路來發送免疫傳訊化合物。受到蚜蟲攻擊的植物可以透過網路通知鄰近植物在蚜蟲到達前上調防禦反應。植物可以藉由擴散性激素在地面上以類似的方式溝通，但這種空中傳播的目的地並不精確。化合物透過眞菌網路傳送時，來源和接收者都可以特定。我們對森林網路的了解日深，得以提出深刻的問題：物種的起始和終點、將森林想像成超大生命體是否最爲適切，以及「交易」、「分享」和「友誼」在植物乃至於人類之間的可能意義。

人類學家羅安清（Anna Lowenhaupt Tsing）將森林地下比喻爲「繁忙的社會空間」，數百萬生物在此交互作用，「形成一個跨物種的地下世界」。她在論文〈含納的藝術，又名如何愛上菌蕈〉（*Arts of Inclusion, or, How to Love a Mushroom*）中有此名言：「下次行經森林時記得向下看。一座城市就在腳下。」

• • • • •

梅林和我來到一座極大的櫸木萌生林時，已經在埃平森林走了兩小時左右。截頭——修剪樹木的高處枝幹能夠促進密集生長，的確讓這些樹木享有幾近童話的長壽。在這樹林裡，長長的枝幹嚮往太陽。透過葉隙落下的是綠色的海底之光，彷彿我們正泅泳穿過海帶森林。

我們在樹林地面仰天而臥，躺了一陣子，一言不發，看著樹木在微風中輕輕顫動，陽光在我們上方十五公尺像一條條帶子垂落。在截頭散開形成華蓋之處，我意識到我可以沿著每株樹木的樹冠畫出空間分布的型態：這美麗的現象叫做「樹冠羞避」，也就是樹木尊重彼此的空間，在一樹最外層的葉末和另一樹之間留下狹窄的連綿空隙。

躺在樹叢中，儘管知道要小心擬人化的陷阱，我卻很難不從溫柔、慷慨甚至愛的角度來想像這等樹木關係：羞怯的樹冠彼此尊重而保持距離；交頭擁吻的枝幹；看似相隔遙遠的樹木藉由根和菌絲結成隱形的關聯。我想起貝尼耶（Louis de Bernières）曾就白頭到老的關係寫道：「我們的根在地下向彼此生長，當所有漂亮的花朵從枝頭落盡，我們發覺我們是一棵樹，不是兩棵樹。」我有幸在愛中長久生活，因而知道何謂逐漸向彼此成長、在地下纏綿；那些我們之間無需言傳的事（這有時會發展成令人不安的沉默），以及分享的快樂和痛苦。我認爲好的愛會隨時間而生根（to root），而非與時腐敗（to rot）。我認爲在腳下交纏的菌絲是爲了尋求融合而在土壤中伸展，在我看來也是愛情的作用，只不過是另一種版本。

梅林起身朝樹林中心走去，似乎找尋什麼東西，然後彎身掃開落葉堆和山毛櫸果實，清理出一片茶碟大小的空地。我起身跟上。他捏起一些泥土，在指尖揉搓。泥土並不碎裂，而糊了開來——那是腐爛樹葉所形成的深色腐植沃土。

「這就是我們研究眞菌網路遇到的問題。」他說：「實驗很難穿透土壤，眞菌菌絲整體而言又太過纖細，無法以肉眼觀察。我們花了很長的時間才發現樹聯網的存在跟作用，就是這個原因。」

樹液之河流淌於我們周遭的樹木。此時若是將聽診器放在白樺或山毛櫸的樹皮上，我們會聽到樹液在樹幹中流動的汩汩聲和劈啪聲。

「你可以把根狀菌索放入地下，觀察根的生長，」梅林說，「但眞菌太過纖細，無從觀察。你也可以進行地下雷射掃描，但對於眞菌網路來說，雷射同樣太過簡陋。」

這再度提醒了我，地下世界是如何頑強抵抗我們平常的觀看方式，即使在我們這個能見度超高、監控入微的時代，地下世界依舊對我們頗多隱瞞——全球總生物質量的八分之一是生活於地下的細菌，而四分之一有眞菌血統。

「我們知道有這樣一個網路，但追蹤起來太過費力。」梅林說。「因此我們必須尋找迷宮的線索，以巧妙的方法來追蹤路徑。」

我跪在他身邊，看得出這麼小的範圍裡就有幾十種昆蟲，其中大多數我都叫不出名字：發光的蜘蛛和紅青銅色的甲蟲在樹葉上作戰，木蝨蜷曲成球，綠色蟯蟲在腐植土中扭動。「牠在為生存**焦慮掙扎**。」我對梅林說。

「那還只是看得見的部分。」梅林說。「菌絲會長到這些半腐葉子的腐敗物質內，長進這些正在腐爛的原木和樹枝，然後你就有菌根眞菌了，它們的菌絲會長入多樣性熱點，起泡、糾纏、融合，建立起一面網路，連結冬青和冬青、冬青和山毛櫸，也把這裡的樹苗跟別處的東西連結起來，層疊、層疊又**層疊**，直到你的大腦算不過來！」

梅林說話的同時，我感覺世界以一種怪誕且不可逆的方式在我周遭迅速變幻。地面在雙腳、雙膝和皮膚下顫動。**只要你的心智更接近植物，我們就能用意義將你淹**

沒……我看向下方，想將土壤催眠成透明，我好看進那隱藏的基礎結構——數以百萬計的菌束懸浮在漸細的樹根之間，以豐富的連結創造出一面薄網，精密絲毫不遜於我們城市下方的電纜和光纖。我曾聽過一則對眞菌領域的描述，始終在心頭揮之不去，那是怎麼說的？**灰色國度**。這詞彙訴說眞菌之極度異質，挑戰了我們習以為常的時間、空間和物種模式。

「你凝視這面網路，網路也開始凝視你。」梅林說。

◆　◆　◆　◆　◆

美國奧俄岡州藍山山地（Blue Mountains）的硬木森林裡有一株奧氏蜜環菌（*Armillaria solidipes*），最寬處長四公里，橫伸出去的覆蓋面積達六．四平方公里。藍鯨之於蜜環菌，正如螞蟻之於我們。蜜環菌極為神祕，是地球上已知最大的生物，也是數一數二古老的生物。美國森林署的科學家就蜜環菌年齡所做的最佳估算約在一千九百年至八千六百五十年之間。這種眞菌在地面上呈菇蕈狀，有著白色斑點的蕈莖向上長成黃褐色帶褶的蕈傘。蜜環菌的實際生長範圍在地下，以菌索的形式移動，類似黑色鞋帶。菌絲體的尖端由菌索伸出，尋找新宿主（可能會將之殺死），以及菌落其他部分的菌絲體（可能會與之結合）。

所有生物分類學都崩解了，此外，真菌也將我們的許多分類基礎毀於一旦。什麼是整體及單一，何謂生物體，子系及遺傳又意味著什麼，我們的這些尋常概念在真菌身上都行不通。從時間的角度來看，真菌相當不可思議，因爲我們很難分辨一株真菌在何處開始、終結，在何時出生、死亡。對真菌來說，我們這空氣與光的世界是它們的地下世界，它們只是在此時彼時、此處彼處探出頭觀望一番。

廣島原子彈爆炸之後，真菌是最早重回爆炸區的生物之一。爆炸區就是蕈狀雲升起之處，這圖像在媒體和文化中反覆出現，成爲全球的新焦慮。車諾比核災過後，反應爐的輻射水準較正常環境高出五百倍，科學家卻意外在毀損的反應爐混凝土中發現黑化的真菌細絲。令他們更驚訝的是，高度的游離輻射竟然是真菌興盛的原因。這樣的輻射本來足以致命，真菌卻以某種方式處理，增加了本身的生物質量。美國生態學家正試圖了解美國樹木如何因應氣候變遷，如今開始關注土壤中的真菌，將之視爲未來森林復原力的關鍵指標。近期的研究顯示，健全的真菌網路有助於森林以更大的規模迅速適應人類世的環境變遷。

民族植物學家基默爾（Robin Wall Kimmerer）寫道：「學習觀看苔蘚時，更像是傾聽而非凝視。苔蘚……邀人流連於尋常感官的邊界。」而學習觀看真菌似乎比這還更困難，需要我們去開發新的感官與技術。不過即使只是試著與真菌一起思考，或將自己當作眞菌來思考，也足以將我們帶向前所未見的生活方式，相當耐人尋味。

「西方」對自然的正統理解顯然不足以解釋眞菌所從事的創世工作。我們對於進步的歷史敘事已然受到質疑，歷史概念的本身也被重塑。歷史不再被比擬爲向前飛行的箭矢或自相交的螺旋，如今更好的解釋將歷史視爲朝許多方向分支、交接的網路。從眞菌的角度看待自然，對自然也能有更深切的理解——自然不再是我們尋得救贖的閃亮雪峰或翻滾河流，也不是我們在遠處惋惜或崇拜的立體模型，而是纏結的集合體，我們也深陷其中。我們開始將我們的身體視爲數百個物種的棲地，智人只是其中之一，我們的腸道是細菌群落的叢林，我們的皮膚上有眞菌難以置信地怒長。

我們當中的許多人仍然想像自己是活在不斷向前推動的歷史中，但許多物種已經投身遠比那更爲複雜的時間尺度，也因此，我們開始與自身相遇，雖然這未見得總是令人安心或愉快。激進的生物學家瑪歌莉絲（Lynn Margulis）等人的研究顯示，人類並非孤獨的生物，而是如瑪歌莉絲所創造的難忘詞彙，是共生體（holobionts），也就是相互合作的複合生物體，套用哲學家阿布雷希（Glenn Albrecht）的話，是一種生態單元，「由億兆萬細菌、病毒、眞菌所組成，攜手達成共同生活的任務，分享共同的生命。」

從原住民族的泛靈傳統看來，這想法無甚新意。科學向梅林揭露、梅林又再向我揭露的眞菌森林，是座布滿樹枝狀連結與豐富交流的森林，然而這似乎只是提供依據，讓唯物論者相信森林居民數千年來都已深知的文化。這樣的社會總是再三認爲叢林或林地具有意識，並且彼此連結、對話。哈代在《綠蔭下》寫道：「對於森林居民來說，幾乎每個樹種都有聲音與相貌。」人類學家尼爾森（Richard Nelson）描述居住於現今阿拉斯加內陸森林的科育空人（Koyukon），說他們「居住在一個以森林之眼視物的世界。一個穿梭於自然間的人，縱然行經草莽、荒僻之地……卻從不孤獨。四周一切有知有覺，如人一般。萬物有靈。」這樣生機勃勃的環境中，寂寞沒有容身之地。

和梅林一同置身樹林當中，我想起金茉勒（Robert Wall Kimmerer）、哈代和尼爾森，同時也驀然興起一股憤慨的不耐——原住民社會視爲理所當然的這些事，現代科學卻當成醍醐灌頂的啓示。我想起勒瑰恩那憤世的政治寓言，故事坐落於一顆森林星球，居住於林地的亞斯森人能夠透過樹木發送信號，向遠方傳送訊息。直到殖民者前來開發剝削之前，亞斯森的心智始終與樹木社群融爲一體，在這個國度，「代表世界的詞彙是森林」。

◆ ◆ ◆ ◆ ◆

我們走了四小時，而埃平森林不停變弄森林的慣常把戲：回聲、迷向，絕不自我重複。我常認爲我們正循著一條走過的路往回走，結果卻走入一片從未見過的石南叢、不熟悉的小樹林或灌木林。我們踢到去年秋天的眞菌所釋放的無形孢子，將之吸入肺中。我們太深入北方，以致走出了森林，得從M25快速道路折返，跳過帶刺的鐵絲網，在一片可能是私有土地的田野休息。我們不算眞的迷路，只是想找到重返森林之路。

於是我用手機召喚衛星網路，打開一張森林的混合地圖。包括稀土金屬和主要在中國開採的礦物在內，總共有六十三種化學元素在我手機的機殼內交互作用。鑭元素的藍點指出我們所在的位置。我拉開螢幕，以獲得正確的比例尺。地圖顯示西南方是綠色森林，那就是我們的去向——穿過繁忙的道路，深入樹林，直到再也聽不見汽車的噪音。

在森林的一處乾燥地區，一塊隆起的地面上，老松樹、山毛櫸及低矮的冬青灌木間，我們停下來吃喝，我告訴梅林關於柏壁鹽礦的事：暗物質實驗室、鹽岩隧道、採礦面的人們，地質學家向前送出探針，從礦面撤退，在黑暗中探索。

「那跟眞菌的運作方式很像，」梅林說，「總是在探勘資源最豐富或最有用的區域，向前推進到有利可圖的地方。它們朝四面八方散開，只要找到還不錯的裂縫，就會撤出貧瘠地區，將精力用在別處。」他拿走我的筆記本和筆，在上面畫了一個典型的菌絲結構圖：四散的分枝，很難說哪裡是主莖或原生莖，只能認出幼枝與分枝。

梅林在攻讀博士的第二年前往巴拿馬運河加頓人造湖上的巴羅科羅拉多島，在中美洲的叢林裡展開田野研究。

「我很想離開實驗室，進入叢林。」梅林說。「在分子實驗室裡，我幾乎全盤掌握那個小世界，像巨大的木偶師一樣，讓實驗對象隨我的曲調起舞。但做田野時，我是身在研究題材之中，權力關係截然不同。」

梅林加入島上的田野生物學家社群，在此所有人都隨叢林的曲調起舞。細心指導梅林工作的是花白頭髮的演化生物學家雷伊（Egbert Giles Leigh Jr.），他就住在島上的研究基地，在他那塞滿圖書的工作室接待新來的人。他會用留聲機播放貝多芬，喝著不加冰不加水的純威士忌。這寬仁的庫爾茲⑥是這島嶼的檔案館，此地的工頭。

就研究方法而論，島上進行的某些研究可謂風險不低。有個年輕的美國研究者從事梅林稱爲「醉猴假說」的研究，計畫在猴子大快朵頤發酵水果後採集猴子的尿液，評估尿液中的毒性濃度。問題是猴子通常在樹上高處小便，於是她設計了一個寬嘴漏斗，以收集落下的液體。

「等等，你是說她讓醉猴從樹冠朝漏斗小便？」我問。

「正是——而且這工作很困難。你看到她之後，可能也會覺得她不像是從事這種工作的人。」

然後還有一個綽號「大黃蜂佬」的人。他爲了將大黃蜂餵食和授粉的動作型態畫成地圖，會捕捉大黃蜂，將無線電追蹤器黏在大黃蜂腹部。

「但黏合劑的效果不佳，因爲大黃蜂毛茸茸的，空氣又很潮濕。」梅林說，「所以他得抓住黃蜂，把牠們腹部的毛剃掉一小塊，好把追蹤器黏得更牢靠一點。」

也有一個「閃電人」，他研究雷擊對地下生態的影響，竟然對著暴風雲發射拖有銅線的箭矢，試圖讓特定地點遭受雷擊。

「聽起來那邊像在辦嘉年華會。」我說。

「基本上，你很快就會發現，你的實驗如果不夠好，叢林就會給你好看。」梅林說。在島上的第二季，他開始對「菌生異營性植物」感興趣——他將之簡稱爲「菌異」。菌異是缺乏葉綠素的植物，無法進行光合作用，因而完全仰賴真菌網路來獲取碳。這些植物有些是白色，有些帶有一絲紫丁香色或紫羅蘭色。

「這些小幽靈插入真菌網路，」梅林解釋道，「不知用什麼方法從中獲得一切，卻沒有絲毫回報，至少在一般意義上是如此。它們不符合正常的共生規則，但我們也無法證明它們是寄生者。你可以把它們想像成樹聯網的駭客。」

梅林專研一個名喚 Voyria（鬼怪、幽靈）的菌異屬，這種龍膽科植物一般稱爲

「幽靈植物」，所開花朵鑲嵌在巴羅科羅拉多島的叢林地面，彷彿淡紫色的星辰。梅林與當地村民合作，在幾小塊土地上進行艱難的土壤普查，從綠色植物和幽靈植物採集了數百個根部ＤＮＡ，並將之定序。調查結果讓他知道哪些眞菌物種與哪些植物相連，從而爲叢林社會網路繪製出前所未見的詳盡地圖。

「我只是偶然發現幽靈植物的重要性。」他說。「有一天我四處閒逛，在找什麼別的東西，然後我突然意識到，幽靈植物幾乎在我們提高磷輸入量的某塊土地上絕跡了。我的研究突破就是這麼來的。科學就是這樣，充滿了機緣巧合與跌跌撞撞，在田野中、實驗室裡，或者筋疲力盡，或者瘋瘋顛顛。所以我覺得很奇怪，科學界所呈現的知識，怎麼老是一副很**精準**的樣子。」

一隻綠色啄木鳥在遠處敲啄。

「我有個計畫，」梅林說，「每一篇我發表的正式科學論文，我都會寫出黑暗的雙生版本，地下的鏡像文件，訴說冷靜、一絲不苟的『假說－證據－證明』論文背後有哪些**眞實**故事。我想寫出那些機緣巧合、被剃毛的大黃蜂、撒尿的猴子，那些**眞正**造就科學的醉話和鬼扯。這種淺薄、瘋狂的網路爲我們連結、支撐了所有科學知識，我們卻很少談到。」

• • • • •

當日稍晚我們來到樹林中的一座湖泊，有道泥灘傾斜伸入淺水中。蔭影中魚群唼喋，紅冠水雞嘲哳，湖床氣泡嗝嗝。梅林和我面對夕陽而坐，享受那股溫暖。

兩個溜狗人走來，一臉期盼。「你們知道遊客中心在哪裡嗎？我們迷路了。」

「不知道。我們也迷路了。」我開心地說。

我們交換彼此的最佳猜測，分享手頭的訊息，然後他們信步走開了。

靜坐於日光下的湖畔，我思索著如何找出樹聯網的意義。梅林告訴我「社會主義」和「自由市場」兩種主流的解釋模式，但這兩者都將人類政治偷渡到「非人」的科學中。「自由市場」模式認為，我們應該將互連的森林理解成一個競爭體系，所有個體都在成本效益的結構下實踐己身利益，並透過「制裁與獎勵」的系統約束彼此。「社會主義」模式與此相反，認為樹木互相照顧，透過真菌網路分享資源，富裕者支持匱乏者。

我向梅林提出再現政治強迫徵募菌根研究的問題。在我看來，這問題不僅攸關自然的關係（relations of nature），更關乎關係的本質（nature of relations）。

「你說的很對。在我的領域，論述的選擇會強力影響研究方向。比方說『制裁與獎勵』就是菌根研究中的一個核心技術概念，而不僅只是一種言詞上的修飾。這比喻**驅動**了獎學金。我讀的研究論文就有《共同貿易條款下的不平等貨物》之類的標題。」

「聽起來好像艾恩蘭德智庫[7]委託的論文。」我說。

「眞的，很可怕。在政治上，我對生物自由市場那套語言的反感遠超過社會主義的版本。」梅林說。「我們憑什麼認爲眞菌和植物會有十八世紀有限責任公司出現時人類的經濟行爲？我覺得這眞是太詭異了。這就是我喜歡幽靈植物的原因。你在思考植物的生命時，它們會立刻要求你跳脫成本效益分析。

「但社會主義者幻想眞菌懂得分享、關懷，這想法也令人懷疑。他們用一種玫瑰色的眼光將樹木看成護士，每棵樹都是另一棵樹的護理員，『母親樹』不但認得也會跟家人交談，而『受傷樹』會在死亡之前無私地送出遺產。」

「我對這兩個版本的故事都感到厭倦。」我們離開湖邊時梅林說道。「森林之複雜永遠超乎我們想像。樹木創造意義，一如樹木製造氧氣。對我來說，步行穿過樹林就像在一部跨越多重時間尺度的神祕劇裡跑龍套。」

「那麼，要了解森林的地下世界，或許我們需要的是全新的語言，這種語言不會自動將自身轉換成人類的使用價值。」我說。「我們目前的文法不利於表達有生性[8]，我們的隱喻是基於習慣和反射，而這又將非人界擬人化、下層化。或許我們需要一整套全新的語言來談論眞菌……我們得用孢子來說話。」

「對。」梅林握拳擊掌，回答之快令我意外。「這**就是**我們該做的——這是**你的**工作。這是你們作家、藝術家、詩人和所有人的工作。」

• • • • •

波塔瓦托米（Potawatomi）是北美大平原地區的原住民語言。這語言裡有 puh-powee 一詞，可以翻譯爲「讓蘑菇一夜之間破土而出的力量」。金茉勒指出：「西方科學沒有這樣一個專有詞彙，沒有任何字詞可以訴說這個謎團。」

金茉勒本人是波塔瓦托米⑨公民國家的成員。她說自己能操「流利的植物學語」，但她小心地將植物學語與她所謂的「植物語言」區分開來——植物語言是植物所使用的語言，而不是我們用來談論植物的語言。金茉勒並非看輕植物學詞彙的精確性，她說這些詞彙「精進觀看的天賦技能」，卻也不免是一套客觀化且疏離的字詞庫，在精雕細琢的表面之下卻少了什麼東西——主要是不肯認非人世界的生命，以及一視同仁的態度，那不只滲入個別單字中，更深嵌進文法和句法的層次。

相較之下，幾乎所有的波塔瓦托米字彙都表明其有生性或無生性。這種語言有一種傾向：在他者中肯認生命，其「生命」概念遠遠超出西方思想的常見範疇。在波塔瓦托米語裡，有生命的不只人類、動物和植物，山岳、礫石、風與火也都有生命。故事、歌謠、節奏有生命，他們**存在於現實**（they are），他們**存在於概念**（they be）。波塔瓦托米語有七成的字彙是動詞，英語則只有三成單字是動詞。例如 wiikwegamaa 這個字，意思是「成爲海灣」。金茱勒寫道：

海灣，只有在水死去時才是名詞，海灣被自身的海岸左右包夾，被字詞盛裝。但是動詞……將水從奴役中釋放，任其自由生活。「成為海灣」令人遙想：活水在此刻決定要安頓在海岸間，要與雪松根和成群的秋沙幼鴨閒聊。

我跟金茱勒一樣，希望有語言能肯認並提高這世界的有生性，「在松樹、五十雀和菇蕈間搏動的生命……在我們周遭湧現。」這些語言面向虔敬且靈活地將存在與知覺擴展到一般不認爲具有這些性質的對象上，而我就跟金茱勒一樣，對此反覆玩味。我和金茱勒都相信如今我們需要一種「有生性的文法」。現代語言有一種傾向：視有生性爲異常，而這充斥於詩人普利尼（Jeremy Prynne）所謂的「哺乳動物語」之間，他用這一詞來指稱人類所使用的語言，意圖、動能、肌力等，都編碼在這種語言的文法深處。

語言眞正的地下世界並非個別單詞的語源，而是文法和句法的土壤，這才是言詞乃至於思想的習性長期安身、互動的地方。文法和句法對語言的發展和語言使用者有強大的影響力，形塑我們彼此指涉及指涉生命世界的方式。字詞塑造了世界，而語言是人類世的重要地質力量之一。

最近世界各地都展開了一些計畫，著手取得人類世關於生死經驗的語彙，哪怕是最基本的都不放過。這些計畫結結巴巴地訴說我們的所作所爲在這個醜陋時代創造出來的醜陋新詞：地質創傷學（geotraumatics）、地球焦慮症（planetary dysphoria）、絕頂罪咎（apex-guilt）。這些字眼就像枉然的唯名論，既難說出口又難下嚥，是一種無望的過度指涉和命名。

這些新創用語當中，只有「物種孤寂」（species loneliness）讓我產生共鳴——我們把與我們共享地球的其他生命從這顆行星上剝除，爲自己製造了強烈的孤寂感。若人類能從樹聯網中獲得什麼意義，那必然會是：當我們舉步踏入前方險峻、不安的世紀時，唯有共工協作才能拯救我們——互利、共生，將集體決策的人類工作擴展到非人社群中。

你凝視這面網路，網路也開始凝視你……

阿布雷希特（Glenn Albrecht）在寫到菌絲眞菌時，建議重新命名人類世，改稱爲

「共生世」——以社會組織爲主要特性的時代，「藉由人類智慧，複製在生命系統中發現的共生和相輔相成的生命繁殖形態與過程……例如樹聯網」。

代表世界的詞彙是森林。

• • • • •

那天晚上，在遠離道路的森林深處，在一座鐵器時代土堡和一片山毛櫸萌生老林附近，在暱稱爲「友誼丘」的高坡上，梅林和我安頓下來過夜。我們挖了一個淺淺的火坑，將白樺樹枯幹拖來當坐凳，用樹葉和枝條作火種，生起一小堆火，爲違反埃平森林的規定而向倫敦市法團喃喃道歉。

梅林打開背包，拿出一只小湯劑瓶，裡面裝著深苔綠色的液體。他搖了一下瓶子。

「古柯萃取物。在家自製的。在樹葉裡度過一天之後正好用這個提振精神。」

他又伸手到背包裡，拿出另一只瓶子。

「自製的蜂蜜酒。」他說。

他又伸手進去，拿出第三只瓶子。

「自製的蘋果汁。」他說。

那褐色玻璃瓶上貼著一張白色標籤，上面寫著「重力」。

「這是用劍橋的牛頓蘋果樹被風吹下的蘋果壓榨的。那棵樹在三一學院，戒備森嚴，很難靠近，要趁夜色掩護才能偷到蘋果。我本來希望能帶第一批壓榨的果汁，那是從達爾文故居的果園裡偷來的。你應該猜得到那一批果汁的標籤。」

「演化。」

「答對了。」

樹影中開始有人現身，或者落單或者成對——我的朋友、梅林的朋友、我們朋友的朋友，透過社交網站、簡訊、電話接到邀請，利用GPS找到我們所在之處。有人帶來口琴，有兩人帶來吉他，梅林的弟弟帶來兩支節奏骨板和一小組手鼓。

飛蛾繞焰舞動。衛星光點在上方閃爍。羞避的樹冠後方有飛機的紅色落地燈閃現，在樹葉間切出航線。我有股強烈感受：森林正從四周、上方和下方影影幢幢朝我們逼近。

我喝了梅林的古柯煎汁，感覺心緒迅速變得敏銳。火發揮說故事及歡宴的魔力。人們高談闊論，重建現有的關係也建立新的關係，讓這片營火支撐的森林空間變成暫時的社群。我展示鯨骨貓頭鷹和青銅匣子，解釋這兩個贈禮的由來及伴隨的義務。梅林和我講述白日經歷的下層故事（understories）。正如羅安清，梅林口中的土壤是座城市，我們腳下的城市，其間有著數不清的物種及各類物質熙熙攘攘你來我往。

有個綽號「手梟」的年輕人以捧成杯狀的手演奏草根藍調（bluegrass），模仿貓頭鷹的呼呼聲及嗬嗬聲。人們唱起〈九磅錘〉（*Night-Pound Hammer*）、〈七個醉酒夜〉（*Seven Drunken Nights*）、〈棕鱒藍調〉（*Brown Trout Blues*）等民謠，輪流哼唱副歌歌詞及主歌故事，周而復始。梅林演奏骨板，爲每首新歌敲出節奏。寒意隨夜而至，溫暖隨火而來。

鼓聲、歌聲、故事。樹木搖曳、發聲，孜孜不倦地製造我無從聽懂的意義。真菌在白樺木和土壤中蜿蜒蠕動。

我倚著白樺木，雙腳對著火，坐在塔拉（Tara）身側。塔拉是希臘人，身材高䠷，言語輕柔。她是歌手，在地中海小島長大，向一個被歷史浪潮沖到島上的俄羅斯流亡者學習歌曲和發聲。她告訴我難民危機對小島的影響——有島民爲了幫助難民而成立支持網路，但也有島民認爲難民對他們的生活方式構成了威脅。

「在那種狀況，你看到有人溺水，或是ㄚ然一身被沖上岸，」塔拉說，「那時你別無選擇，只能全心幫助他們。這其實還不算行善，因爲可能的選擇比人們所想的要少，基於這個理由，這並不那麼高尚。」

之後塔拉唱了一首島上的悲歌，我因而有些感傷。火焰殘喘，化爲餘燼。

我太累了，沒辦法等到火熄，於是信步走入森林，尋找入睡之處。現在回想起來，我只能看見橙色的火光，光影映上周遭的樹幹，而後光亮漸減，直至消失在黝暗的森林裡。

我發現自己置身櫸木萌生林間，下方是座史前土堡。有小孩在一株櫸木下方用大大小小的樹枝築了窩，倚著低矮枝幹形成一座歪歪扭扭的帳篷，長度足夠我躺臥。盛情難卻，我只好爬進窩內躺下，透過枝條看著樹枝、星星與衛星。我突然間強烈感受到自己被萬物所包圍，萬物彼此的關聯既模糊卻又能夠被清晰感知，就像透過層層紗布所見。那種感覺既安詳，也令人寂寞。

貓頭鷹啼叫。空地上火光黯下，歌聲沉寂了。上方萌生林的樹冠在夜風中竊竊私語。**那當中有你非聽不可的東西……**我的心智尋求睡眠，跟隨葉子來到樹枝，由樹枝再到樹幹，由樹幹而到樹根，由那裡沿著菌絲往下潛入地下之網。

＊注 1：眞菌與動物、植物、原生生物同爲眞核生物域下的生物分界，意即酵母、黴菌等眞菌並非動物，常見的蕈類（蘑菇）等眞菌也不是植物。——譯注

＊注2：《自然》（*Nature*）是全球最早的科學專業期刊之一，一八六九年創刊於英國。《自然》接受各種領域的論文，和美國的《科學》（*Science*）同爲自然科學領域內論文投稿的首選。——譯注

＊注3：梅林（Merlin Ambrosius）是英格蘭及威爾斯神話中的魔法師，傳說他協助亞瑟王取得王位。作者在此特別強調這個名字的「魔法師」性格。——譯注

＊注4：萌生林（coppice），指砍伐樹木，讓樹木以新生的能力從樹樁中萌生若干新芽，增生成一簇較矮的樹叢，供採伐之用。——編注

＊注5：古意指的是文藝復興時期的全才傳統。浪漫主義盛行的十九世紀至二十世紀初期則是植物採集的英雄時代。——譯注

＊注6：庫爾茲（Kurtz）是康拉德著名小說《黑暗之心》的角色，在比屬剛果叢林深處負責一個貿易站，是狡獪的英國象牙商人。——譯注

＊注7：艾茵蘭德智庫（Ayn Rand Think Tank）設立於美國加州，推廣俄裔美籍作家艾茵·蘭德創建的客觀主義哲學思想。——譯注

＊注8：有生性／無生性（animacy / inanimacy）將名詞依照有無生命或知覺而做區分，是一種文法和語意上的概念，可能影響到代名詞的選擇、格位標記、語序等等。英語已經拋棄了格位標記，因此有生性的影響不像其他印歐語言那麼明顯，但有生名詞的所有格卻明顯的不能夠如無生名詞一般使用介系詞，如 my face 和 the face of me 在文法上都屬正確，但後者在語意上十分奇怪，就是有生性概念的影響。——譯注

＊注9：波塔瓦托米人自稱尼許納貝人（Neshnabé，意爲原初的人），主要分布於北美大平原、密西西比河上游及五大湖區西部，是一個統稱。美國將境內的波塔瓦托米人分爲七群，承認其原住民族的法

律地位，加拿大也將境內的波塔瓦托米人分為七群，承認其第一民族的地位。波塔瓦托米公民民族是美國聯邦政府所承認的原住民族，主要分布在於奧克拉荷馬州，人口約在三萬人左右。——譯注

貳號室

在樹幹皸裂的老白蠟樹下方迷宮裡，有人選擇了一條新路徑，走上前去。

水所磨蝕的裂隙透迤入地，每一道新的曲弧都出自先前的曲弧，就像布料開展時褶襉從另一道褶襉抖落。隨著裂隙漸深，兩側愈來愈向彼此靠攏，頂部不斷下降，窄到幾乎無法通行時卻豁然開朗，出現一座大型穴室。

音聲在穴室牆上迴盪，其上光線閃爍。光線落下之處，石頭和地下世界的更多景致都顯得栩栩如生。此地的景致關乎隱藏、避匿和發現，分散於時空當中，再由奇特的回響所束縛。

一千年前有位藝術家在此作畫，畫作將被收入某位皇帝的禮拜月曆（menologion）。這幅畫描繪一座聳立於沙漠的山峰，上方的天空金箔閃亮，基岩是藍灰色，山坡上有兩株絲柏樹和一株常綠橡樹。畫家將山的一側切除，裡面的東西於是清楚可見。內部的暗處有七人在岩石的包圍、庇護下安眠。他們穿著灰色、紅色、藍色、黃褐色和紫色的寬鬆長袍，相互依偎，有的赤腳，有的穿鞋。其中一人將手放在另一人的眉梢，姿態溫柔，帶有一種兄弟情誼。這些人被稱爲「以弗所七睡人」，阿拉伯語稱之爲 ashāb al kahf，意思是「巨窟中人」。這是一則在岩石內、黑暗中等待，直到可以安全現身的故事，在基督教和伊斯蘭傳統中重複出現，見於可蘭經，也見於《羅馬殉道錄》。以弗所城發生宗教迫害時，這些少年踏進石窟入口，深入山腹。那一夜在藏身處中，他們因逃亡疲憊不堪，於是躺下來入睡。他們這一覺將會睡上三百年，再度現身時所有危機都已遠去。

冰冷的霙落上古老的板岩。灰色的天空，灰色的石頭。山楂灌木叢執拗長在低地上。一株冬青灌木的漿果正在轉紅。這是冬日的板岩採石場，在海拔約六百公尺處挖空了一整座山。此地的工作嚴苛且致命。採石工人經年死於爆炸和失足，板岩切割工則死於肺部疾病。每個週末，工人從家中循著白石的標示由步道走來。他們睡在漏風的營房，兩人擠一張床，蜷縮在一起取暖。他們還得爲了這項特權而付錢給採石場主人。有時候他們會在夜裡一起唱教堂讚美詩。如此這般，在兩百年間，此地的權力和苦難並不對稱。不過現在這採石場裡有奇怪的事情發生。政府部門來了個人，支付了費用，要將山腹內切開的五座洞窟改造成掩體藏寶室。這些洞窟已經建起小型磚房，室內有空調，控制著溫度。舊採石場的道路上開來卡車，裝載數百個薄薄的大型包裹。這些包裹是繪畫：克勞德的《大衛在亞杜蘭洞》、謝巴斯提亞諾的《拉撒勒復活》、范戴克那三公尺高的《查理一世騎馬像》，還有庚斯博羅、賀加斯、康斯塔伯、透納和莫內的畫作。這些畫作都在武裝警衛守護下由倫敦國家美術館運來，送到威爾斯這座挖空的山裡，放在磚房內，上方是足有九十公尺深、四億年之老的板岩——安全、穩當，遠離德國人的空襲。

核武的恐怖撼動全球。古巴飛彈危機才過去數週。鎂光燈閃爍，群眾歡呼，一名男子走進約克郡尼德谷（Nidderdale，nidder是nether的變體；nidder或nether作爲動詞的意思是壓迫、壓下）的一道石灰岩隙。這裂隙通往一個複雜的洞窟系統，尚未被全面探勘過，而他想要在這裡研究一個人若長期置身黑暗且無法分辨時間，身體和心智會產生什麼變化。他也想向英國人民證明，「如果我們必須在洞窟裡躲避核戰，只要保暖並帶足大量食物即可。」他相信可以在地下世界等待放射性退去再回到地表。他在一座鐘乳石旁搭起帳篷，本來打算在地下世界待一百天，可是一旦失去了日升日落的循環，他也失去了晝夜節律感，身體落入一種只反映生理需求的節奏——在需要時短暫入睡。他在一〇五天後重回地表，發現未被核子戰火焚毀的世界。

在一個用榴霰彈炸裂的白色塑膠搭起的帳篷內，有人在沙土上挖了一個豎坑。豎坑直下十五公尺，下方有條隧道，高度只剛好可以讓人站立，延伸長達三百公尺，盡頭另有一個豎坑通向地表，坑口也藏在帳篷內。這兩個豎坑被一道國界線所分隔，這非法的隧道是迴避懲罰性封鎖的手段，讓貨物能跨越邊界流通。這樣的隧道有好幾百條，謎一般存在於邊境的地下世界，專供食物、衣服、五金、人、牲口和武器走私。當此地常見的戰火燃起，空襲常以隧道爲目標，戰鬥機投下成噸炸藥，試圖摧毀埋在地下的東西。但相對而言，隧道造價低廉，修復迅速，有利可圖，且是邊界後方社區的生命線，儘管每年都有人死於坍塌和空襲，爲了突破封鎖還是非挖不可。

愛爾蘭西部康尼馬拉（Connemara）的夏日。一名女子在峽灣的海水中跋涉，帶著一貫的信心走在光滑的石頭上。她是藝術家，創作主題包括人類心智的幽暗深處，以及神話風景與地理風景強力匯合之點。她在水中總是很自在，每天都到海裡游泳，有時離岸遠達八百公尺，有時游入峽灣北方的海中洞窟。她也開始屛住呼吸，潛到海床，用沙丁魚餌引誘鰻魚離開岩洞。鰻魚身強體壯，有些身長與她相若，會蜿蜒出洞，帶走她提供的沙丁魚。有些鰻魚甚至讓她伸手撫摸。在這些怪誕動物的領域與牠們不期而遇，對她的藝術相當重要——那是與下方的遭逢，與恐懼爲友。她記得維根斯坦爲了進行最激烈的哲學思考而到這同一片海灘，他說過：「唯有在黑暗之中，我才能清楚思考，而我在此地找到歐洲最後的黑暗之沼。」

北極的一座島嶼上，山腰有座楔形的混凝土結構物，上面安裝了一道門，門簷散發一種超凡脫俗的綠色——門簷上安裝的稜鏡會反射極區夜空閃爍的北極光。世界將終結於大火的末世預言已經遠去，如今的末世論是持續的崩潰衰竭，而不再是浩劫。末世就在此地、此時，無處不在，不再延期。這沉重的入口通向一道波狀的金屬管，斜斜深入山腹，遠離海平面。這是一座末日儲藏室，地球上的永恆有多長，就能存留多久。這些霜雪覆蓋的末日儲藏室是島上開採的石灰岩所建，保存的不是人，而是種子。此地生命豐富到難以置信，全都在寒冷中休眠，包含九千萬粒種子，八十六萬個作物品種，光是水稻品種就高達十二萬種。南瓜、苜蓿、高粱、木豆、小米，還有一些最早的黎凡特小麥和硬粒小麥，已有上萬年歷史。這座山的外側沒有樹木，只稀疏覆蓋著地衣和苔蘚。內側的庫房牆面上霜花綻放。種子靜候發芽時機。

安納托利亞高原上，三千萬年前噴發的火山灰已經硬化，形成波浪地形，布滿圓錐及陡坡。有人正在這裡重建房屋。他決定打掉緊貼著凝灰岩岩基的牆面，並在後方發現了一個房間。那房間外面有一條通道，通向一座地下城。這城市共有十八層，垂直排列高達九十公尺，為兩萬人提供庇護所。城市裡有存放食物、水、酒和油的儲藏室，有臥室、通鋪、廚房和墓室。幾道石門可以沿著主要開口推動，以便在受到攻擊時隔離各個區域。數十座直立通風井使空氣得以流通，另有數千條支管將空氣送入城市的各個房間，並有一條地下河流貫穿城市中央。

這個人以為自己一腳踏入寓言故事。這座出土的城市將被命名為 Derinkuyu，意思是「深井」。城市的挖掘咸認始於西元前四世紀。千年間，受迫害的少數民族都會躲到這裡，直到動亂平息。城市深處一個房間裡有條長達八百公尺的通道，將城市與另一座沉沒的城市連結起來。這人偶然間發現了一座隱形的城市——不，應該說是一面隱形的城市網路。**這樣湮沒的居處可能還有上百座，沉睡於起伏的地表之下，尚**

未被人發現。

2 第II部

藏匿

歐洲

五、隱形城市（巴黎）

若是拼接在一起，這地圖長達十六張大頁紙①，面積大約三平方公尺。我從他處取得地圖時有個條件：不得傳給別人。我也算見識過一些奇異的地圖，這張卻與眾不同。這平面圖精心描摹了城市在地面以上的部分，不過用的是淺銀灰色墨水。若是只看灰色部分，這上層城市的輪廓不啻一座幽靈建築：公寓街廓和大使館，公園與景觀花園，林蔭大道和街道，教堂、鐵路線和火車站，全在地圖上縈繞，錯綜複雜，有影無形。

這地圖的實際內容是以黑色、藍色、橙色和紅色墨水描繪的地形，一座隱形城市，其領域在過去數世紀間由上層城市逐塊鑿繪而成。這隱形城市遵循與地面城市不同的規劃法則，隧道街往往絞纏扭動，或自成死路。其中一些如鞭子般回捲。交叉路口可能有三、四條隧道街向外延展。有些細長公路幾乎由西南向東北貫穿地圖。有些街道網格或不同隧道條輻交會的樞紐之破碎，簡直匪夷所思。有些隧道內部有洞穴，輪廓不規則，並附有數十間相連的穴室。

這座隱形城市的深度跨越數層，各層間以樓梯和豎坑相連，交接處在地圖上以圓形標示，橙環代表附有踏梯的豎坑，藍環代表附有斜坡的豎坑，深藍色的虛線圈表示樓梯。較深的分層和系統以顏色較重的墨水繪製。我學會了放鬆視線，讓一層浮游於他層之上，我於是能夠感知這地下城市的不同層次。

圖上的地名跨越許多文化範疇，從古典到超現實到軍事工業不等。立方室。幽閉通道。精神病精品店。死者十字路。外星人診所。魅影會所。梅杜莎。釉料。蒙蘇里迷宮。百慕達。小葉庇護所。熊修院。山下地堡。礦物學之閣。礦業學院。牡蠣室。枯骨。藏骨所樓梯。Z室。

地圖上以手寫的潦草字體標出可利用性：「低」、「相當低」、「極低」、「進退不得」、「淹水」、「不可使用」、「無法通過」。有時候帶點細節：「潮濕且不穩定地區（不時淹水）」；「美麗的迴廊，有拱頂和承樑」。「貓洞」（寵物門），指出隧道和隧道或隧道與洞穴之間的橫向過渡區。其他圖說標注上層城市和隱形城市間的通道（「向天穴」），或者地層與地層間的連接處（「通往危險下層的地面小洞」）。此外，地圖上散落墨水所繪的小小骷髏和交叉人骨，並附有簡潔的警告標語：「塌陷」；「無蓋井坑，危險」；「穴頂坍塌」。

地圖上不時出現的王名框②訴說著個別地點的故事。每頁的空白處都有一只藍色的羅盤，附有一道指北的橙色箭頭，每一頁也都附上區域名稱，用的是我辨識不出的優雅襯線字體。地圖帶有一種冷靜的當代美學，將難以測繪的空間簡潔地壓縮成圖。我對不知名的製圖者大感傾慕。地圖封面還另外放上「地下世界百科全書」的連結，作者身分只統稱為「Nexus」，也就是「系統或實體各部之間的一個或多個連結」。

關於在那座隱形城市度過的時間，我有什麼可說的呢？那是我不見天日最久的一段時間。在那裡的某一夜，又或許是某一日，我們將一支手機貼著隧道牆面放置，聽著小妖精樂團演唱〈掘火〉（*Dig for Fire*），石灰岩將音軌彈回我們耳邊，以提振我們的精神，而我笑了。那一晚我們回到地面時，正逢天龍座流星雨在夜空劃出銀色刮痕。

我們下到隱形城市的那一天，雲層聚集在入口北面的低地。平坦的田野，教堂的四方尖塔，成排的白楊樹，鋪設紅磚的農場。低地，平原。我最後一眼所見的太陽在雨雲下方向西灼燒，有一部分被一個功能不明的巨型土錐所遮蔽。東邊的雲底既低且平。雨絲飄向遠方的村落，落日猶在土壘之後。

之後的黃昏時分，我們推開標示著**禁止進入**的門，鑽過鐵絲圍欄中的孔洞，爬下路塹的邊坡，抵達鐵道，然後沿著軌道嘎吱嘎吱前進，來到一條隧道的磚砌拱門。路塹坡面雜亂長滿金合歡樹和野生鐵線蓮。公寓樓房高出路塹兩側邊坡，看來彷彿高聳入雲。一進入鐵路隧道，我們便始終走在軌道之間，讓金屬上的微光爲我們指向，就像煙霧彌漫的機艙裡可以藉由地板燈來辨認走道。

有聲音從前方傳來，一年輕女子從暗處現身。她一頭金色長髮，臉龐瓷器般精美，穿著白色洋裝，沿著軌道向我們走來。她目不轉睛，毅然決然，於是我們跨到軌道的左右兩側，讓她繼續前行。她足不停步地從我們中間穿過，身影如鬼魅。在她前方的遠處，我只能望見我們來時隧道拱門的朦朧微光，兩側鑲著明亮的綠邊。

我們繼續嘎吱前行。前方幽黑處有群螢火蟲，是浮在暗空中的柔和橙光。螢火蟲既不前進，也不後退，隧道磚石因其快速掠過而閃動生光。我們走上前去，那些光亮慢慢連上身體，這才發現那不是螢火蟲，而是惡魔，原來那光亮是乙炔燈的成對裸焰，人們戴在頭上，正在隧道一側亂晃。

我們離那些戴著頭燈惡魔角的人還有五十公尺的時候，我看到有個女人側身坐在隧道地面，雙臂高舉過頭，雙掌貼合，像預備跳水的潛水員——而後腳先消失，進入了隱形城市。

◆　◆　◆　◆　◆

在一九二七和一九四〇年之間（他在那一年設法從法國逃往安全的西班牙，結果卻落得在庇里牛斯山間邊境村落波爾特沃的旅館房間自殺），班雅明編纂了有史以來最驚人的城市文本之一。德文名 Passagen-Werk（拱廊街），英文稱爲 The Arcades

Project（拱廊計畫），是對巴黎地形、歷史與人文的冥想，未完成的斷簡殘編，在班雅明過世時累積已經超過千頁③。其形式或可與星座或星系相比——他耗費十年以上時間，讓個別恆星聚合成系，筆記、引文、格言、故事和思索彙編爲數十部卷宗，他稱之爲Konvolute，意思是蜷繞、旋轉、圍抱，每部卷宗都用一個字母來標示。

班雅明所寫的並非線性的巴黎史，卻試圖創造一支萬花筒，讓每個讀者都能透過筒內水晶看見新鮮的圖案，甚至每次閱讀所見都不盡相同。他這部書（由於離完成還有很大距離，或許甚至不能夠稱爲一部書）是對理解歷史的一種巨大、徒勞卻又神奇的嘗試，在某種程度上將城市的過往理解爲一場集體夢境，城市的結構則兼有物質性的存在和形而上的氛圍。

在整部《拱廊計畫》中，巴黎昔日的場景重新閃現。「榮耀無名者的記憶遠比榮耀知名者還要艱鉅。」班雅明在〈歷史哲學論文〉的初稿摘要中如此寫道，「歷史的建構是奉獻給無名者的記憶。」④班雅明的巴黎有個早期實驗以「底層歷史」爲人所知，紀念的是「無名眾生」，居住在那裡的有採石工人、妓女、士兵、店家，也有貴族、政治家和藝術家。他以殘渣廢料成書，將遺落物拼湊成檔案，蒐羅城市無名大眾而非統治者的故事。

班雅明本人葬於波爾特沃的公墓，墳上並無標記。死因被斷定爲嗎啡過量，死亡日期是一九四〇年九月二十五日。他在自殺前一天由法國翻山越嶺而來，上坡時每十分鐘就得停步，讓緊張的心臟稍事休息。他靠著登山夥伴的協助才能登上最後一道山脊，在那裡一行人可以俯瞰西班牙和波光瀲灩的地中海，於他們而言宛如藍色蜃景。然而隔日班雅明就被告知不許繼續穿越西班牙，且將在一天後被交給法國當地官員。他知道這意味著自己只能任憑納粹當局擺布，而身爲猶太人，他幾乎必死無疑。那天晚上他服藥自殺，用的正是爲了此種萬一而從馬賽帶來的嗎啡片。

波爾特沃以一座簡單有力的紀念碑悼念班雅明，那紀念碑本身就是一系列的通道。第一條通道降入地下。長長的生鏽鋼筋隧道從城市墓園入口的廣場斜插入海濱基岩。訪客步下黑幽幽的隧道口，彷彿踏入冥府。然而樓梯盡頭所見並非黑暗，而是光亮——隧道以一片玻璃封住，無法繼續前行，卻能由此望見一條波光閃爍的海水通道，水流在此形成漩渦，螺旋隨著每道浪潮不斷翻新。

班雅明自殺，身後未竟之作本身就是不斷的新製。在成千上萬個連接處擇一進入《拱廊計畫》，進入的是通道迷宮，路線似乎永不重複。就像書中描寫的城市，《拱廊計畫》提供眾多路線穿梭各道層次，無關情節，而關乎模式、回聲、記憶幽魂和糾結的內在意義。讀這本書令人感覺脫去形骨，可以經由書中幽微的貓洞和祕密通道跨越時間。

班雅明的想像力顯然深受封閉及地下空間的吸引——那附有頂棚的「拱廊」本身所形成的錯綜洞窟，以及巴黎下方的巨窟、教堂墓窖、井坑和密室，這些沉落的空間一起構成班雅明所謂的「地下城市」，是地面城市的孿生影子，意識心智的夢境。「我們清醒的存在是一片土地，在某些隱密地點通往地下世界。」他曾寫下這令人難忘的文句：

這片地域是夢升起之處。整整一天，我們心無罣礙，行經這些不起眼的地方，但睡意一來，我們便急著回到黑暗的拱廊去迷失自我。

班雅明沉迷於追蹤隱密地形，對他而言這不僅是地理學的志業，也是史料學的志業，一旦完成，便可能成爲一柄「鎖鑰」，開啓歐洲過往的「地下世界」。他效法古希臘的保薩尼亞斯（Pausanias），並向這位逍遙學人[5]汲取部分靈感。保薩尼亞斯花費數年時間測繪希臘的湧泉、深溝、峽谷等多孔地景，並將之描繪成一道上界及下界互鎖的門戶系統。班雅明對於城市中存在著這樣的門戶大感著迷。他寫道，將要跨過地下世界的門檻時，應該要「向正在離開的世界示意」，也寫下「從地表通往地底深處的地道口」，以及「看守門戶」、「保護並留意過渡區域」的諸家神[6]。

C迴旋是《拱廊計畫》中最大的地下迴旋，收入班雅明關於巴黎地下墓室和採石空間的研究。他在C迴旋中提出巴黎無形城的看法，說這城市充滿「閃電和迴盪著哨響的黑暗」。我在二十出頭歲時讀到書中的一個段落，從此牢記在心。他寫道：

巴黎建立在洞窟系統之上……這套隧道與通道的宏偉技術系統與古代地窖、石灰岩採石場、石窟和地下墓室相連，自中世紀以來便不斷有人進入、穿越，一再一再。

・・・・・

我們在鐵路隧道裡遇到螢火蟲惡魔。他們站在一起抽菸閒聊，每人都戴著乙炔燈——腰間佩有碳罐，以管子連向頭上的燃燒器，兩角橙色裸焰自其中嘶嘶吐出，溫度低但亮度高。他們向我們點頭致惡魔之意，以法語和英語低聲咕噥。

在低陷的軌道平面上，隧道一側開始隆起之處，地上有個崎嶇巨窟，寬度僅容一人通過。右側幾公尺外有道輪廓，似乎是類似的巨窟，但被看來還很新的混凝土填滿。

我與兩個朋友一同來到地下墓穴——就稱兩人為莉娜和傑尹吧。傑尹是洞窟探險家，熱衷於將探險活動擴展到城市系統。他詼諧、鎮定、矯健。莉娜是我們的領隊，來過這裡多次。她熱愛地下墓穴，尤其想透過攝影和筆記將墓穴急劇轉變的特徵保存、記錄下來。她搽著緋紅唇膏，戴著色彩鮮豔的貝雷帽，棕色鬈髮束在腦後，以免妨礙隧洞中的活動。在看不見的城市裡她能做自己，也能不做自己。在地下，她冷靜沉著，學識淵博。我很幸運能與她同行。

「地下警察下來把那裡填起來了。」莉娜指著軌道平面上被塞住的洞說。「所以我們帶著電鑽和發電機下來挖開這個新洞。這應該是眼前最安全的方法，不過我們打算從下水道人孔出去。」

她微笑著向背後的隧道比了一下手勢，「回頭再看光線最後一眼，因爲你在下週之前都不會看到太陽了。好了，該走了！」

莉娜先將腳伸入洞中，雙臂高舉過頂，然後消失。傑尹也依樣照做。我想起班雅明說要「向正在離開的世界示意」，於是望向遠方的光弧，然後向下進入了迷宮。

◆　◆　◆　◆　◆

法蘭西島⑦泰半坐落於盧台特期的石灰岩上，這岩層主要在始新世開始堆積，那時期這個地區在約五百萬年間都是平靜的海灣和海水潟湖，有大量海洋生物繁衍生息，死後沉澱在海床上成為泥灰，並於最終壓縮成岩石。盧台特石灰岩是絕佳的建材，色調從暖灰到焦黃不等，經久耐用，也能切割出乾淨俐落的邊緣。

所有城市都是地景的添加物，需要從別處扣除。巴黎大部分是由自己的地下世界所打造，將基岩一塊塊砍鑿下來，拖上地面磨平、安放。地下採石工作於十二世紀末熱烈展開，且不只當地，全法蘭西對巴黎石灰岩的需求都與日俱增。巴黎聖母院和羅浮宮都有部分以盧台特石灰岩建成。塞納河上的駁船將石灰岩運入河網，成了主要的區域出口貨物。

六百年來的採石遺跡如今是城南地上城市的負片影像——一片有著超過六十公尺廊道、房間和洞穴的網絡，分成三大區塊，分散在巴黎九個區的下方。這網絡是所謂的vides de carrières——「採石場空洞」，地下通道。

採石技術鮮少與時俱進，令人驚訝。豎坑約有十八公尺深，鑽入石灰岩層內，橫向通道再從豎坑沿著岩層鑿開。挖開大空間時總會留下石柱，以支撐坑頂。標準的隧道都鑿成一．八公尺高、〇．九公尺寬，足夠容納一名男子推著載滿石頭的手推車。採石工的時代來來去去，技能由父傳子代代相承，數世紀以來不斷拓展迷宮。由於岩石不易坍塌，相對而言傷亡也少，但日復一日吸入礦物粉塵，再加上嚴酷的負重，肺部和身體都會受傷。

數世紀以來，採石場管理不善，大部分也未經測繪。到了十八世紀中期，廣泛挖掘開始對地面城市造成影響，名爲fontis的天坑開始出現，且咸認爲出自魔鬼手筆。採石場空洞開始向地表遷移，地下城市開始吞噬孿生的地面城市。一七七四年出現的一個天坑在數秒內就吞沒了人行道、房屋、馬匹、車輛和市民。天坑遺址在各地都是Rue d'Enfe，即地獄街。隨後又出現了一些小坍塌，由於潛在危險的程度不明，整座城市都陷入恐慌。

對此，路易十六即位後不久便建立了「巴黎及周邊地區地下採石場」的檢查單位，由總督察吉奧蒙（Charles-Axel Guillaumot）領導，爲了公共安全開始管理採石場。正是吉奧蒙發起了地下空洞的第一次測繪工作，以鞏固既有空間，並規範後續的採石活動。地下的城市規劃體系從而建立，洞穴和隧道以對應的地面街區命名，一座鏡像城市因而產生，而地面則成了對稱線。雨果在《悲慘世界》裡寫道：「巴黎之下另有巴黎，自有街道、路口、廣場、幹道和交通。」

將地下採石空間用於貯藏的想法也是吉奧蒙在一七八〇年代中期提出。當時迫切需要貯藏的，便是巴黎的死者。巴黎最早的重要墓地建於羅馬時代，位在當時巴黎城的南郊。但隨著巴黎擴張，遺體大多埋在巴黎內的墓園，主要是巴黎大堂中央市場附近的聖嬰公墓。幾世紀下來的結果是死者數量過多，聖嬰公墓成了數百萬人的安息之所，爲了將可用空間用到極致，古代遺骸被挖掘出來，分門別類裝入墓園的地下通道中，名爲萬人塚。墓園的主要區域也用他處運來的土壤修築，形成地面上高達一．八公尺的半圓土丘，但這也很快便塞滿腐爛的屍體。

巴黎的死者對生者造成莫大壓力。一七八〇年，緊鄰著聖嬰公墓的一幢屋宇內，地窖牆面因後方萬人塚的重壓而坍塌，人骨和泥土都湧入居住空間。很明顯需要根本的解決方案，這最後著落在採石場的隧道上，因爲那可提供極大的墓室。

巴黎史上極引人注目的一頁就此展開。一七八六年，巴黎開始清空城內公墓、地下墓室和墳塚，超過六百萬具遺體被移至名爲伊蘇瓦之墓（Tombe-Issoire）的採石區。此地位於當時的蒙魯日平原，不久後改稱爲地下墓室（Les Catacombes）。爲了達成這項遷移任務，巴黎建立了嚴酷且儀式化的生產線，有挖掘工、清潔工、堆棧工、搬運工、馬車夫和監督員。多年間，每天晚上都有殯葬馬車載運挖出的亡者遺骨，車上覆以沉重的黑色布料，車前有人手持火炬，車後有相隨的神甫唱誦安魂彌撒，如此這般從墓園隨著達達馬蹄穿過街道抵達伊蘇瓦之墓，在此處理車上的遺骸。工人在隧道裡將死者遺骨分類，以節省空間的方式堆疊或堆垛，這當中出現了一些小型民間藝術——股骨排列緊密，構成熒熒線條，中間隔以成排的頭骨，眼窩一律朝向外側。

一世紀後，攝影師納達爾率先在這些納骨所應用低光攝影術。他最著名的照片之一是一名拉著人骨車的工人。這是令人不安的影像。車子的車輪爲木製，車身以粗劣的木板搭起，紋路清晰可見。工人的臉孔因過度曝光而難以辨識。他戴著寬邊皮帽，身上的寬鬆白色罩衫跟褲子一樣，都是補丁拼湊縫成。他腳踩肋骨與脛骨，而車上骨堆中，白色頭骨越過他的肩頭望向前方的隧道空間。在那之後，納達爾將踏入熱氣球的吊籃，從上方俯拍巴黎，故而他也是高空攝影的先驅——他是第一個搭乘飛行器由上方拍攝城市影像的人，也是第一個深入城市黑暗深處捕捉影像的人。

在整個十九世紀，骨頭持續在地下墓室沉積，但最優良的石灰岩開採殆盡後，採石活動日漸減少。自一八二〇年代起，採石空洞被挪作他用，成了蘑菇養殖場——此地潮濕黑暗，從馬糞中萌芽的眞菌自然得其所哉。靈活的採石工人轉而從事蘑菇養殖，並且成立了地下的巴黎園藝學會，首任主席是採石場的前總稽查。到了一九四〇年，約有兩千名蘑菇農在巴黎地下工作。二戰期間，法國反抗軍在德軍占領後的數月間退入地下隧道。平民在空襲時也會這麼做，甚至維琪政權⑧和納粹德軍的軍官都曾在巴黎第六區下方的迷陣裡打造防彈掩體。

地下墓室熱潮在戰後開始升溫。愈來愈多人爲了藏匿、犯罪或娛樂而加入這裡。這些使用地下網絡的人被稱爲 cataphiles，意爲「地下愛好者」。一九五五年起，進入地下墓室不再合法，只有一小部分納骨所開放給遊客參觀。地下空間開始受正規巡查，由專門警察維持治安。這類警察都受過訓練，了解地下網絡的布局，大家很快就為他們取了外號，「cataflics」和「catacops」。主要地下路線之間立起了屏障，隧道、門、出入孔等被焊死或鎖上。但地下愛好者依舊不絕於途。這是因為地下迷宮提供巴黎次文化發展的空間，已經成為（且今日依舊是）無政府理論家貝伊（Hakim Bey）所稱的「臨時自治區」——人們在此地可以改換身分，取得不同的生存之道、人己關係，擺脫地面上的限制，活得放浪不羈。

網際網路的發明更進一步鼓舞了地下愛好者。聊天室和網站讓地下愛好者得以分享並整合地下網絡的訊息。地下愛好者在網路上使用Styx、Charon等化名，並崇拜這類活動所具有的偽裝——隱祕本質。一件非正式的地下愛好者制服上如自宣告自己：涉過深可及膝之水、小防水背包、兜帽和頭燈。熱衷此道的地下愛好者甚至將人孔蓋的鑰匙掛在腰上。有條咖啡館和比薩店林立的街道，過去（如今也是）常能看到數十人身穿深綠色防水靴蹣跚走在上面，或者坐在咖啡桌旁，彷彿遠離河流的鱒魚漁人大會。公社文化就此形成，自有一套榮譽準則，規矩少而清楚：尊重地下墓室的過去；帶什麼進來就帶什麼出去；即使陌生人也要共享資源；不得買賣，只能接受以物易物和餽贈；協助任何求援的人；創作時要小心，且不可從事破壞。

有些地下愛好者是為了派對走入地下。不過，也有人是迷上這空間的分層歷史。

非官方的地下墓室「大學」就此成立，致力於復原、保存和測繪這片地下網絡，並將其中故事正式歸檔保存。某座洞穴曾設立一間臨時電影院，以維托夫（Dizga Vertov）的《持攝影機的人》和大衛林區的《橡皮頭》爲主題，一連播映數週，直到墓室警察前來取締。地下愛好者不斷挖掘新室，隧道也不斷貼上新標示牌。人們組起工作團隊，爲地下墓室增添新的層次：大型塗鴉壁畫、新雕刻、埋入岩石間的劍、動用數千片磁磚的馬賽克作品。

當代地下墓室中最能引發共鳴的標誌是一尊名爲「穿牆者」（Le Passe-muraille）的雕塑。這名字來自埃梅（Marcel Aymé）的同名短篇小說，故事中人發覺自己可以穿透固態表面，卻因爲穿牆時力量褪去而受困牆中。雕塑展示了此人同時解脫和受困的那一瞬——他的臉、軀幹和一腿已伸出磚石外，後背和雙手依舊困住。他卡在兩個領域之間，不知該繼續走向空氣還是退回岩石。

◆ ◆ ◆ ◆ ◆

我雙腳先行，穿越崎嶇的巨窟，落入筆直的隧道。隧道頂是穩固的拱形，石灰岩牆面上滿是塗鴉，有安提法運動⑨的口號、眼珠突出的殭屍頭、標籤、名字。

「走得越深，牆面藝術就越出色。」莉娜說。「到了海灘之屋（Salle de la

Plage），你會看到葛飾北齋的《海浪》。走吧。我們還有好幾公里要走，最好別在入口逗留。而且——還得先打通巴恩格拉（Bangra）那一關，那會讓我們慢下來。」

「巴恩格拉？」

「到時候你就知道了。接下來幾小時我們得找睡覺的地方。明天我們要向北走一整天，可能會帶來一些障礙。」

我喜歡睡眠這個詞的發音。我正因緊張和旅行而筋疲力竭，胃臟在她提到障礙時微微翻絞。登山時，我習慣了一覽無遺，習慣了自己制定計畫、評估風險。然而在這裡，我一切仰賴莉娜，透視的極限則只到隧道的下一個轉彎。

莉娜帶隊，傑尹跟上，我殿後。莉娜動作敏捷，沿著乾涸的隧道快步前進。「想走遠的話動作就得快。」她回頭喊道。不久後隧道地面開始變得泥濘，而後浸沒在幽黑水中。

「歡迎來到巴恩格拉。」莉娜回頭說。「有點像氣閘，或者是水閘，多數人只能到這裡爲止。」

她蹚入渾水，我們跟上。水很快便深及腰部。我們頭燈的光線在水上飄蕩。

「用腳試試隧道邊緣，那裡有一些可以走上去的斜堤。」莉娜說。她是對的，但這雖然吃水較淺，卻也讓我的頭更靠近隧道頂，我得彎著脖子才能側身涉水，腿也因此發麻了。

我們嘩啦嘩啦通過淹水的路口，那是與我們的隧道垂直相交的隧道。我左右張望，隧道消失在黑暗中。我開始粗略理解這系統的規模。

水位下降，而後退去，我們再度踏上堅實的地面。莉娜加快腳步。她不在路口逗留，轉彎時毫不猶豫。她的定向能力無可挑剔，讓我想起馳騁於柏壁海底迷陣的尼爾，總是果斷盯著正確路線。

走了幾小時後，莉娜停下腳步，檢查牆上的標記，然後轉進一條狹窄的橫向隧道。

「這裡是我們睡覺的地方，叫做 Salle des Huîtres，牡蠣室。以前採石工會在這裡撬開牡蠣殼。那對他們來說是方便的食物，可以收在口袋裡，全天然包裝。」她說。

隧道前方二十公尺處是大致呈方形的洞，從隧道右側的牆面挖出，離地約有一．二公尺，寬約四十五公分。

「歡迎來到你的第一個 chatière！」莉娜說，「chatière 的意思是貓洞，也用來指比貓還要不禮貌的東西。通過貓洞要靠技術，我示範給你看。」

她將背包塞入洞中，彎下腰，身體上半部盡量伸入貓洞，雙腳向後試探著，直到碰到隧道另一側的牆面，然後腳抬高，沿著牆向上移，直到整個人呈水平直線，頭和肩膀在貓洞裡，腳抵著另一側的牆。之後她屈起膝蓋，頂住，從牆面往前彈，就像泳者在池中翻身一樣，將自己推入貓洞，再拉著自己向前，通過。我看著她的雙腳消失，大感欽佩。

「請先走。」我對傑尹鞠躬。而他完美模仿了莉娜的技術。

我自己進去的時候，只能說，動作遠不如兩人優美，也痛多了。

我爬了進去，發覺自己置身低矮的空間，最高處不過一．五公尺，岩面上有明顯的鑿痕。洞穴內有一張石桌，上面一層厚厚的白色燭蠟，中間立著一只塑膠水菸斗，呈泡泡糖般的粉紅色，形狀如同三十公分長的陰莖，四周擺著牡蠣殼。地板鋪滿一堆堆的灰色粉末，那是頭燈的廢棄物。一條開放式的通道通向鄰近的房間，那裡又再通向別的房間。我們探索這些房間，約有數十間，大致圍繞著中心的岩石支柱。

「夜裡可能會有人聚在這裡狂歡，想睡覺的話，離這裡越遠越好。」莉娜說。

於是我們到遠處的房間紮營。那裡洞頂很低，至多一公尺高，我們得肘膝並用才能前進。空氣中有滾滾粉塵，舌尖嘗得到，眼睛也感覺得到。地表的城市似乎很遙遠。

我們房間入口附近一面整齊的牆上有黑墨或油漆寫成的潦草字跡，記著採石工的名字、房間和隧道的竣工日期，以及不同日期切割下來的石材尺數。每個年份都自成一行，從一七〇〇年代末期直到一八〇〇年代末期。這檔案的製作帶著一股自豪——也受到精心保存。

「在這下面，尊重這個地方成立的方式相當重要。成員大體上是自我管理。你若是不尊重這個空間和它的歷史，話會傳開，你在這裡日子就不好過了。」莉娜說。

房間主牆的一座壁龕中蹲踞著三隻下顎寬厚的大猴子，是由岩塊雕鑿出來。牠們的眼睛是空空的洞，茫然且無動於衷地望向我們。一隻蜘蛛從中間那隻主猴的右眼窩爬出。

房間的其他牆面都精心畫上現代塗鴉，圖案包括動物和人臉。莉娜點起六支小蠟燭，分別放進壁龕石猴的眼窩，燭光使洞窟塗鴉搖曳生光。赤褐與黑色的漩渦在燭光中有了自己的姿態，彷彿在岩石內部移形換影。我看出塗鴉藝術家如何像拉斯科的史前藝術家一樣，將岩石的紋理和形狀融入圖像的重要部位——石頭的弧線變成某種動物的腹部，嵌入的貝殼變成一張臉上的眼睛或鼻子。

我爬到房間後方，發覺那裡延伸到巨窟般的低矮空間內，高一公尺多，寬度只容一人。我在那裡歇了一夜，那封閉感奇異地令人覺得安適。**我在岩石裡找到棺木般的一片凹陷……正符合我的身長——我躺下入睡——相當柔軟……**我從背包拿出鯨骨貓頭鷹和青銅蛋，放在腳邊。我知道匣子不適合留在這裡，但我很高興有貓頭鷹作伴。一片長達十八公尺的堅硬岩板在我上方延展開來。我想著那天清晨穿越開闊的法國北部，穿越那莫名土壘後方的日落。

我們在燭光下聊了一陣子，因這奇妙的通鋪而變得親近。而後沉默隨疲倦降臨，悄無聲息卻龐然有力。我漂流進入艾雪（Maurits Cornelis Escher）畫作的夢境，那裡階梯返回自身，隧道摺疊有如莫比烏斯環⑩，房間變幻，猴神有對火焰的眼睛。

◆　◆　◆　◆　◆

我們認爲城市是橫向的，但當然城市也是縱向的。城市隨建築、電梯和管制空域而向上延伸進入空中，也因隧道、電扶梯、地下室、墓穴、井、地下管線和礦坑而向下延伸。一如高山不結束於山巔或山腳，卻延伸到自己在空中創造的天候，以及岩石將山抬升的造山運動，城市也不止於地基或最高建築的尖頂。

是的，每座城市都有其「看不見的城市」，正如卡爾維諾以此爲名的偉大故事所暗示。卡爾維諾的故事本身巧妙地套嵌在講述的講述中、故事的故事裡，因而文本擁有自身的多個版本。在我最是難忘的一段裡，敘事者形容那不可能存在的優薩匹亞城，說在這座有生命的城市中，與居民相伴的是「跟他們的城市和地底一模一樣的副本」，是一座「亡者的優薩匹亞城」，只能透過兜帽兄弟會才能進入——然而隨著時間經過，上下城變得如此對稱，以至於「再也無法知道雙城中誰是生者，誰是死者」。

早在卡爾維諾寫下他的故事之前，巴黎地下墓室的某一區便有個名叫德居（Beauséjour Décure）的退役礦工投入所有閒暇時間，在石灰岩上將馬洪港的米諾坎鎮（Minorcan）雕刻成按比例縮小的精細模型，刻工之精準令人毛骨悚然，建築尺寸雖小，卻有恢弘氣勢。他雕出城鎮的前牆和正門，入口則位於五座後縮的石框中。他也雕出該城的一座宏偉柱式結構建築——新古典主義風格，呼應法老時代的埃及，建築自岩基升起，但有下降的拱道在岩石內往下蜿蜒，暗示地底深處別有洞天。德居想讓更多人來看他的雕刻，便動手挖掘一條台階通道，卻在運出廢土時死於坍方。

城市一直都是縱向的。雷恩（Christopher Wren）在倫敦大火後挖掘舊聖保羅大教堂的地基，發現一排盎格魯薩克遜古墳，內部襯有白堊，下方是前薩克遜時代的棺木，裡面裝著象牙和木釘，更深處則有羅馬古陶破片和火葬甕，紅如火漆，飾以灰獵犬和雄鹿的圖樣，再下方還有玉黍螺和其他貝殼，訴說此地過去是片汪洋。地理學家查布里斯（Wayne Chambliss）寫道，那不勒斯的大聖洛倫佐教堂（San Lorenzo Maggiore）下方「有片城市地層，早期城市更迭盡在其中。街道、公寓群、店面，建於數世紀之前，又被建築物蓋過，如今都從地下出土」。

我們城市的縱向範圍正迅速成長。二十世紀中葉以來，地球上城市的數目和規模都增加了，加上新科技的開展，我們城市的高度和深度都到達驚人的規模。貝朗格（Pierre Bélanger）估計「維繫都市生活的基礎設施已經從海底一萬公尺延伸到地表以上三千五百公里」。葛拉漢（Stephen Graham）也記下城市空間向上挺入空中和向下潛入土地的延伸：

大城市複雜的地下空間……本身就是三維的迷宮，基礎設施及構築空間堆疊交纏，其深度一如城市的高聳程度……大城市的層次日多，地上與地下皆然。

現代城市空間如此密集層疊，不可避免地導致一種必須縱向閱讀的新不平等地理學。大致而言，財富升空而貧困沉降。特權總喜歡利用高高在上遠離街道的混亂——位於五十樓的無邊泳池、頂樓的豪華套房等。也只有在鑽挖能帶來安全或隱密時才會深入地下（黑水國際等美國保全公司經營的地底深處文件儲藏所，或者財閥在梅菲爾或倫敦其他低樓層高級住宅區下方的黏土層挖掘的地下室）。

相反地，貧窮將人向下拖。這是威爾斯在一八九五年的小說《時間機器》（*The*

Time Machine）裡預見的財富與權力垂直化，有在地下採礦的莫洛克人（Morlocks），和地面上嬌弱的艾洛伊人（Eloi）。而今天，在毒癮和流浪中苦苦掙扎的人民被抖落，住進拉斯維加斯地下的排水道網絡。當雨水落入閃亮的沙漠之城，灌滿排水道的洪水沖走的不只是這些人的生計，有時也沖走他們的生命。在印度的城市，下水道和化糞池常由成千上萬的日薪工人清理。他們綁著繩索垂降，用手與桶子舀出人類排泄物、垃圾和凝結的脂肪。人孔蓋初次被移開以便進入下水道時，工人會很高興看見蒼蠅和蟑螂從開口湧出，因爲這表示有毒氣體並未積聚到致命的程度。這些人的預期壽命比全國平均值低十年左右。每十年約有數百人死於窒息或溺水，往往沒有留下紀錄，也不曾獲得補償。

貧困和無力感也是巴黎隧道史的特徵。班雅明努力從事《拱廊計畫》，意在尋回此等空間已然模糊的歷史。例如他記錄下一八四八年六月工人起義後，曾經被俘的人是如何利用採石通道和地下墓穴在城市各處游走，沿著網絡從一處堡壘移到另一處，以確保安全、隱身。地下墓穴迷宮如今成了隱密地點，不受司法管轄的空間，可能會用於進行政治犯的非常規引渡，神不知鬼不覺。

班雅明生性慈悲，他所編纂的史料保留了囚犯和此類人等地下經驗的細節。「這些地下走道寒冷刺骨，許多囚犯得不停奔跑或揮舞手臂才能免於凍僵。也沒人敢躺在冰冷的石頭上。」他如此描述叛亂分子。他還記錄了團結和情誼的時刻，「囚犯以巴黎街名來爲廊道命名，每次相遇，他們就互換地址。」以及十八世紀隔離囚室中的囚犯等著被裝上鐵鏈送到塞納河的槳帆船上划槳時，如何向彼此唱歌，在黑暗中以旋律傳情。

・・・・・

第二天早上我們起得很晚，猴神透過燒灼的眼睛望著我們以巧克力當早餐。「該動身了。今天晚上我們要在北邊跟我的朋友碰面，在旗廳。我們能走到那裡的話就太好了，不過這還要看洞頂穩不穩定，也不知道我上次走的那條路線有沒有崩塌。而且，在那之前，我還有地方想去。」莉娜說。

我們經由貓洞將自己推回——這次是雙腳先入，彎身在通道中摸索找到腳點。然後我們以莉娜的行軍速度前進，在乾燥的隧道中衝刺，潮濕的隧道則得艱難跋涉，小心翼翼選擇井坑，向西北方推進。我再度對莉娜無需查閱地圖便能定位的能力大感驚奇。她似乎已經內化了這座三維的迷陣，又或者是開發出一種地下的心智GPS。

早晨稍晚時分，我們走下一段石階，遊走於迷宮各層之間，抵達一個在地圖上標示爲「地獄井」（Hell Well）的地點。

「這裡是地獄，不管從哪個角度看，都不是輕鬆的地方。」莉娜說。她指著一個通往主要通道的低矮隧道，那是大約六十公分高的橫坑，說：「從那邊過去。羅伯先。你要躺著才過得去。」

我向後仰，手指朝下方及前方摸索，找到入口的邊緣，身體向前一拉，向上望，停住，全身一僵。

我身在一道豎坑中，上方是一面黏土與泥土的吊壁，大概三公尺高，鑲嵌著數百塊人骨——頭骨、肋骨和肢骨，下方的井腹中還有更多散落的骨骸。墳場在這個地方透過隧道網絡的破口向上大量噴吐內容物。鑿出豎坑的粗糙石灰岩本身顯然也布滿屍骸——岩石的沉積物中有完好的蛾螺和旋殼化石，而我突然領悟到地上與地下這兩座城市其實是一片大型墓地。**死者之城早於生者之城……是每座現存城市的先驅，也幾乎是其核心**。

莉娜和傑尹也陸續進入地獄井。之後穿越通道時我們鮮少交談。地下墓穴的這一區骸骨極多。此地沒有死亡命令，沒有名字，沒有紀念，只有密封。有時我們從垂直的大圓坑下走過，圓坑穿過基岩，直通街上的人孔蓋，有些還附有梯級。我在一道圓坑下停駐，望見了遠方的微光，又聽見響聲隱隱，是人孔蓋隨著上方世界行人的腳步而震動。

我一度在一條無骨的漫長隧道裡望見火焰在我們前方閃爍，然後突然消逝了。莉娜也看到了。但我們走到火光消失之處，那裡卻沒有可以轉入的橫向隧道。「應該是其他探墓人的燈。但我不知道他們是去哪了。」莉娜不很確定地說，然後抿嘴一笑。「說不定是阿斯貝（Philibert Aspairt）的鬼魂。一七九三年他在這地下失蹤了，十一年後才被發現。顯然是死了。他說得上是世上第一個城市探險家，但大概也是最差勁的一個。」

◆　◆　◆　◆　◆

進入地下墓穴之前幾年，我一直在尋找探索城市次文化的方法，因此結識了莉娜。城市探索的最佳定義或許就是在建築環境中歷險闖蕩。從事這項活動的條件包括甘於幽閉、不會暈眩、享受腐敗、迷戀基礎設施、樂於攀爬圍籬和掀翻人孔蓋，還要熟悉各個轄區不同的入境法律。城市探險者格外青睞摩天大樓、廢棄的工廠與醫院、昔日的軍事設施、掩體、橋樑和下水道系統。認眞的探險家能面不改色坐在街道上方一百二十公尺高處起重機的配重塊上，也能在柏油路面下二十公尺的下水道裡髒兮兮地前進。城市探險家躲過了高山「狂飆推進運動」（Sturm und Drang）。他們爲壁龕而激動，在泥污中看到基督顯聖，彼此謠傳可能通往隱密空間的入口，謹守祕密，只在小圈子內流傳。

次文化也有其次文化。正如有些登山者喜好花崗岩勝過粗砂岩，也有巨窟探險人喜歡潮濕勝過乾燥，於是探險家各有專長，有掩體學家、天行者、建築者、軌道跑者和「下水道人」。不過多數探險人都先從廢墟著手。廢墟往往最容易到達，也很快就能得到廉價的審美回報（廢棄引發的感傷，費解歷史的殘餘物質），通常都收藏在照片中。廢墟探險家挖掘的是「derp」（探險家的俚語，意思是破敗崩壞的地方）。底特律堪稱此中聖地，直到成為德里羅（Don DeLillo）筆下「美國最常入鏡的穀倉」的城市規模版，蒙上一層煽情廢墟圖像（蒙塵宴會廳和中庭的高解析靜物照片，前景散落著精心安排的廢棄物，框出城市希望與絕望的百種面向）的窺淫色彩。

在地理上，城市探索具有國際性，世界各地都有團體、隊伍和分會。女性探險家的數量多得驚人。成員三教九流，往往生來反骨又較不守法。布里斯班有位外號Dsankt的知名探險家，他像現代的冥河擺渡人一樣乘船進入地下世界，在城市邊緣的河流登上小舟，順著漲潮上到進氣閥，進入地下城市的抽象區域。加拿大的探險家甚至潛入尼加拉瀑布安大略發電站的平壓管，那是厚重巨大的金屬管道，用鉚釘接起，配置的壓力鋼管內裝滿從地面垂直落下的水。明尼亞波利斯的白色砂岩下有挖掘隊輪班工作，開闢進入巨窟的新路線。紐約市的探險家會搭乘公車，將臉緊貼窗玻璃，藉著水電主管線及支管在路面的開口來探查這類管道，邊前進邊在筆記紙或小紙片上潦草畫下地圖。馬德里的下水道工人追蹤消失的溪流，抵達城市邊緣後，通過涵洞深入地下。

滲入者（infiltrator）是城市探險的先鋒，「眞正」的探險家，他們對系統和網絡的興趣超過個別的地點，最喜歡挑戰戒備森嚴的場所。就像極限登山者一樣，滲入者的經驗猶如艾佛瑞茲（Al Alvarez）在關於攀登與恐懼的經典文章中所稱的「餵老鼠」經驗。他們都有強迫症，發展出「隧道視野」。他們奔跑於火車之間窄隙的軌道上，乘艇沿著下水道流去，他們衝浪——有時也喪命。而在政治的邊緣地帶，城市探險是一種不服從和解放的激進行爲，反抗國家在城市之內對自由施加的限制。一如德波（Guy Debord）藉由打破資本所界定的行爲慣例，在熟悉的地形上尋求驚喜，政治化的城市探險家將他們的侵入行爲當作行動主義來呈現，「記錄人們與城市空間的正規關係」。

城市探險有些面向令我深感不安，即便從事者自覺要補償，也抵禦不住這股不安。我不喜歡那種「潮人」的氛圍，不喜歡他們輕忽那些以建造、操作、維護（而不是探索）城市隱藏結構爲業的人。我對其攝影文化的花哨本質抱持懷疑，看來似乎只是重新關注弗里德里希（Casper David Friedrich）一八一八年《雲海上的旅人》那幅名畫的問題。城市探險向來不太在意那些別無選擇只能委身於廢墟棄屋的人，這一點也讓我不安。

不過這次文化的其他面向驅使著我，我於是開始（小心翼翼）花愈來愈長時間和那些認同自己是探索者的人相處。尤其令我驚訝的是，大量探索活動都有對系統性很痴迷，例如致力於曝露「基礎建設的黑盒子」以及現代資訊交換的「暗光纖」。我很喜歡都市探索活動意識到城市結構有漏洞，察覺門戶、裂谷和斜坑會擴散，也感受到次城市（如自然的地下世界）是存在於慢動作和長時間變遷中的空間。我著迷於城市探索活動的前現代先驅，以及他們是如何與都市內的希望史及貧困史相交，譬如維多利亞時代的掘泥工和拾穢工，遊蕩於倫敦下水道系統的地道與排水口，在惡臭中高舉燈盞，試圖在垃圾中尋得金牙或珍珠耳環。

詩人博物學家托瑪斯（Edward Thomas）似乎與城市探險渺不相涉，但有一天我在他一九一一年的某篇文章發現一段話，他在該文中幻想一座廢棄的倫敦城，而他可以自由在城市地上及地下的基礎設施間探險。「無人的倫敦宜人得多。」托瑪斯以厭世的辭藻如此寫道，「我喜歡想像豎坑、管道、隧道和墓穴的奧祕——那是怎樣值得探索的地方！」

• • • • •

那天下午稍早，莉娜帶我們去了一間我不能透露名稱和位置的墓室。

我們先後蹬牆穿越高大的貓洞，發覺自己蹲在一片砂地上，地面是起伏的砂丘，經歷了幾世紀的相互擠壓及硬化。

有些地方的砂丘高到接近天花板，有些地方兩者連成一氣。還有些地方的砂丘凹陷，留下一兩公尺高的爬行空間，大小僅容一人通過。要從我們所蹲之處離開，有七八條可能的路徑，每條路線又各有分岔開散。這迷陣很險惡，讓我想起門迪丘的巨礫堆石陣。但這裡沒有阿麗雅德妮的線可以跟隨。

「我們得把背包放這裡。背著背人無法到我們要去的地方。跟著我。」莉娜說。

她以腹部沿著砂丘滑行，前往右手邊的爬行空間。傑尹和我跟在她後面蜿蜒滑去，手腳並用地拉動自己，蜥蜴般爬上並翻越一道砂丘隘口，通過地面和天花板之間只容我頭骨緩緩通過的空間。我盡力快速前進，緊緊盯著莉娜的靴子。

我們爬上砂丘的另一道隆起，離屋頂更近了，我感覺自己小心移動時頭骨在岩石上刮擦，便將頭轉向側面，臉抵著砂石上，以挪出一點空間。莉娜只在某個路口停下考慮過一次，之後我們便如蛇匍行了十分鐘，來到一座朝黑色兔子洞傾斜的砂丘，一個個頭先腳後地栽了進去。

我翻出兔子洞，進入了「多寶閣」。

我們所處的房間是個長方體，邊長約三．六公尺。牆壁是切割齊整的黃色石頭，地板清掃過，這很不尋常。屋內除了一道細長的石階外空無一物，石階朝遠方的牆面延伸，彷彿通向美索布達米亞的神塔。每級石階的側面都有黑色的手寫標示，正中央則放著一顆石頭、結晶或金屬的標品，每顆的顏色都不相同，白砂岩，黃砂岩，石英，石灰石。

莉娜對於找到房間向我們展示頗感自豪。「這個，我們稱為——。迷宮裡還散布著其他像這樣的房間，但這一間最好，也最少人知道。」

那是座「礦物學之閣」，是這地下墓室還屬於巴黎礦業學院產業的時期所留下。房間約在一九〇〇年代初期關閉，自那時以來幾乎無人侵擾。房間的結構簡樸，標本石的布置卻如儀式般精心，每一顆都放在素淨的石階上。

我們在礦物學之閣坐了一陣子，吃吃喝喝，休息閒聊。莉娜講了一些她探險垂直城市的有趣經歷。她描述自己攀登倫敦巴特西發電站煙囪，經由地下隧道系統離開發電站，然後突然現身於雀兒喜花展正中央，目瞪口呆，全身髒污，從一葉蘭中冒出頭來。

身為探險家，莉娜最大的願望是進入奧德薩的地下墓穴。烏克蘭的奧德薩就跟巴黎一樣，是建在石灰岩上的城市，有全球最大的郊區採石場。約二千四百公里長的隧道構成隱形奧德薩地下城，共三層，深入地下四十八公尺。我曾見過奧德薩迷宮的地圖，比巴黎的網絡還要一致，外觀隨意蔓長有若生物體，是珊瑚的枝狀結構吧，或許。二戰期間德軍包圍奧德薩時，蘇聯人將烏克蘭反抗軍藏到地下墓穴。有些留下不走的人在地下停留超過一年，苦於營養不良、瘧疾和維生素不足，偶爾還上到地面探查消息或發動攻擊。占領者和反抗軍之間上演貓捉老鼠的遊戲。德軍對隧道系統施放毒氣或炸彈，試圖殺死烏克蘭人。戰後奧德薩的地下幫派進駐這個地下世界，走私者和罪犯也為了各自目的而開拓這片網絡。

「跟奧德薩的隧道相比，我們巴黎這個簡直是餘興節目。但那邊也很危險，對女人來說尤其如此。關於那邊可能發生的事情，或者**發生過**的事情，有些很糟糕的故事。謀殺是肯定有的，光是迷路而死的至少也有一例。」莉娜說。

傑尹講了跟三個新手結隊進入厄吉（Aggy）的故事。這個威爾斯的洞窟系統有道惡名昭彰的入口，是條細長的裂谷，狹窄得幾乎無法讓入內的人轉身或和人錯身。那一天，傑尹說，新手之一卡在裂谷，恐慌起來。她的名字是露娜，是專業的女性施虐狂，常在貝克街的一間地窖勤練技藝。

「我是想，她既然從事那一行，在幽閉和地下空間應該會很自在，結果並非如此。救她花了三個小時。我沒辦法越過她，只好以別的方式退出洞窟，然後沿著裂谷回去，這樣才可以面對面跟她說話，讓她平靜下來，幫她找出脫身的方法，並繼續前進。我自己得倒轉，由上往下進入裂谷，向後退，一直跟她說話。爲了分散她的注意力，我詳細問了她那地牢的收費。那裡服務之多，眞是令人大開眼界。」傑尹說。

「夠了，我們在旗廳還有約。」莉娜說。

・・・・・

我因爲城市探險而結識了一些人，其中有一位是加州人布萊利（Bradley Garrett）。布萊利所見的城市比我所知道的任何人都垂直多孔。城市在他眼裡滿是門戶——取餐用的活板門、上鎖的大門、人孔蓋——明顯，但大眾視而不見。不論是實質的屏障還是法律的禁令或內化的產權概念，對城市行動的種種限制都阻擋不了布萊利。對他來說，可進入的城市空間深入地下（污水管、掩體、隧道），也直上雲霄（摩天大樓、起重機），街面不過是在中間，高度平平無奇。

我們在午後不久的倫敦橋上初次碰面。布萊利戴著厚厚的黑框眼鏡，留著山羊鬍子和八字鬍，長及下頷的深棕色頭髮在腦後紮成馬尾。他口操美國西岸督爺教語言⑪，兼雜文化理論艱澀的語法。「倫敦大橋是空心的，就跟所有大橋一樣，」他說著，用腳拍拍橋面上的設備檢修口。「北端有個控制室，進去的話，就可以從橋的**內部**穿過泰晤士河。那很棒。走吧，我帶你去。」

我們躍過北端一道低矮的鐵門，走下通往橋側的樓梯。橋的側翼裝著一道防盜鋼門，上面掛著厚實的黃色掛鎖。那門彷彿禁受得起光劍的襲擊，上面有各種各樣明確禁止進入的告示。布萊利從口袋掏出一圈鑰匙，挑揀時口中喃喃自語，最後選了一把鑰匙，湊近門鎖，然後鎖的搭扣喀啦一聲開了。他領我進去，關上門，輕輕一聲鏗鏘從我們背後響起。

「你鑰匙不少啊。」我說。布萊利按開一盞頭燈。我們身在控制室之類的房間。鋅合金通氣口、管道和以纜線捆起的多色電線經由管道層出去。還有兩面壁掛式儀表板，上面有類比開關和轉盤。

「所以，你從這裡沿著這條向南管道鑽進管道層的話，就完全進入橋內了。」布萊利說。「過河直走，就會抵達南端另一間更大的控制室。你可以從裡面按緊急逃生門上的『出』，想放誰進來就放誰。幾年前我們拍了一部探索影片，叫做《裂開表面》⑫，就是在那裡首映的。我們有八十六個人、一部發電機、一面螢幕，一部投影機，還有一大堆啤酒。那場聚會太棒了！」我們溜了回來，布萊利將門鎖上。兩個穿西裝的男人經過，狐疑地看著我們，但並沒有停下腳步。

布萊利很早就開始反抗常規。他在洛杉磯的破敗社區中長大，少年時代肚子就被刀捅過。「那一刀令我成長，讓我擺脫了困境，很怪。我離開那些街道，到了更開放的地方。」他說，二〇〇一年，他十九歲，在河濱市（Riverside）跟人合資開了一家滑板店，兩年後他把股份賣給合夥人，用那筆錢到澳洲研讀海事考古學。之後他爲了尋找眞正空曠的空間回到北加州，到美國土地管理局工作，專門研究美洲原住民的考古遺跡。然後他搬到墨西哥，花了三個夏天，以考古學家的身分挖掘一座後古典時期的村莊，就在一道天然井旁紮營——那是探入墨西哥天然石灰岩層地下世界的湧水滲穴。

「住在那裡眞的很不一樣，羅伯。」我們在倫敦市穿梭時布萊利說。「每天黃昏，蝙蝠成百上千飛出天然井，又在黎明前飛回來。我光靠牠們翅膀那種皮革似的聲音就能判別時間。當地的原住民認爲那座天然井是馬雅冥界的入口，也就是席巴爾巴（Xibalba）。席巴爾巴在馬雅語的意思是『恐怖地域』。整個墨西哥的石灰岩地下世界是片龐大的敬拜地帶。水位一上升，你有時會在那下面游過沉沒的祭壇或出入口，通向石頭鑿出的宗教空間。」

他向我講述基切馬雅人神話中的席巴爾巴。縱然在冥界煉獄的背景下，席巴爾巴聽來還是像片殘酷領域。那裡住著許多妖魔，名叫「飛痂」或「刺魔」等等。要到席巴爾巴，首先得通過一條蠍河、一條血河和一條膿河。若僥倖通過，就要在六間要命的屋子接受試煉，包括飛滿噬肉蝙蝠的「蝙蝠屋」，刀片亂舞的「剃刀屋」和「美洲豹屋」。

「你應該想得到那間屋子裝滿了什麼。」布萊利說。

離開墨西哥之後，布萊利搬到倫敦，在學科之間遊走，踏入文化地理學。他在攻讀博士學位期間開始迷上城市探險，決定鑽研族群地理學的次文化。他的研究方法就是投入。他花了四年時間和一群在倫敦活動、只使用化名（補丁、轆轤、馬可探等）的探險家為伍，向這些人學習繩索用法，在倫敦的名勝上上下下，包括巴特西發電站、千年磨坊（Millennium Mills），以及艦隊街的地下河。

兩年後，布萊利的團隊跟另一支探險隊合併，組成了倫敦聯合隊（London Consolidation Crew），很快就以野心勃勃的大膽探險行動聞名。他們活動的強度與日俱增，體內的老鼠隨之壯大，需要更多的腎上腺素。那段時間，布萊利參與了八個國家超過三百次的入侵活動。在美國，他頂著暴風雨攀上芝加哥的一座摩天大樓，拍下驚人的照片——城市沐浴在黑雲和藍光中，閃電從雲隙擊入密西根湖。在南加州的莫哈維沙漠（Mojave Desert），他攀過刺網進入一座退役飛機的墳場，安全人員來巡邏時，他就躲在七四七客機和軍用貨機的起落架上。「那是巨大的遊樂場，漫長的夜。」他諷刺地說。

起初我有些不信任布萊利，但熟絡以後，我變得極爲喜歡、敬佩他。他在生命中刈出一條寬闊的路，向深處駛去。他慷慨、難以捉摸、無畏、忠誠——而且跟他在一起非常有趣。

那天接下來的時間，我和布萊利一起在倫敦度過，不時踏入首都內的隱形之城。我們造訪了巴比肯下方的暖氣管隧道網。我們掀起一面下水道人孔蓋，降到艦隊河的河道上，也就是倫敦所謂的「鬼河」之一，目的是前往艦隊街商會（Fleet Chamber），也就是鬼河和泰晤士河匯流處附近由巴澤傑特（Joseph Bazalgette）設計的那棟建築。在倫敦北部的一座公園，我們從柵欄下方匍匐，拉開一面沉重的鐵蓋，露出草地下的一道豎坑，然後在黑暗中爬下一道生鏽的黑梯。

我們在六公尺深處亮起頭燈，所見讓我們不禁吹起口哨。數十座磚砌拱道自我們身邊伸展，拱道之間的凹陷處盛著一階階靜水。拱道的重複形式和水面的映像創造出一種無限回歸的錯覺。我們耳語的回聲彈回自己身上。我們進入了一座十九世紀中葉的蓄水池，那時是作爲倫敦的水庫，如今幾乎就要乾涸。曾經淹沒水中的結構完好無缺，乾淨的磚塊彷彿昨天才剛砌成。這裡有著維多利亞時期主要基礎設施那種功能性的優雅，自有一種美麗，不亞於羅馬人建在米塞努（Misenum）的地下水宮殿，或伊斯坦堡的大會堂水宮殿（Basilica Cistern）。

我們從水庫的一端走到另一端，從一側走到另一側，話聲轟鳴。上方的陰暗處，數萬黃褐磚塊砌成的穹頂高懸。我們在水庫盡頭坐了一陣子。布萊利抽著香菸，放起一種鼓和貝斯合奏、名為「壓力測試」的音樂，樂聲隆隆從磚上彈回。我們在午夜將至時離開。天上雲層飄散，被城市燈光照映得或粉或橙，雲隙中可見天星。三道人影緩緩穿過樹林走向我們的東側，手上的黃色光束掃過草間，尋找失落的東西。

布萊利跟我在一日之間結為好友。他對倫敦地下世界某些「幽靈車站」的熱好，以及此等熱好所不可免的追蹤入侵，再加上一些其他事件，讓英國交警決定拿他開刀，以儆效尤。他被逮捕，公寓遭搜索，電腦和手機被沒收，最後還因為被控陰謀犯下刑事損害罪而受審。審判期間我出庭作證，結果是布萊利獲得有條件釋放，也不會被進一步起訴，這對交警來說是場公關災難，納稅人則要承擔六位數的訴訟費用。

布萊利跟我一起進行了多次探險之旅，規劃旅程時我們用明信片聯絡，原因是，明信片是一種公開的通訊，任何人拿起來一翻面就可以讀到內容，但布萊利受到當局的注意，這反而成了最安全的聯絡方式。如今已經沒有任何安全機構會偷拆信件或閱讀明信片，但他們會監看簡訊和WhatsApp的對話，也會封包監控電子郵件。

與布萊利同行，既深化也提高了我對地景的感知，人工環境方面尤然。我們設法進入許多奇怪的場所和地方。布萊利不僅具有膽大妄為冒險家的氣質，還對荒廢的當代形式抱有考古學家的興趣，對於荒野如何回復成廢棄之地抱有博物學家的興趣。

某個夜裡，我們啓程去爬威爾斯新港（Newport）的一座輸送橋，爬上梯子，沿著烏黑河流上方粗細有若樹幹的電纜緩緩向外攀爬。同行的還有一個自稱達門（Darmon）的年輕探險家，專門在俄羅斯和中國等高風險地區闖入警戒森嚴的地下空間（他在兩國都曾經遭受當局痛打），對地下世界的興趣源於童年時代他父親在泰晤士河上游岸邊犁田時發現的古羅馬硬幣。我們一起攀過三．六公尺高的鐵門，進入寒鴉盤旋不去的荒廢遺跡，那是維多利亞時代的城堡，坐落在愛爾蘭海的山丘上，占地上萬平方公尺。我們在旅程中多半露天睡在樹籬或農場拖車之下，再不然就是根本不睡覺。與布萊利同行的時刻總是會讓我聯想到腎上腺素、酒精和極度倦乏。

有一次我和布萊利一起進入威爾斯中部谷地的一座廢棄板岩礦場。我們從狹窄的橫坑進入礦內，來到採石場頂部的斷崖。我在黑暗中垂下繩子做上方確保，而後我們從崖頂下降至底部，經由隧道來到很大的淹水洞穴。黑幽幽的水在我們腳下撲打板岩，而我們上方二十一公尺處，一道金色陽光透過岩洞直射入洞，彷彿天使報訊的光束。

然而陽光所鍍絲毫不神聖——通過那洞口落下的不只陽光，還有礦場關閉四十多年來數百輛被推入的毀棄車輛。歷代當地人不想支付報廢費用處置已然不堪使用的汽車，於是將車子開上山丘，推下岩溝。

結果就是車崩，一種車的封存，失事車輛的旋轉坡道，伸入洞穴後繼續沉入黑水，直到我們再也看不見。最老的汽車在最下方，而在最底層有一輛藍色的福特跑天下房車，彷彿完美置於冰磧上的冰河漂礫，以一輛苔綠色的先驅款凱旋轎車為其樞軸及靜止點。

• • • • •

我唯一一次在巴黎地下墓穴感受到眞正的恐懼，是在前往旗廳時。

我們走近那房間時，地面城市夜華燈初上，人們離開辦公室，穿過黃昏街頭步行回家，或者搭上火車或巴士，或者在酒吧暫停喝杯小酒。

而在這隱形城市裡，我們沿著一條無法迴轉的隧道走向西北，越走隧道頂越低。我開始垂下頭，然後縮起肩膀，然後彎腰，最後我得跪下，匍匐爬行。

在我前方，越過莉娜，隧道似乎已然縮成死路。我等著莉娜承認她帶我們走錯路。

莉娜一言不發。前方的黃色石灰岩在她的頭燈照耀下發亮。她卸下背包，推到背後，將背帶繞上一腳腳踝，然後頭先腳後緩緩進入一道我現在終於看清的地面入口，大概是五十公分高。我原以爲那是隧道終點。

我的心臟快速搏動，嘴瞬間發乾。我的身體並不想進入那道入口。

「你得用腳趾拉著背包。」莉娜說，她的聲音含混不清。「還有，從現在起，盡量不要叫，也不要摸隧道頂。」

恐懼爬上我的脊椎，滑下我的喉嚨。除了跟上，已經別無選擇。我身體伏地，背包綁在腳上，頭部先進。上方空間窄小，我再度必須側著頭才能前進。兩側逼仄到我的手臂幾乎卡在身上。隧道頂的岩石裂成一塊塊，垂在裂隙周圍。幽閉恐懼像支鉗子緊緊夾住我，壓迫胸腔和肺部，用力擠出空氣，在我腦中炸開幽黑星點。

綁著背包的一腿因爲施力拖行已經疼痛起來。每次動作只能前進幾公分，像蟲一樣用肩膀和指尖蠕動。這條隧道有多長？就算只下降五公分我也會卡住。得如此繼續前進的念頭實在駭人，但回頭更糟。然後我的頭頂撞到了什麼柔軟的東西。

向前看，我只能見到莉娜背包的底部，她的背包卡在隧道頂一塊岩石的傾斜邊緣。背包晃動，力圖掙脫——她得用腿勾著才行，但那看起來彷彿隨時會鬆動石塊，拖垮天花板。

「慢慢來，**別急**！」我對她大吼，她也吼回來，叫我不要吼。**啪**，背包上去了。

我自己拖向那處窄縫，然後突然——**什麼鬼？**我感覺我周遭的岩石，包著我的岩石，彷彿棺材一樣測量我的岩石，**開始振動**。起初是微弱但清晰的顫動，然後強度和音量都逐漸增大。那不穩定的隧道頂發出嗡嗡聲抖了起來，那抖動穿透岩石和我的身體，傳入我下方的岩石。隆隆聲升級成雷鳴，伴隨著喀啦聲，我想起了幽靈建築，想起地圖這一頁上地面城市的淡灰色輪廓——弧形的火車路線像肌腱一樣匯入蒙帕納斯火車站。

那是**我們上方的火車**。我們在地鐵和地面鐵道的**正下方**。數十年來的火車震動讓此地的隧道頂變得不穩定。我想叫喊，但是不能；想回頭，也不能，於是只能繼續一寸寸向前爬，口中含著灰塵，手指扒著粗糙的石面，身後拖著背包，除了響起又退去的火車隆隆聲，以及粗重的喘息、如鼓震的心跳，一切都在靜默中進行，如此度過腸胃因恐懼而翻攪的五分鐘後，空間變寬，我們可以跪著了，然後我們能站立了，然後我們能行走，然後我們快到旗廳了。

◆　◆　◆　◆　◆

一條淹水的隧道通向一個房間。水面上有橙光流溢、拍打，但水本身靜止不動。叫喊聲穿過門口傳來，還有音樂聲，是節奏合唱團的〈入地〉（*Going Underground*），音量愈來愈大，震動充塞整條隧道。我因爲認出曲調而微笑，走上淹水隧道兩側的岩架，來到門廊。門廊通向一間高聳的房間，屋頂在我們上方至少六公尺高處。上方的空間讓我飄飄然彷彿頭腦充滿氦氣。一面牆的高處畫著巨大的三色旗。有人起身歡迎我們——莉娜得到擁抱，我和傑尹得到握手，而所有人都得到了微笑。

我們終於來到另一種多寶閣，塞滿了音樂與殷勤。桌上擺滿食物和飲料，有水果、法國棍子麵包、布利乳酪和卡門貝爾乳酪、玻璃瓶裝的烈酒和罐裝的啤酒。桌子中央是四方形的CD播放器，連接著兩具小型喇叭。

節奏合唱團的〈入地〉換成大衛鮑伊的〈地下〉（*Underground*）。

「Ça c'est le cataboum!（這是地下版的隆隆！）」⑬一個陌生人指著播放器說，跟著節奏點頭打拍。

屋內滿是童話般的瑩亮白光。一切都非常超現實，彷彿我們無意間闖入後現代的地底宴會廳。有人將一只盛著伏特加的塑膠杯塞到我手裡，我滿懷謝意一飲而盡。腹部開始燒灼，卡在火車裂隙的那段時光瞬間磨去尖刻的邊緣，變得軟和。有人拿起沒有酒標的酒瓶往我的杯子倒入褐色萊姆酒。我發覺自己在傻笑。我對這個地方充滿感謝，感謝地下墓穴的反差，在曲折隧道間從恐怖轉向溫暖。

人們自我介紹。有兩個法國墓穴探險人的外號我沒聽懂，叫做T的加拿大人是莉娜的老朋友，白天當保母，晚上經常鑽入地下墓穴。三個人都戴著印第安那瓊斯式的帽子，有一個法國人手中拿著鞭子。

大衛鮑伊的〈地下〉變成班佛茲三人組的〈地下〉（*Underground*）。眾人高聲歡呼。

我們又吃又喝又聊。幾個小時過去了。我大多在聆聽，鬆活一整日的疲勞，在這古怪的地下次文化裡將自己縮起來，思索地下世界所召集的那種古怪的文化回收。

許久之後，莉娜、傑尹和我動身尋找入睡處。我們走到一個叫做地堡（Bunker）的區域。寬廣的隧道兩旁是一間間半圓穴室，穴頂都加固過。莉娜說那是二戰遺留下來的防空避難所，占領初期住著反抗軍，後期則有德國黨衛軍和國防軍的高階軍官駐紮，以躲避南英格蘭發動的空襲，如今則是疲憊探墓人的理想宿舍。我們在這裡安頓下來，每個人都獨享一間地堡穴室。遠處的火車通道震動四壁。

睡意姍姍來遲。我躺著，四面八方盡是基岩，而我揣想著人類世在經歷深度時間後露出地表時，我們的城市會留下什麼，將在岩層留下怎樣的地層印記。數百萬年後，德里和莫斯科這樣的超級內陸城市將大半風化爲沙子和礫石，隨著風和水散落於廣袤沙漠。紐約和阿姆斯特丹等濱海城市會最早被上升的海平面所吞沒，更周密地收入鬆軟的沉積層。這些位在基岩內的隱形城市（地下城）將就此封存，乾淨俐落地保存下來。我們建造的地上物將會崩塌成錯雜的城市地層——混凝土、磚塊和瀝青的混合物，玻璃壓縮成的透明結晶體，鋼鐵熔解到只剩一抹存在過的痕跡。然而在地面下，地鐵和下水道系統，以及地下墓穴和採石留下的空白，可能會常保無損，直至後人類時代。

．．．．．

兩天後，我們準備好離開隱形城市。原本的計畫是要從一道附有梯子的人孔出去，莉娜聽說那面人孔蓋並未焊死。那道人孔綽號「死神的貓洞」，我聽來並不覺得親切。問題是莉娜所收到的方位訊息頗爲含糊，我們找不到位置。

於是我們返回起點，從隧道系統西北方展開數小時累人的跋涉。莉娜設計了一條長路，繞過通往旗廳的那條爬行通道。我們通過一大段隧道牆，上面有許多噴罐塗成的手印，酸性綠、冰藍、核電黃，龐克文化對史前洞窟藝術的回響。我們通過「死亡交叉口」（Carrefour des Morts）返回，最後終於到了巴恩格拉下方，水位明顯比數天前我們通過時還要高。

「上面一直在下雨。」莉娜說。

我記得我前往巴黎時雷雨雲正在醞釀，大地披上一面面薄雨紗幕。我們抵達洞口，逐一往上爬，進入鐵路隧道。

幽閉數日後，隧道的拱頂看來高聳有如宴會廳。空氣中不再有粉塵。左方遠處是一道熟悉的光拱。我們嘎吱嘎吱踩著鐵道往回走。拱門變大變亮，鑲邊的綠色是長長垂下的藤蔓，綠色再度成了新的顏色。

「看那蝴蝶。」莉娜指著拱門內彌漫的數十隻金色蝴蝶。但我們一走近，蝴蝶全變成懸落的金合歡葉，從不見形影的樹木旋舞披垂，在午後的日光中鍍上一層金。

地面世界進入視野。有隻鴿子從拱門框出的天空中滑翔而過，翅膀伸得筆直。路塹陡峭的邊坡出現在眼前，金合歡枝條在坡面上斜倚，披落蝴蝶般的葉子。

我們在光影交會處停步，仰望天空，不真實的太陽就在那裡，即將沒入路塹上方高高升起的建築物後側。我們低聲交談，頭髮沾滿汗水與粉塵，膚色蒼白。戶外的空氣裡有小黃瓜和煙霧的味道。我們上方遠處的一棟公寓，有個女人正將白色床單掛上陽台。

我聽到吉利爾斯（Emil Giles）彈奏布拉姆斯第一號鋼琴四重奏，這是少數幾首即使只聽幾個音我也能分辨的古典樂曲。音符隨葉子飄落，聚集在路塹上，我想這音樂大概是我的幻想，但其他人也能聽見，而有人在此時此地彈奏這音樂，對我來說相當特別。

我們繼續向前。一對韶齡男女坐在一株金合歡樹下的變電箱上，棕色的長腿踢啊踢，一邊閒聊一邊分享一管捲菸。兩人向路過的我們點頭，我們也點頭回應。

我們爬上路塹邊坡，通過鐵絲網柵欄，從標示著「禁止進入」的門口出去。轉過三道彎之後，一個女子在街角攔下我們，問我們是否來自 en bas，「下方」。是，我們回答，我們下去過。

---

*注1：大頁（foolscap）是英國的一種標準紙張尺寸，十七．二乘以廿一．六公分。——譯注

*注2：王名框（cartouches）是古埃及象形文中使用的橢圓形或長方形字框，下方有條水平線，用以標示法老的名字，又譯象形繭。——譯注

*注3：其德文名稱 Passagen-Werk 一語雙關，一方面直指十九世紀巴黎常見的拱廊街（passages），也就是該書的主題，此外也是音樂名詞，意爲主題樂段之間的間奏段，暗指一種思想上的通過。——譯注

*注4：引文出自班雅明就《論歷史的概念》（*Über den Begriff der Geschichte*）所做筆記。以色列雕塑家卡拉凡（Dani Karavan）將這段話蝕刻在班雅明紀念館內的玻璃上。——作者注

*注5：逍遙學人（Peripatos）是亞里斯多德學生的稱號，來自古希臘文廊柱（peripatoi）一詞。這是因爲亞里斯多德在雅典創建學院，學生經常聚集於廊柱間。此外相傳亞里斯多德經常跟學生一起散步，在漫

步間授課，而漫步（peripatetikos）一詞和廊柱同源，日後成爲這些人的統稱。——譯注

＊注6：諸家神（Di penates）是古羅馬人的信仰，是家戶的守護神祇，護佑灶火、食物、家宅安寧等。——譯注

＊注7：法蘭西島是法國的一個大區（région），是以巴黎爲中心的首都圈，又稱巴黎區（region parisienne）。——譯注

＊注8：維琪政權（Régime de Vichy）是二戰期間納粹控制下的法國政府，正式名稱爲法蘭西國（État français）。——譯注

＊注9：安提法運動的Antifa是Anti-faschist反法西斯的縮寫，是一九八〇年代興起於德國的極左翼政治運動，之後傳播到其他歐洲國家和美國。各地的反法運動政治主張各有差異，不過總體而言都反法西斯、反納粹、反種族主義，此外泰半崇尚無政府主義。——譯注

＊注10：莫比烏斯環是只有一個表面和一條邊界的曲面，艾雪畫作常以莫比烏斯環爲主題。——譯注

＊注11：督爺教（Dudeism）：督爺爲柯恩兄弟邪典電影《謀殺綠腳趾》的主角，追隨他的影迷爲他成立了督爺教，並模仿他的生活方式，據稱有六十萬全球教徒。——編注

＊注12：《裂開表面》（*Crack the Surface*）是英國城市探險網站Silent UK所製作的兩集紀錄片，在網路上播放。——譯注

＊注13：〈隆隆〉（*Boum!*）是一九三八年的法國流行歌曲。——譯注

六、無星河（喀斯特，義大利）

無星河流貫古典，是亡者之河。麗息河、斯堤克斯河、弗勒格騰河、寇塞特斯以及阿克隆河都由地面世界流入地下，五河翻騰，匯流於冥府的黑暗之心。

麗息河水是失憶之水，亡者所飲，以忘卻前塵。希臘文的 lethe 一字意爲遺忘或健忘，希臘語中的反義字爲 aletheia，意思是不忘、無蔽、眞理。在偉大的入地故事《埃涅阿斯紀》①的第六部，埃涅阿斯就是渡過麗息河，見到亡父與衆多靈魂擠在洪流之中。

新死者的靈魂由冥河擺渡人凱倫引渡通過斯堤克斯河，船資是一枚奧波銀幣。亡者唇上要放一枚銀幣，才能安全渡往冥界。

弗勒格騰是沸血與烈焰的熾熱之河，據說河道曲折盤旋，輾轉流下地獄深處，也就是遭天譴者墮入的深淵。

寇塞特斯當五河之最冷，是哀嘆之河，多處受寒凍之風吹襲而結凍成冰。寇塞特斯的河灣遍布湍流與漩渦，時時發出苦痛的呼號。

無星河中以阿克隆最爲溫和，是悲痛之河，凱倫也在此擺渡。阿克隆深入冥府，有時甚至成了冥府的同義詞，例如《埃涅阿斯紀》中朱諾②說：「倘若無法令天上衆神改變心意，我將訴請阿克隆河。」佛洛伊德以這句話爲《夢的解析》卷首題詞，而這本書便是在探索精神地下世界的水流，是自我的無星河，流在陽光普照心智意識的下方，不時急漲翻湧。

古典文學與河同流，共墜黑暗，這有其地質上的原因：許多文學描繪的地景都具有喀斯特的性質。喀斯特（Karst）來自斯洛維尼亞語的kras，是可溶性岩石及礦物溶解而成的地形，以石灰岩爲主，但也有白雲石、石膏等等。喀斯特地形的地下世界豐富非常，水經常不從其道而行。喀斯特地形的水文複雜得匪夷所思，我們也只略知一二。在喀斯特地區，泉水會從荒瘠的岩石湧現，谷地隱蔽難覺。河流可能在一地消失，又在一地重現，冠上新鄰居所取的新的名字。湖泊看來既沒有水流注入，也沒有河道流出——湖水其實來自下方，而喀斯特地下水位隨著季節或天候有升有降，也就是瓦爾瓦瑟（Johann von Valvasor，他的祖國是今日的斯洛維尼亞）於一六八九年向倫敦皇家學會描述的「隱沒湖」。喀斯特地形有坑坑疤疤的滲穴和豎井，像張開的大口，因而在夜間或雪中穿越喀斯特地形十分危險。而在表面之下（如果喀斯特地形說得上有表面的話），含水層在數世紀間時滿時空。那裡有迷宮，可讓水循環達數千年之久；那裡也有大如體育館的巨窟，以及埋在地底的河流，河中還有瀑布、湍流和蕭索的池沼。

喀斯特地區有時會發生嚴重的土地塌陷，就像台北隱沒的環狀路段，彷彿怪物在十字路口重重踩了一腳。喀斯特的獨特地形也發展出一套關於形式和空缺的獨特語言：天坑（英語的doline）是漏斗形的滲穴；溶洞（法語的abîme或gouffre）是水流侵蝕而成的豎井，可以深達上千公尺；天然井（西語的cenote）是塌陷的滲穴，通常有大量的水；窗穴（斯洛維尼亞語的okna）是水蝕穿岩石，視線可以穿透之處，彷彿在岩石上鑿了扇窗戶。

中國的貴州和雲南、澳洲的納拉伯平原、包括大部分佛羅里達在內的北美廣大地區、墨西哥的猶加敦半島，以及英格蘭的白峰（White Peak）、門迪丘、約克郡谷地、狄恩森林，還有法國中部和南部的石灰岩峽谷及高地，這些都是喀斯特地形。菲律賓的喀斯特地形下方三十八公里深處有條潮汐河，其間有十公里可以行船。紐西蘭的懷多墨（Waitomo）有一條地下河，因為成群的發光昆蟲而熒熒發亮，那種蟲叫做小眞菌蚋，棲息在洞窟穴頂，在石鐘乳間綴上閃閃藍星。

而在義大利和斯洛維尼亞邊界的東北方，有一座長形的石灰岩隆起高原，其名卡索（Il Carso）正是義大利文的喀斯特之意。在卡索風吹日曬的岩石下方深處有一條河流，斯洛維尼亞名爲列加（Reka），義大利名叫提馬沃（Timavo），河上布滿彎道及湍流，有些河段遠在光亮所及之下三百公尺深處。

◆ ◆ ◆ ◆ ◆

我從義大利曼托瓦（Mantua）前往卡索。這城市的主教座堂地窖裡藏著聖杯，裡面盛著耶穌被釘上十字架時由長矛刺穿的傷口流出的寶血。聖杯在曼托瓦史上兩度埋葬又兩度遺失，兩度被挖掘出來，如今保存在主教座堂的地窖，收入鐵製保險櫃裡，上了十一道不同的鎖，每道鎖都有對應的鑰匙，每支鑰匙都由不同的神職人員保管。

我從曼托瓦橫渡三條河流，抵達卡索。

阿迪傑河（Adige）熱氣蒸騰，彷彿一條銀灰色的蛇，水流喋喋有如遲緩的漩渦，蒸氣從陽光烹煮的蜿蜒河道盤旋升起。兩隻鸛鳥振翼西飛。灌木樹籬間有啤酒花和金銀花。牆上有塗鴉。塵土飛揚的路上有人踩著單車而來，因爲車子太小，不得不將雙腿拱成銳角。棕色的土地，感覺海遠在東方視線之外、光亮漸銳之處。

皮亞韋河（Piave）挾帶山上的大量淤泥，流動有如慢煨的白鑞，看起來像石頭多過水。感覺高峰就在望不見的北方，在天空漸黑之處。玉米田。天橋下的濕地有野生相思樹林。白鴿從轉成褐色的土地上成群飛起。廢棄工廠有著波形瓦屋頂，窗框長滿醉魚草。農舍淹沒在長春藤裡。熱氣籠罩一切有如斗篷。

而後是伊松佐河（Isonzo），抵達這裡也表示喀斯特地形不遠了。石灰岩鵝卵石，藍色河水彷彿由內部散發光芒，數十隻白鷺向東飛越綠蔭成排的葡萄園。

我在伊松佐附近一個無人上下的小站走出火車。在月台盡頭等候我的路西恩（Lucian）向我招手，他和瑪莉亞・卡門（Maria Carmen）住在第里雅斯特（Trieste）上方的喀斯特高地，房子就建在滲穴邊緣。

「來！」路西恩伸臂擁抱我，「終於見到你了！」

我們開車經過十四世紀的杜伊諾（Duino），城堡高踞第里雅斯特灣上方的白色岬角上，一九一二年里爾克（Rainer Maria Rilke）正是在此地撰寫他那神秘主義的《杜伊諾哀歌》。而後，等他在瑞士從一戰引發的抑鬱中復原，他將在創造力的「無垠風暴」（他的形容）中完成這些哀歌。他也在那裡撰寫他的地下世界大作，《致奧菲爾的十四行詩》，題獻給名叫薇拉寇普（Wera Koop）、年僅十九便夭折的少女，作爲墓誌銘。那十七首十四行詩如此開頭：「古老的纏結深淵／都有其根，隱藏的滲泉／無由找尋。」

我們在離杜伊諾不遠處開始上坡，往卡索高原爬升。路西恩的小車奮力向上，在海邊到石灰岩高地的之字形道路上氣喘吁吁。

「你會覺得她應該已經習慣了。」路西恩向前傾，深情地拍拍儀表板。

我們經過的老房子屋瓦都以大塊石灰岩壓住。「我們正好在布拉風（bora）的路徑上。」路西恩簡潔地解釋，朝著夯石的屋頂揮手。「那風從山上吹下來，是一種下降風，以重力爲燃料。這一帶的風速可以高到每小時兩百公里，會把人逼瘋，讓狗嚎叫好幾天，掀屋頂跟開罐一樣。不過我得說，這風溫和的時候倒是很好晾衣服。」

瑪莉亞·卡門在門口迎接我們，很快就用手臂環繞我。

「羅伯！Il Professore（教授）！歡迎來我們家！」

門廊上有石榴的氣味。瑪莉亞·卡門緊拉著我，打量我，又放開我。她是阿根廷人，偏好紅黑兩色的衣物，最喜歡的生物是玫瑰色的琵鷺，然後是紅鶴和緋紅色的朱鷺。她不相信表面資歷，寧願以能力和同理心來判斷他人。她和路西恩中年相戀，現在一起住在喀斯特地區，家中還有隻名喚拉菲（Raffy）的銀灰貓。

路西恩從事翻譯工作，極度無我，慷慨到不切實際的程度，還有一雙富於同情的眼睛。他能夠使用西語、法語、英語、義大利語，在這四種語言之間切換自如，就像火車流暢換軌。他曾駕駛帆船繞行合恩角，也曾參與一些巴塔哥尼亞的探險活動。他自己的船在旱塢裡有待維修，若他有錢有閒能換掉翹起的柚木甲板，那麼他的夢想是揚帆前往巴塔哥尼亞一些少有人攀的一千公尺高峰山腳下，然後穿過糾結的南青岡樹林帶，以及可能比冰河更棘手的沼澤灌木，由海平面直上高峰。他的工作桌前釘著巴塔哥尼亞的地圖，當他苦於文字，水道和島群就是他的白日夢。

「他**應該**要讓別人分擔。」我停留的數週裡，有一天瑪莉亞·卡門這樣對我耳語，「他應該要這樣。但他很少想到自己。」

瑪莉亞．卡門從事社會照護。「她得到的回報**好少**，但還是不斷付出。」有一天我們外出散步，路西恩向我吐露心聲。

路西恩是受困於二十一世紀經濟的十九世紀探險家，瑪莉亞．卡門是貧乏文化裡天生的利他主義者，這對愛侶是我有幸結識的人當中最溫柔的兩位。

路西恩和瑪莉亞．卡門的屋子面朝西南方的亞德里亞海，但大海在視野之外，只有一片銀光照映卡索下方的橡樹與松樹林，那裡有個黃色番紅花盛放。

房子很涼爽，熱氣被窗戶阻隔在外，屋頂夯實，以抵擋布拉風。書架是正面有玻璃的木製櫥櫃，塞滿了關於登山、洞穴探險和航海的書籍，有好幾種語言。我們在橡樹的樹蔭下午餐，吃的是斯洛維尼亞蘋果派和硬起司，還有瑪莉亞．卡門自己種的馬鈴薯。野生的仙客來開在滲穴傾斜的邊緣，我們將蘋果核扔下洞口。

「滲穴肚子餓了。」路西恩說。

拉菲貓蜷伏在我腳踝邊，像團薄霧。

「我不來自哪個地方。一定要說的話，應該就是卡索了。」飯後路西恩說。

他父親是諾曼地登陸時年輕的坦克指揮官。「他在最初登陸後兩週去到法國，對他來說那是一段好時光——他才十九歲，負責一輛坦克，又講著一口流利的法語。你想得到當地人怎樣歡迎他！」

戰後路西恩的父親被派往第里雅斯特，在那裡認識了一個年輕的義大利女子。之後一年兩人在倫敦結婚，他轉而投入歷史悠久的家族企業：製造石南菸斗。兩人的假期都在第里雅斯特度過，路西恩從小就在卡索四處走動，慢慢領會箇中秘密，有的黑暗，有的光明。

「我小時候就學到要留心腳步，不論比喻上或地質上都是如此。」路西恩說。「這個地區的過去充滿了暴力，卻很少有人提起。河流消失了，故事也消失了，卻在意想不到的地方再度出現。」

多年來路西恩致力於撰寫卡索及其歷史，他感覺這文本似乎無窮無盡，幾乎可以肯定永遠完成不了。「我花了二十年才省悟，我對於這地景所隱藏的一切只略知一二。」他喃喃說道，說給自己多過於說給我聽。

犬薔薇纏生於花園低處，開著粉色和白色的花，花中蜜蜂泅泳。我想起里克爾寫給《杜伊諾哀歌》譯者的怪句子：「我們是隱形世界的蜜蜂，瘋狂採集可見世界的蜂蜜，要將之採回巨大的金色隱形蜂房……」

空氣冷冰冰。烏飛掠於橡樹之間。

「用你的話來說，我認爲卡索是典型的『地下世界』。」路西恩說。「這裡有洞窟，一萬個洞窟，人類一度在裡面生活，膜拜、療傷、殺戮，尋求彼此的保護，躲避外界和恐怖，在這裡鑿地求冰。史前人類在這裡建造堡壘，但也逐漸撤到山上。羅馬人在這裡建造洞窟神廟，獻給光神密特拉。你應該也會樂於知道你已經來到地獄門前。羅馬人認定的冥府入口離這裡不遠，就是提馬沃河沉入地下之處，在什科茨揚（Škocjan）。」

他頓了一下。

「快轉到十九世紀，在瑪莉亞．特蕾莎（Maria Theresa）的統治下，第里雅斯特是繁榮的自由港，但極度缺水，於是展開一系列的探索，要找到消失的河流，以供應城市所需。他們確實找到了，卻在很深的地下。一戰期間，義大利人和奧地利人都挖掘這裡的石灰岩，鑿出壕溝，將洞窟擴大，好充作醫院、彈藥庫——而且不只是這裡，整片朱利安阿爾卑斯和多洛米蒂山區都是如此。二戰期間也一樣。在戰爭期間和戰後餘波中，雙方都以恐怖的興味作爲痛苦的補償，殺死敵軍和所謂的盟軍，推入滲穴中，或者該說是 foibe，這裡的人都這麼叫。」

他皺起眉頭。

「我們這邊的洞窟系統還有活冰河，有些洞窟裡有一種盲眼的橙色甲蟲——希特勒盲步行蟲（*Anophthalmus hitleri*），因爲大受新納粹收藏家歡迎，這種蟲幾乎都要滅絕了。我們還有一些洞窟可以存放葡萄酒，不過依我看來，通常結果平平。

「在這裡，地球本身就是潮汐。眞的！這裡的岩石就跟海水一樣，會回應月球的吸力。萬有引力會拉住再釋放石灰岩。地殼有春潮，有小潮。當然跟海潮相比是小得多了。海水的潮幅可以達到十六公尺，石灰岩最多不過兩公分。不過地下世界就在你腳下湧上又放鬆，你卻一無所覺。第里雅斯特大學還舉辦地潮研討會。」

亞德里亞海在天上閃爍。

「或許，重點在於我們熱衷於，不對，是沉迷於完整測繪提馬沃河——有時候也叫做夜之河。」

◆　◆　◆　◆　◆

提馬沃河上游名爲列加，從斯內齊尼克山（Mount Snežnik）南麓的松林中湧出，也就是位於斯洛維尼亞和克羅埃西亞交界的雪山。河流在伊利爾斯卡比斯特里察（Ilirska Bistrica）山谷周遭開墾過的平地上收集河水後，在不滲水的復理層基岩上間蕩八百公尺，再流到復理層與石灰岩交會的什科茨揚，而後在某種地質魔法中消失了蹤影。

什科茨揚峽谷，也就是列加河陷入地底之處，自有一種特殊力量。百萬年來，水在此地切出世上數一數二的地下峽谷。河水在石灰岩斷崖撞出一道巨大的圓拱，沖入直徑達數百公尺的坍塌滲穴（滲穴中彌漫著水氣和飛沫的微型氣候，聳直的穴壁提供鷹隼築巢的場地，也讓橡樹幼苗和粉色仙客來落地生根），這下墜的力道在石灰岩中切出陡峭的隧道，而石灰岩也在此隆升到卡索高原。列加－提馬沃河在地下奔流三十五公里，到杜伊諾附近再度現身，最後注入亞德里亞海，淡水和鹹水混而為一。

「提馬沃河從高山流出，落入深淵，在地底流過一百三十斯塔迪③，而後在海岸湧現。」西元前一世紀波西多尼（Posidonius of Apamea）如此寫道。什科茨揚的「深淵」名聞遐邇，見於一五六一年的拉錫烏斯歐特流地圖（Lazius-Ortelius map）和麥卡托一六三七年的《新地圖集》（Atlas Novus）。一八三〇年代晚期起，當地開始探索這條河流藏而不露的幅員，部分也是因為第里雅斯特急切的飲用水需求。一名叫史維提納（Ivan Svetina）的鑿井專家深入什科茨揚峽谷，抵達他稱為第三道瀑布的地方，就此揭開提馬沃河探險的黃金年代，一直持續到一九〇四年為止。

早期追溯無星河的嘗試都帶有產業性質。在峽谷兩側的岩石鑿出安全路徑，蜘蛛般攀附在斷崖高處（光是從下方仰望也能引發眩暈），如此峽谷水位暴漲時才有可能逃生。要更加深入就得乘船，但船很危險，因為返程時逆水行舟可能會翻覆。洞穴、大瀑布和峽道等，人跡所到之處無不有了名字（漢克水峽、馬特廳、魯道夫堂、穆勒堂、死亡湖、靜默窟等等），直到一九〇四年，探險家發現一條完全沒入水中的長隧道，無法一口氣游過去，進展因而停頓了將近一個世紀。

下一道突破直到一九九一年才出現，那時洞窟潛水已經發展成超高風險的消遣，再加上水下呼吸科技的發展，意味著這條路線可以繼續推進了。同年九月，兩名斯洛維尼亞潛水員游到死亡湖附近一條通向許多新通道和新洞穴的水道，提馬沃河在此既是奔流之河，也是匯聚之湖。如今每年夏天都有世界各地的潛水隊伍前來，由不同的地點進入這沉沒的水道，試圖向前推進。他們在黑暗中紮營，日日週週等待適當的情況，而後潛下黑幽幽的水。

「提馬沃河是個夢想，我們試著一公尺一公尺地實現夢想。」一名年輕的當代探險家如此評論，他是亞德里亞海洞穴學會（Adriatic Speleology Society）的成員，名字叫做瑞斯提諾（Marco Restaino）。這個夢令信徒無法自拔，這些人有個名號：窟人（grottisti），團體間彼此競爭，但也都了解，要實現共同的聖杯任務（繼續測繪提馬沃河的路線和水流），他們必須合作，將各自所知拼湊起來。

卡索高原上有幾處地方可以由地表往前無星河，幾乎都需要進行重大的洞窟探險，幾乎都「屬於」不同的探險團體或洞窟探勘隊，這些人控制當地通往提馬沃河的路徑，和提馬沃河的關係不一而足，有製圖、探險、科學研究，以及肯定令佛洛伊德心蕩神馳的夢境研究——他曾經造訪什科茨揚附近的幾座大洞窟，毫不令人意外，那些腫脹的石鐘乳和石筍引起了他的注意，但吸引他的還有洞窟看守人格列果（Gregor）的潛意識，此人住在陽具密布的地下世界，且按照地方或去過他洞窟的遊客告訴他的物件，將每個石筍都命了名，諸如「埃及豔后的針」、「艾菲爾鐵塔」之類。

特列比伽諾村（Trebiciano）附近的山毛櫸林有座塌陷的滲穴，從那裡可以前往提馬沃河。該地有一道水沖蝕而成的狹窄豎井，在一條連綿的通道中，從塌陷的天坑基部直下三百公尺，最窄處僅容一人通過，最後抵達一個主教座堂般寬闊的空間，提馬沃河就在此地奔流而過。我之所以來到卡索，有一部分正是為了要降入特列比伽諾深淵（Abyss of Trebiciano）——這名字可眞令人安心。

不論循哪種方式抵達提馬沃河，探險作業都危險、艱困又黑暗。大雨過後，提馬沃河的氾濫水位有時會比平時高出六十公尺，足以淹死任何困在洞穴或隧道中的人，強大的氣壓也可能將空氣推上通往河道的豎井。儘管有兩百年來窟人的努力，目前探勘過的提馬沃河地下流卻只有全部的百分之十五左右。

看著提馬沃河製圖者（多半是男性）的活動，很難不在他們的奉獻和儀式中注意到某種類似宗教崇拜般的行為，而無星河就是他們的神秘之神。

• • • • •

「我帶你去一個強大的聖地，差不多就是這個地區的地下世界。」某天早上路西恩這樣說。

我們從一間廢棄農舍旁的道路盡頭出發，那裡離海大約一．六公里遠，然後徒步穿過長滿灌木叢的山坡。行進間荊棘不斷刺入我們腳踝。野生墨角蘭和百里香被我們踩垮，釋出芬香。蚱蜢敏捷閃過我們的每一步。蜥蜴迅速飛掠，尾巴卻在身後的塵土中搖擺。空氣隨著高溫振動。這裡沒有步道，但路西恩很有把握地爬上山坡，朝東南方開出路來。我們越過一條鐵道，鐵軌閃閃發光。在離林線不遠處，路西恩領我到一個有如綠洲的地方：整片荒瘠中，山坡上有道淺淺的滲穴長出了相思樹和青草。

「很少有人知道這裡。」路西恩說。「從鐵道和威尼斯通往第里雅斯特的主要道路看過來，其實很明顯，但除了少數人，多數人經過都視而不見，這點我很喜歡。」

兩棵樹共同構成這裡的閘門，我們推擠著通過，然後循著一組石階向下，滲穴底部就是通往洞窟的入口。起點有幾根石灰岩雕花台座和柱座，其中一根是地底岩石的一部分。

我們進入的顯然是個禮拜空間。中央兩道長長的石凳（或祭壇）與洞窟同寬，兩凳之間有一些立方石塊。洞窟兩側有兩座石灰岩浮雕，上面都刻出一道人形，一手抓著公牛頭，另一手拿刀刺入牛的胸部。

「路西恩，這是什麼地方？這些東西是什麼意思？」

「這是密特拉神廟，也就是獻給密特拉的地下神廟。密特拉是古羅馬軍團之神，在萬神殿中鮮爲人知，我想現在更是差不多被遺忘了。密特拉從岩石出生，就此而言是眞正的地下之神。羅馬帝國各處都有敬奉他的地下活動，這裡就是其中之一，可能使用了超過三百年，直到西元四百年左右。這裡初次開挖時，發現了幾百枚硬幣和幾十個油燈跟罐子。」

我們一起坐在其中一條石凳上。蒼蠅飛舞在洞窟入口光亮落下之處。

「還是有人忠實前來，就像以前一樣。」路西恩說。「我曾經發現一個裝著硬幣的木箱，藏在後面的一塊石頭後方，裡面有些硬幣已經很老了。當然我沒去動它。我下次再來時它們應該已經不在了。」

密特拉教是所謂的神秘異教，西元一世紀到四世紀之間盛行於羅馬帝國，與早期基督教針鋒相對，認爲基督教「惡劣地仿造」他們新興的宗教儀式。密特拉教的神秘主義本身就很神秘，流傳下來的資料極少，無法協助我們闡明其信仰和實踐。我們對密特拉教所知的一切，泰半是由密特拉神廟裡發現的銘文和藝術品反推而得，或者來自古典文學中的驚鴻一瞥。

我們知道密特拉教以羅馬爲中心，但神廟遍布帝國各處，甚至遠達倫敦——一九五四年，衛林堡街（Wallingford Street）附近發現了密特拉神廟遺址，如今位在彭博大樓地下。出土物件中有一顆琥珀雕成的微型角鬥士頭盔。

我們也知道密特拉教在幾層意義上都屬於地下教派。在政治上，密特拉教保持神秘、諱莫高深，成員透過加密的識別符號彼此問候。在神學方面，密特拉教崇拜一位來自岩石的神祇。就地形而言，密特拉教獨樹一幟的神廟幾乎都位於地下，如房屋地窖、天然洞窟，或刻意建築的穴室，這些地方被稱爲spelea（洞窟）或crypta（地下聖堂）。

跟路西恩一起坐在那裡，我理解他所謂的「強大」究竟何指。將近兩千年的時間裡，人們在此駐足，或爲休息，或爲奉獻。許多早期的訪客都是古羅馬軍團成員，可能從遙遠的戰地回到羅馬或家中，或正要離開義大利前往遙遠的駐地。這些人肯定需要信仰。

路西恩跟我隨和地休息納涼，聆聽土地的伴唱：鐵軌的喀啦聲、鐵道下方路面的嗡鳴、灌木叢裡蚱蜢的窸窣。

「密特拉教是戰士的信仰，男性的宗教。只有男人能入教。」路西恩說。

我將提馬沃河的潛水探險員想成密特拉教徒，他們在地下聖所尋求新的空間、新的發現，於是記起地下世界在歷史上有其性別。古典入地故事中，通常是男人以英雄姿態降入地下，去找回受困、被擄或失蹤的女人，例如奧菲爾尋找尤麗狄絲，海格力斯追蹤阿希絲緹絲。從神話故事看來，地下世界是女性被封口或爲男人所犯的錯付出慘痛代價之處。阿麗雅德妮協助忒修斯進入迷宮，卻被他拋棄，在某些故事中還被阿提密斯殺了。克里昂因爲安蒂岡妮安葬了她的兄長波利西斯，因此威脅要活埋她，並剝奪她的政治權力，最後她在絕望中自縊身亡。冥王黑帝斯囚禁普西芬妮，即使她被母親狄米特拯救，還是被迫每年都要回到他的冥界。

然而也有女性以勇氣和專業知識改寫這些古老的原型故事，是傑出的現代反例。烏茲別克的「黑暗之星」（Dark Star）都由女性洞窟探險者率領，她們穿越地下湖泊和布滿藍冰的裂隙，探勘的洞窟系統可能衆所公認最深的一座。幾位女性古人類學家率領「新星」（Rising Star）探索南非布魯班（Bloubank）的白雲岩層，開挖早期人類的葬地。她們全都必須通過一道寬不足三十公分的開口，才能接觸到化石遺骸。這支隊伍名聲響亮，被稱爲「地下太空人」（Underground Astronauts）。微生物學家兼洞窟探險者芭頓（Hazel Barton）爲了研究微生素抗藥性，在極端的地下環境收集微生物樣本。她左臂二頭肌上的刺青是南達科他州風窟（Wind Cave）的地圖，那是她主要的研究地點。她就像所有現代密特拉教徒一樣，深受未知的吸引。「一旦到了洞窟，你……會感覺自己就像是第一個站上月球的人，是第一個見到眼前一切的人。現在已經很少有什麼東西能給你探險的感覺，能夠讓你發現人們還一無所知的土地。」

路西恩和我離開洞窟。陽光彷彿青銅板塊，重重落在我們身上。五顏六色的港口工業區蔓延於下方的海岸，有黃色的貨櫃和一系列紅色的起重機在水面上傾斜。

「那是專門處理郵輪的船塢。」路西恩說。「他們在那邊把船當飛雅特熊貓（Fiat Panda）一樣整頓。」

蚱蜢的磨刮，蜜蜂的顫動刺毛，香草的芬芳。我們走向錫箔般的大海。

◆　◆　◆　◆　◆

無星河很多，提馬沃河只是其中之一。這些河流氾濫於地下，招人前來，有時還能致人於死命。「山峰和深淵一樣，吸引力難能抵擋。」高提耶（Théophile Gautier）於一八六八年如此寫道。反之亦然。

法國洞窟學的折翼天使是個名叫盧邦（Marcel Loubens）的男人。他從少年時代就有英國洞窟探險人洛夫洛克（James Lovelock）所謂「對深度的熱情……他想要比之前的任何人更加深入地球的岩心」。在法國現代洞窟探險之父卡斯特瑞（Norbert Casteret）的指導下，盧邦於二十世紀中葉進行過無數次探險，地點是庇里牛斯山區，當時被視爲「洞窟探險世界的喜馬拉雅山脈」。

一九五一和五二年夏天，盧邦參與一項探險活動，要降入皮耶聖馬丁（Pierre Saint-Martin）的裂溝，裂溝在庇里牛斯山區西部有道不大不小的開口，那是水侵蝕石灰岩而成的豎井，直降三百三十公尺到達底部。事後發現，聖馬丁裂溝通往當時世人認定最深的洞窟系統（由一連串的洞穴構成，盡頭是一條地下河），因此吸引了頻繁的洞窟活動。一九五二年，爲了加快大家上下豎井的速度，有人設計了一具電動絞盤，以水泥固定在裂溝開口。

盧邦是皮耶聖馬丁最忠誠的探險家，自願要當第一個使用電動絞盤降下豎井的人。他將自己扣在纜繩上，背靠裂溝邊緣，向卡斯特瑞道別（「爸爸再見」），然後消失在衆人眼前。絞盤將他降入豎井，他看到藍天從圓盤縮小到圓點，直至消失。豎井的井面有多處被水打磨得光滑有如玻璃。

盧邦安全到達底部，在地底待了五天，率隊往洞窟系統的深處推進，探勘無星河，所見讓他和隊友目瞪口呆。「節目還不算開始。」他準備要被絞盤拉回時對朋友這麼說。

盧邦離地約十公尺時，將他固定在纜繩上的扣環鬆脫了。他從繩子上滑下，大叫一聲，然後砸上豎井底部的巨礫，在岩石間彈來彈去超過三十公尺。

隊友趕來時，盧邦已是性命垂危。大家費了很大心力要營救他，但他傷得太多太重（包括脊椎和頭骨骨折），事實上根本不能移動。墜落三十六小時後，他過世了。

盧邦在地面上的朋友用乙炔燈在附近的岩石燒出「馬賽爾·盧邦在此度過他英勇人生的最後幾日」，這字樣至今還留在洞窟底部，盧邦就埋在此處的一排巨礫下，以一支塗覆夜光漆的鐵十字架為記。他一直想要為自己找個地下的安息之處，而今願望成眞了。

盧邦去世後兩年，也就是一九五四年八月十二日，一名叫亞圖（Jacques Attout）的比利時年輕教士自願下到皮耶聖馬丁的底部。他以一具醫藥箱為祭壇，由卡斯特瑞擔任他的輔祭，主持了紀念盧邦的彌撒。日後他回憶這場彌撒，所用言語結合神學與地質學，成為洞窟文學最著名的段落之一：

這環境與聖禮結合無間，這樣的彌撒不會再有……在這宏大的洞窟裡，我們看來無疑像昆蟲多過像人類。然而——我們的靈魂。我們與周遭環境如此疏遠，若我們對環境有絲毫的意識，那是因為環境已然失去某種物質屬性，變得宏大明亮。

盧邦熱切追求地下世界的知識，這當然並不新鮮。古典時代的文獻便記載了當時的人用松果或木杯當標記物（浮在喀斯特地區消失的溪流中，看會在哪裡再度出現），以追蹤沉沒的水流模式，不過深度測繪的活動是到了現代才變得最爲極端和危險。

在西班牙北部的歐羅巴山（Picos de Europa），探險家耗費四十年時間試圖建立連結，而這應當能夠完成阿利歐洞穴系統（Ario System），理論上這洞窟系統可能深入地下達一千八百公尺深。這個名爲「阿利歐之夢」（The Ario Dream）的計畫跨越世代與國界，目標是創造全球最深的穿越之旅，參與者可能在崇山峻嶺間垂降到裂溝內，數天後在峽谷薄暮中現身。阿利歐洞穴系統廣大，需要動用到遠征式的探勘活動，人們在地下深處建立基地營和前進營，以存放設備，並在帳篷內就寢，就像攀登聖母峰的登山者從一座營地爬升到另一座營地。阿利歐洞穴的前進路線都淹在水裡，因此洞穴潛水技能至關重要。在黑暗中，潛水者前進時只有極小的誤差範圍（常因窒息或進入死路而需要折返），他們進入的是山脈內部未經測繪的領域，也就是十九世紀帝國主義製圖學所謂的「空白區域」。馬洛里對「爲什麼要攀登聖母峰」的回答十分有名：「因爲它在那裡。」在被問到爲何要冒生命危險進入超深洞穴系統時，極限洞窟探險者會開玩笑套用馬洛里的說法：「因爲它不在那裡。」

許多洞穴潛水員的抱負是連結和完成，也就是證明「側滲流」（through-flow）和「交匯」的存在。法爾（Martyn Farr）在《黑暗的呼喚》（*The Darkness Beckons*）中講述洞穴潛水員葉頓（Geoff Yeadon）和外號「大熊」的史塔森（Oliver Statham）在約克郡谷地耗時四年，試圖連結國王谷主窟（Kingsdale Master Cave）和凱爾岬（Keld Head）的故事——這兩座洞窟相距兩公里，以一系列淹沒的通道相連。這是一條艱鉅的路線，被稱爲「地下的艾格峰」。這裡的水冰寒徹骨，因爲含有淤泥，水中能見度很差，且沒有多少氣穴可以供潛水員浮上去更換氧氣瓶。探索這洞窟系統的初期，葉頓和史塔森發現（並帶回）了五年前死去的潛水員遺體。兩人終於在一九七九年一月十六日順利完成橫越，在那樣窘迫的條件下，這實在是非凡的成就。八個月後，「大熊」史塔森在塞德柏（Sedburgh）他自己的陶藝工作室自殺。他戴上全罩式潛水面鏡和調節器，連上窯爐的瓦斯，然後在沙發上躺下，死去。

世上有許多最長的水下系統是經由地面上並不顯眼的池塘進入。德國就有人透過一面名喚藍潭（Blautopf）的小湖進入這樣的洞窟系統，挪威中部的普路拉（Plura）也是一例，且曾經奪去兩條人命。此外還有南非北開普敦省喀拉哈里沙漠邊緣的布須曼窟（Boesmansgat），看來不過是小池塘，卻能夠由此進入二百七十公尺深的水中穴室。

世上只有數十人曾經使用水肺潛水超過二百四十公尺深。這樣的極限潛水會對身體造成很大的傷害（包括肺部損傷和聽力損壞），而且潛入這種深度的死亡率很高。一九九四年，一名叫德雷爾（Deon Dreyer）的年輕洞穴潛水員就死在布須曼窟深處。他的遺體於十年後被找到時已埋入洞穴的淤泥中。爲了讓他的家人結束悲痛，取回他遺體的困難計畫於焉展開。但帶隊的英國潛水員蕭爾（Dave Shaw）在設法將德雷爾的遺體裝入絲質屍袋時，卻被自己的安全繩纏上。他的呼吸和心跳都隨著緊張焦慮而升高。德雷爾的脖頸泡了十年水，已然軟化，頭部竟在蕭爾設法移動時鬆脫，與身體完全分離，從蕭爾的身邊漂過，而蕭爾回過頭去，透過黑色護目鏡看著他——這一幕被蕭爾頭部的相機捕捉下來。之後不久，蕭爾本人死於二氧化碳積聚所引發的窒息。

蕭爾死後四日，潛水員返回洞窟，驚訝地發現蕭爾的遺體漂在洞窟頂部，頭燈掛在身體下方，燈還亮著，照出了德雷爾的無頭屍身。蕭爾此行是爲了從黑暗中取回前人的遺體，而他做到了——在亡故之後。

多年來我始終將這種對黑幽深水、隱沒河與可怖深度的追求理解爲激烈版的死亡衝動，其激烈程度遠超越最無畏的登山者。極限潛水的用語常是公然的赴死與心照不宣的神話幻想——通道會 dead out（消亡），潛水員會來到 terminal sumps（終結坑）和 chokes（窒息），最深的區域叫 dead zone（死區）。但隨著時間過去，我發覺極限潛水就跟極限登山一樣，死神會在其他層面上發揮作用。潛水人和洞穴潛水人常用狂喜和超脫來形容他們的感受。「我在水裡度過許多美好時刻。你絕對、徹底置身於空無中，就像在外太空⋯⋯你到達沒有上帝、沒有過去、沒有未來的地方，只有現在和下一毫秒。那不是什麼險惡的環境——而是完全的寧靜。」潛入布須曼窟二百四十公尺深的英國潛水人雪利（Don Shirley）如此說道。

自由潛水人莫查諾娃（Natalia Molchanova）同樣將置身地表之下的時光形容爲自我消解。莫查諾娃是最早以自由潛水進入埃及藍洞的人之一，那是紅海三百九十公尺深處的滲穴，有道「拱門」，也就是滲穴壁上通向大海的開口。據稱在藍洞喪生的自由潛水人和水肺潛水人超過百人，都是因一言難盡的神往而投身洞穴深處。莫查諾娃憑一口氣潛入藍洞，結果安然無恙，這是驚人的成就。但二〇一五年八月的某一天，她在西班牙伊比薩島（Ibiza）海邊潛水，深度在三十到四十公尺之間，以她非凡的能力和經驗，這只是個淺潛。然而她沒有再浮上來，遺體也始終沒找到。

莫查諾娃寫過一首名叫〈深度〉的詩：

我感受到無有
永恆黑暗的默默不語
以及無窮無盡
我越過時間

時間注入我體內
而我們變得
靜止
我在波浪中失去身體
……變得有如藍色深淵
還觸摸到海洋的秘密

在地下世界的那些年裡，我只接近過一座水底迷宮，那經驗有助於我稍稍領略雪利所謂的寧靜。迷宮位於布達佩斯市中心的地下，在多瑙河的布達這一側。我進去時還有一個同伴，匈牙利地質學家、洞窟探險人、登山家索博茨（Leél-Őssy Szabolcs）。布達佩斯有部分建在石灰岩上，隱形城市中有礦井網路，也有溫暖的溶解水噴湧造成的洞窟系統。某個炎熱夏夜，在行道樹上昆蟲的鳴唱聲中，索博茨和我溜過厚重鋼門的門縫，打開一扇嵌入岩基的門，沿著一條從石灰岩中炸出的隧道前進，來到城市下方一個淹沒在水中的洞穴。那容積超過一萬立方公尺的洞穴是個入口，通往城底沒入水中的隧道網路。多年來，洞窟潛水人就是從這裡出發，前去測繪布達佩斯的水下迷陣。

索博茨跟我在洞穴邊緣下水，然後在水中，在城市下方的失落空間中，歡快漂浮了一小時。如今回想，彷彿做夢。那水遠從地心湧來，始終維持攝氏二十七度的水溫。我感覺到浩瀚深淵在我下方和周遭的黑暗中開展，但並不覺得暈眩，只是偶爾會精神激蕩。水清澈得不可思議，我的四肢在水中移動時，感覺像是別人的。

在某個時刻，索博茨說：「在這裡，我在岩石內部時很平靜。」

我們只偶爾交談，有時久久不發一語。我很少能夠如此放鬆，好像身在羊水中。

「我們離開前你該看看迷宮真正的入口。」索博茨說。然後朝洞窟遠端的一面牆游去，我也跟上。「現在，沉下去，然後睜開眼睛。這水不會傷眼。」他說。

我連續深呼吸好幾次，雙臂高舉過頭，接著是腿，將肺中空氣排出，化成一陣氣泡，然後慢慢沉下去。大約三公尺深的時候，頭顱和皮膚開始感受水的重量，我擺動雙手以維持穩定，接著睜開眼睛。水壓輕輕按在眼球上。我前方的水中有一道黑色的隧道入口，一路深入岩石，寬得足以將我吞沒。石頭的邊緣相當光滑。在清澈到駭人的水中，那開口的吸引力非常巨大。就像人站在高塔邊緣會感受到一股墜落的吸力，我也體驗到一種強大的渴望，想要游近那開口，直到氣息美妙地用盡。

◆　◆　◆　◆　◆

卡索高處，山毛櫸林深處，路西恩和我步行穿過森林，走向特列比伽諾深淵的入口。金合歡樹上蟬鳴嘶嘶，我叫不出名字的長尾鳥切過小徑。我爲前方及下方潛伏的東西而全身緊繃，卻也爲可能看到什麼、去到哪裡而心醉神迷。我一邊的口袋有鯨骨貓頭鷹，另一邊是青銅小匣，若後來發覺深淵是適合安放之處，就可以將匣子留下。

塞吉歐（Sergio）在樹林等我們，而我們在看到他之前就已經先聞到他了——菸草的煙霧飄在空中，然後我們看到塞吉歐倚在一幢小屋的牆壁上。我猜他大概七十歲左右。他個子不高，肩膀寬闊，戴著帽子，抽著石南菸斗。他既是深淵的守門人，也是嚮導。

塞吉歐在戰後的卡索長大，第一次下到深淵時還是個年輕人。那種感覺緊緊吸引了他，深淵底部的河流令他終生無法自拔——他參與提馬沃河的測繪和探險已有五十年了。

「你下去過深淵幾次？」我問塞吉歐。

他聳聳肩，思索著問題。「可能……四百次……吧？」

「爲什麼？」

這問題令塞吉歐迷惑。他想了一下。路西恩幫忙翻譯他的回答。

「多年來都沒有別的事情可做。而且，一八四一年深淵被人發現之後，八十年間都是世上已知最深的洞穴。現在我們研究它，知道了河流和它的……動向。對政府或科學家來說，我們的工作無關緊要，但我們還是繼續做。我在深淵裡從事的是……浪漫科學。」

他露出微笑，說了聲「allora」（那麼），然後將我們引入小屋。

牆上是十九世紀這地區的細點腐蝕版畫，還有掛在衣架上的橙色探洞服。成排的監視儀器靜靜地對自己發出嗶聲。塞吉歐在書桌上展開一幅卡索的素描地圖，我一看就心頭緊縮。那是提馬沃河在石灰岩內部的流徑，從什科茨揚切入地下，直到流入亞德里亞海。地圖上標出深淵的位置，塞吉歐用手指跟著描繪——旋轉、躲閃後直下，穿過石頭，來到一個看來似乎很龐大的空間，提馬沃河就在其中奔流。

「Allora」，塞吉歐說。這人語彙不多，而我發現他最常說的是allora，「現在」或者「開始吧」之類的意思。

我們離開小屋，步行穿過甜栗和山毛櫸的樹林。樹蔭下很涼爽。我們攀上寬大滲穴隆起的外緣。這洞穴裡滿是從穴底長出的細瘦樹木，有些高達十二公尺。這些樹幾乎沒有側向的分枝，樹冠在我們上方有如海面，一切都因此籠罩在綠光中，讓我想起埃平森林的萌生林。一條小徑自洞穴邊緣蜿蜒而下，經過石灰岩塊，抵達穴底最低點的一棟磚造小屋。深淵的入口就在小屋內。

那還相當新，塞吉歐解釋道。幾年前，他在一陣豪雨後的某天過來一看，發現之前的小屋已經裂成碎片，四壁都倒了，屋頂不知去向。起初他以為是什麼人（或許是對立的洞穴探勘俱樂部）在小屋內引爆了炸彈，然後他醒悟過來——提馬沃河水漲得太快，洪水在穴內迅速升高，上方空氣逃逸不及，困在小屋內，最後小屋就像吹得過飽的氣球一樣爆炸了。

塞吉歐打開屋門，裡面看來像淋浴間，只是不見蓮蓬頭。地板是棕色粗面磁磚，這是因為提馬沃河有時仍會在發怒時翻騰湧上，磁磚比較好清理。

地板上有道活板門，離牆很近。

「Allora」，塞吉歐說著，掀起活門。

我的胃一陣輕抽。又是一扇通向黑暗的門，另一個地下世界的入口，而這個通向一條管道，水由此沖蝕岩石，流入一條波濤滾滾的河流。恐懼像蝙蝠一樣成群亂撲著衝向我。

「我們在另一頭見了。」路西恩說，他已經決定留在地面。

我們開始進入地底，沿著梯子、平台和下攀一路往下。很多梯子的橫桿都掉落了，有些地方我只得抓著支柱攞盪，摸索出腳點。豎井在我下方直墜，將我吸了進去。我的扣環掛上又解開，然後是小小的腳點、側向的通道、一段段收緊的豎井。我已熟悉了這種感覺——地表漸遠，陰森氣息漸重，岩石質量漸大縱深漸長。

下降花了多少時間，我說不上來。一小時？兩小時？時間失去意義，因爲沒有辦法計時，只有心臟在搏動，肺部在起伏。

塞吉歐在降到很深時停了下來，抬頭望向我，一隻手指放在唇邊，另一隻手靠在耳邊。但我什麼也聽不見。

「安靜，很安靜。」他說。

我中盡可能放輕呼吸，單手吊著自己，雙腿撐在豎井兩側。然後，是了，我聽見了，那是一種遙遠的咆哮，一種白色的嗡吟，從豎井裡朝我們升起，沖刷我們的雙腳和雙耳。

「河流。」塞吉歐說。

我們向下推進，咆哮聲漸大。豎井突然向側面急升，我們擠過轉角後，隧道地面在一道天然活板門上再度往我們下方直墜，通往全然的黑。塞吉歐向我比手勢，要我先下。

「Allora.」

他向下指著通往黑暗的門。我轉身面朝岩壁，沉下穿過裂口，用腳摸索立足之處。然後，我意識到自己置身在廣闊的空間中，在經歷豎井的幽閉後這令人大吃一驚。咆哮聲之大，有如高速公路。某種東西，一層表面，在黑暗中向我迎來。我向後一躍，輕輕撞入沙中。

黑色沙粒。

一座黑色**沙丘**，夾雜著金色顆粒。後方還有更多綿延起伏的沙丘。

塞吉歐出現在我身邊。

眼睛適應了空間，頭燈四處探照。我的上方和後方都是岩石，在頭頂上迤邐開來。前方蜿蜒的黑沙丘從左側隆起，朝我的右側傾斜而去。

礫石，**巨大的**礫石，嵌入我們右邊的沙子，但左邊沒有。咆哮聲從右側遠方某處傳來，空氣中彌漫著沙子，黑色細沙，被我們吸入，也在光線中緩緩打旋。

我的頭燈射上遠處的石頭——那是這巨大洞穴對面的牆壁。我看向上方和四周，拱形的穴頂聳入黑暗，頂點有道黑壓壓的入口通向某種豎井，高得無法從地面進入，一條粗大的石鐘乳從開口旁的岩石垂下。

我們是太地人（terranauts），已然穿過這空間的屋頂而落入另一個星球——墜入一座黑色與金色細沙的地下沙漠。我因驚訝和恐懼而搖了搖頭。塞吉歐靜靜站在我身邊。他以前就見過人們作此反應。

然後他伸手關掉頭燈，我也照做。我們就那樣站在柔軟的沙上、濃重的黑暗裡，四周盡是石頭之神密特拉強烈的神秘氣息。

然後塞吉歐擦起火柴點燃菸斗，黑暗在瞬間圍繞著那細微的火光重整。菸草的味道飄散。菸斗發亮。塞吉歐等了等，然後愉快、從容地抽著菸。

「Allora」，過了一陣子以後他說，「去河那邊。」

我先走，靠著聲音和坡度辨識方位。我們在黑沙丘之間移動，先爬上洞穴的中心，好繞過幾座朝我們右側傾斜的峭壁。我意識到我們正在穿越的這片地景其實是動態地形的臨時狀態。每一次河水氾濫，這些巨礫就會移動，沙丘也會重塑。我們在黑沙丘表面跋涉，然後通過一道狹窄的裂縫，兩側的石灰岩巨礫從穴頂垂落，每顆至少都有三公尺半高。

我的扣環撞上岩石的叮噹聲。塞吉歐的粗喘聲。腳步落在細沙上的沉寂。我們頭燈照出的粉塵。逐漸響亮的河流水聲。彷彿登月。夜降臨在沙漠之峰。

沙突然轉換性質，變得又暗又潮。這裡是河流最新的高點。我們穿過成片巨礫，從濕潤的細沙滑到一處小斷崖。

現在轟隆聲已經大到我們幾乎無法交談。斷崖邊緣有一道裂隙，我低身通過，向下爬到堅實的泥沙地上，無星河就在那裡——生機勃勃的河流，完整而雄渾，從我左邊的岩拱中噴湧而出，轉而朝我的方向奔來，在我腳下切出一道河灣，而後再度轉彎，消失在我的右方，激流上空響聲如雷。

這無星河的聲音是我前所未聞。這聲音有體積，而那體積內還有空洞。每道聲響自有回音，每個回音都有內部。

我放下背包。塞吉歐倚著岩石，將新鮮菸草塞入菸斗，重新點燃。我頭燈的光亮使水有了深度，這是銀色的淤泥水，而且——**天哪**，我看到水裡有生物，白色形體在水速較慢的河灣泥塵中游動。河流翻騰穿過隧道的岩拱，而岩拱就像布達佩斯的迷宮口一樣有股難以置信的吸力，我有股衝動，想在這無星河中與那些白色形體一同游泳。我告訴塞吉歐我要下水，同時開始脫衣。他看了我一會兒，斟酌著該如何回答，最後只是輕輕搖頭，態度十分堅定。

我沒有魚的泳技，然而我但願有貓頭鷹的夜視力，或者將我的視線由這裡往上游和下游送，直到抵達什科茨揚的地獄之口和威尼斯灣的藍色海水。我知道這裡僅供過境，不宜儲存，不是安置青銅小匣之處。

我走下水邊，到河灣裡有白色形體移動之處。我的頭燈探照著河水，白色形體隨著我靠近而退回，離我遠去。我跪下喝了兩口冷冽的無星河水，用水洗去下降途中驚出的汗水。

我用無星河水洗去扣環上的泥巴，以免回程上攀時運作不順暢。我想起冬天的洪水——高漲的水量之大，會從岩拱起溢滿整座洞穴，在翻騰的黑色水霧中揚起塵沙，將空氣往上推擠，一路送過豎井，也就是我們下來的通道，以及返回的必經之路。

有根鐵杜釘進河灣旁岩石的裂口上。塞吉歐靠過來，壓過河水聲對著我耳朵大吼，說最近有支法國潛水隊在此工作了一週，每天往上游推進一點，直到風險大到無法再前進爲止。他們所到的最遠處距離我有三百公尺——那距離看似平凡，實則迢遠。我對他們的堅持既敬畏又迷惑。登山家特瑞（Lionel Terray）曾稱登山者爲「無用的征服者」，而他們的推進是另一種全然的無謂。

「Allora」，塞吉歐說。

我們爬上沙丘，回到我們動身穿過穴頂降到這洞穴的位置。那裡的牆邊有一艘黃色的充氣橡皮小艇，Marine 285 型，內部整齊地裝著兩支塑膠槳，看來就像海濱商店販賣的東西。

塞吉歐用頭燈掃過洞穴的穴頂，停在頂端我之前看到的那道黑幽幽的豎井。

「洞窟漲水時，探險人……要找高處。他們……用這個……」他用腳輕拍一下橡皮艇，「他們浮上去，抓住石頭，然後爬上煙囪。」他朝洞頂點點頭。

他聳肩。「眞的很危險。他們可不想掉下去。當然他們得……了解洪水，才不會被淹沒這個地方的洪水害死。」

他再度聳肩。

「他們還是幹了。」

停頓。

「水漲的時候……我逃過一劫。水把人沖起來。力量非常大，好像人在暴風裡。」

「Allora」，塞吉歐說了最後一次，然後朝岩石上的活板門移動，走出洞穴。我們向上爬，爬向山毛櫸和隱形蜜蜂，路西恩在那裡等我們。爬出活板門時，我的眼神狂野。

「你看起來好像去過外星球。」路西恩說。

◆ ◆ ◆ ◆

之後幾天，路西恩和我追蹤提馬沃河在地上和地下的流向，由陸路探索這條地下河流。河流現身時我們跟上，潛入地下時我們也跟上。這條河視慣常行爲守則如無物，在黑暗中依舊歡快，比我所知道的任何河流更加活力充沛。在每日盡頭，睡眠都像是洞窟學：一種夜間的沉降，以及每個早晨的重新露出。

在提馬沃河首次潛入地下之處，我們步行前往穆斯亞洞窟（Mušja jama），一道深入石灰岩四十五公尺的深溝，裡面有超過一千件青銅時代和鐵器時代的古物，都是在西元前十二至八世紀的四百年間人們扔進來的。由考古紀錄看來，這深溝顯然是重要聖地，人們會遠從義大利中部和潘諾尼亞平原（Pannonian plain）前來，帶著象徵力量的物件，斧頭、矛、劍、頭盔和飲酒器等等，被打破或燒毀後再依著儀式投入深淵。

另一個下午，路西恩帶我造訪提馬沃的湧泉。綠色河水從岩石中湧現，流入一片乾燥的樹叢。湧泉一如以往，總是令我驚奇。這水最初是落在高地的雨水，流過長長的地下旅程後在此重現，以其能量和色彩填滿一面又一面水塘，最後翻騰入海。

泉水邊生機盎然。松與柏的樹叢投下蔭影。晶瑩的豆娘妝點樹葉。鳥鳴為天空配樂。翡翠樹蛙由岸邊撲通入水。

大約兩千年前，這裡建造了一座聖殿，標示出泉水的位置。泉水流經前廊及中殿。水就是禮拜堂的一部分。一座奉祀用的羅馬柱頭佇立於水道上方，帶狀獻辭寫著「致提馬沃之神」。

「他們是從這附近潛下去的，毫無疑問，」路西恩指著提馬沃河湧出的石拱說，「試圖從那上面的洞窟在水中強行逆流而上。他們沒辦法走很遠，但走了八十公尺就在水中洞穴發現了石鐘乳，那些洞穴現在遠低於海平面，但因為河水系統壓力的關係，洞裡都是淡水。」

我們坐在泉水邊緣，褪去鞋子，讓雙腳浸在那涼意中。我遙想我知道的其他泉水，想著泉水每日分享的奇蹟有何威能，以及它們所流向的地球內部有何感知。紅山高原（Cairngorm plateau）的蒂泉（Wells of Dee）。我在約旦河西岸占領區見過的泉址。還有離我家不到一．六公里遠的九泉林（Nine Wells Wood）裡那一圈自白堊中湧現的泉水。

「泉水眞的有一種安詳的力量。」我對路西恩說。

路西恩搖頭。「不見得。在白色戰爭中，就是第一次世界大戰，這裡是前線，羅伯。」他說。「戰火就肆虐於我們現在所坐之處。這裡是死亡地帶，死人無數，泉水本身也來回交換。我們周遭這些樹沒有一株年紀超過一世紀，因爲戰爭時爲了開出空地給砲火射擊，把樹都砍光了。」

兩天後，路西恩、瑪莉亞．卡門和我在暮色中下到靠近杜伊諾城堡的亞德里亞海濱，提馬沃河最後一次在海平面流出。海灘上的石頭還帶著日光的餘溫，光滑而顏色淺淡，有些帶著一抹紫色，印著植物化石的圖案。一艘白色遊艇乘著夜間微風緩緩航向威尼斯。

滿月低掛夜空。今天月升較早。地球的潮汐在我們腳無聲無息地移動。路西恩和我涉水向前。口中透出鹹味。手中的海水柔軟而溫暖。我轉身沿著海岸前行，面向北邊一座岩岬。月亮是銀色隧道的入口。

然後我驚訝地感覺到另一股不同的冷流，就在我腿邊翻滾。那是無星河的藍指，以雪的型態誕生於斯內齊尼克山（Snežnik），而後沖入地下，竄過幽黯洞穴與黑色湍流，最終在月下的此地湧現。這是奇蹟的一刻，之後路西恩和我在山上的遭遇或能與之逆向相比。

＊注1：《埃涅阿斯紀》（*Aeneid*, 29-19 BC）是維吉爾的拉丁史詩，講述特洛伊王子埃涅阿斯在失去特洛伊後輾轉建立羅馬城、成為義大利人祖先的故事。埃涅阿斯是特洛伊王子安喀塞斯與愛神阿芙洛黛（即女神維納斯）之子。——譯注

＊注2：朱諾是朱彼得之妻，也就是古希臘神話中宙斯的妻子希拉。——譯注

＊注3：斯塔迪（stadium, stadia）是古羅馬的長度單位，約當一八五公尺，也就是最初的競技場（stadium）的長度。——譯注

七、空心之地（斯洛維尼亞高地）

我們差點就走過頭了。

暮夏傍晚，卡索以北的山區正當收穫季節。林煙與草甸的氣息。有著陡峭屋簷的小木屋訴說此地的隆冬深雪。西側山牆邊的椅子裡坐著一個老人，閉著雙眼，捕捉最後的日暉。長柄鐮刀靠在牆邊，刀刃上還沾著新刈的草。仙客來生長在蔭涼處，紫色眞菌從山毛櫸樹下的落葉堆中探出頭來。分布稀落的蘋果樹上有亮眼的黃色小果實。地面上一窪窪長著青草的滲穴。這是我所走過最平靜的大地。

我們好奇一條側向小路的去向，於是走上前去。小徑遠離草甸和小屋所在的開闊地面，蜿蜒於山毛櫸和橡樹之間，而後傾斜向上，此地樹木漸稀但樹幹愈高，如今是一片白楊，細葉在風中作響。

我們一派天眞走這一趟，對道路盡頭全無所知。穿過白楊樹林後，我們望見礁石般的金色雲朵湧現海面，底部呈現黑色。我們臉上陽光溫暖，草地氣味濃郁——而後出現了第一個標記，深深切入蒼白的樹皮，此地就是裂谷邊緣。

我們前方是一坐落入黑暗的滲穴，穴壁有灰色石灰岩支撐，石面覆蓋柔軟的苔蘚，開口最寬處有六公尺，只要向內探頭便能感覺到不備之疆正招人入內。穴口高處的斜坡長著山毛櫸幼苗，棲息在岩架上，俯身探向洞穴。岩凹中蕨類繁茂。

滲穴旁較大的樹上鑿著納粹黨徽。有些較老，樹皮已經逐漸癒合，有些還很新，可能是當年或前一年刻下。刻痕上的木色依舊淺淡。有些黨徽本身還被刀尖劃過。樹皮是標記的衝突地帶。

滲穴邊緣一株山毛櫸樹幹上釘著一面金屬板，約六十公分高，上面有藻類塗抹的斑污，黑色墨水寫著一首斯洛維尼亞文的長詩，詩名〈Razčlovečenje〉，詩的底部潦草寫著「PAX」的字樣。

「詩名指的是『非人化』，或者『變得沒人性』這類的。」路西恩小聲地說。「我的斯洛維尼亞文沒有好到可以讀整首詩。」

他指著詩文的最後一行，有人在那裡加上了星號，成爲詩的後記。

「然而這是……」他停頓了一下，「這是某種詛咒。詛咒或警告任何可能想要毀去或損害這首詩的人。」

但有人不把警告放在心上。詩的某些部分已被刀刃或石塊刮開，以清除字句。有些文字上又覆寫了新字，而新字也接著被人刻掉。又一個納粹黨徽被刻進金屬板上端的一個角落，痕跡既新且清晰。

我感到一陣突然的恐懼，來自滲穴，纏上心頭。這裡發生過可怖情事，且不斷引發回響。

「看。」路西恩指著樹冠後側的北方。山巔有雷暴雲籠罩，西方遠處大雨傾洩成漂蕩的繩索。空中有股隱約怒意。金光在海面上轉爲光潔的黃色。

這裡發生過什麼事？裂谷三緘其口。樹木不言不語。我在滲穴邊緣傾身一望，所見只有下方的黑暗。

• • • • •

早些時候，路西恩跟我離開他在卡索的家，向北來到斯洛維尼亞，石灰岩在此地皺成了陡峰和深谷。北方可見朱利安阿爾卑斯山脈的尖頂，那是一道高聳的石灰岩山脈，一九一五至一八年間奧匈帝國與義大利邊境上所謂的「白色戰爭」中，有些最激烈的戰役就發生在此地。路西恩說，山脈裡有座他想攀登的山峰在戰爭中鑿了條隧道——正如戰爭期間前線的許多山嶺，都爲了提供掩護和安置死者而被挖空。

我們計畫在朱利安山區分道揚鑣，我從那裡向東續行三日進入斯洛維尼亞，翻越該區最高的特里格拉夫峰（Triglav）的山肩，再下到藍色的布列德湖（Bled），不過天氣預報指出特里格拉夫峰即將降雪，如此就會很難徒步穿越。路西恩想在抵達朱利安山區之前帶我領略斯洛維尼亞的喀斯特高地，那裡廣闊的山毛櫸森林收容了狼與熊，而且，路西恩說，那裡還有個非比尋常的洞窟系統。

離開路西恩及瑪莉亞．卡門在卡索的家時，我擁抱瑪莉亞．卡門，感謝她給我的一切。她在門廊上一盆乾枯的石榴樹邊輕輕擁著我。

「羅伯，你是……一個，一個……bellissimo animale（最好的動物）！」

「瑪莉亞．卡門，從來沒有人用這麼美好的稱號來叫我。」我說。「我若是有名片，一定會印成職銜。謝謝妳，我打從心底感謝妳。」

我們開車向北，在Z字形山路上爬升時，我問路西恩，我將她的評價聽成讚美，是對的嗎？

「哦，對。」他說。「最高的讚美。瑪莉亞．卡門對動物的評價遠比人類高。在她看來，眞心和善良比什麼榮譽或學位都重要。」

我們沿著多貝爾德湖（Doberdò）的湖畔道路行駛。這湖完全乾涸了，長草綿亙數公頃之廣，四處可見光滑的石灰岩。

「我想，Doberdò 在英語裡是叫做 turlough。」路西恩說，「一種間歇湖，降雨時水從地下或岩石中湧出，水位就上升。但在夏季的幾個月裡是乾涸的。」

道路兩旁種滿了紀念兩次大戰陣亡將士的絲柏樹，樹形優雅有如綠色燭焰。

「兩次世界大戰其實都沒有遠離這裡。」路西恩說。「去年夏天維帕瓦谷地（Vipava Valley）的樹林火災，導致一戰時的未爆軍械爆炸，眞是這裡政治的最佳比喻了。」

我們經過邊境小鎮新戈里查（Nova Gorica）。道路出口用藍漆噴了兩道「TITO」，背對背放在中線兩側，雙向的駕駛都能看到。

道路攀升到隘口，又下降到伊松佐河上的一座橋。伊松佐河比我所見過的任何河流都還要藍，那是契忍可夫輻射的藍①，美，且令人不寒而慄。

路西恩在橋上的路肩停車區停下。

「一世紀以前，想從這裡走到那邊等於找死。」他指著橋樑兩側高聳的石灰岩斷崖。我注意到斷崖岩石的紋理不大自然，有密密麻麻的方形孔洞和入口。

「這是瑞士起司，這石頭。」路西恩說。「戰爭時挖的。高處像蜂巢，有砲台、通道和洞穴。低處都是壕溝和散兵坑。他們挖進山腹，用地勢造出戰爭機器。等我們到了朱利安山區，你會看到更多一戰的遺跡。那邊的雪量更多，戰火——如果還能打的話，也更加慘烈。」

我再次有股強烈感受，覺得地質不僅創造也確認了人們在這地勢上的感受方式。而在這喀斯特的空心地形中，歷史記憶宛如流水，驀然消失，只爲了在新的地方，以新的名字，挾全新的力量重現。在這布滿空穴與隱蔽處的地形中，黑暗的過往被藏匿，又再度被帶入光明。

我們進入一個爭端不斷的邊境地區，是威尼斯朱利亞大區的一部分，現在是義大利、斯洛維尼亞、克羅埃西亞及奧地利克恩頓州（Carinthia）的邊境地帶，文化和語言交錯混雜，但自認隸屬不同族裔或國別的群體也在此相互迫害。衝突痕跡，戰壕、萬人塚、紀念碑等，仍刻在自然地形上，記載、永遠保存暴力與流離的當代人文地理學。

我們攀向高處。大海反射日照，為我們南面的天空鍍上銀光。一行行塗上活潑色彩的蜂房立在遠離道路的田野上。野花盛開的草地，小巧的葡萄園。

我們穿過高峰間的寬闊隘口。低處的山毛櫸和松樹林愈見濃密，我幾乎都能在涼爽的空氣中聞到松脂的香氣。山間聚落與森林荒野的氣息漸濃。此地森林之廣闊，人類的邊界相形之下顯得可笑。山毛櫸昂然越界。

蔭影斑駁。日光蕩漾。空地、草甸、小屋。洞窟在崖上隨處可見，隱身於森林之中。樹木之間有一窪窪下沉低地，那是塌陷後又填滿、重現綠意的滲穴。幾大片日光斜落在山坡上。一道窗口般的山溝穿過某座山脊的高處，那是消失已久的古老河流所遺留。透過那扇窗，我可以看見藍天和雲朵，以岩石為框，如同超現實主義的畫作。

遠處的林線在斷崖上迸裂，而山毛櫸樹幹仍安穩倚岩而立。兩個冬天之前，斯洛維尼亞西部遭暴風雪侵襲，數百萬株樹木埋入冰雪，樹根系統承受不住樹冠結凍的重量，許多樹木因而死亡，被自己樹冠的重量掀翻。

另一座谷地的東翼十分陡峭，上百公尺高的白色斷崖幾乎直接從道路後方拔地而起。有個洞窟出口恰好接在其中一道斷崖的中心，銀色河流從那洞口呼嘯而出，筆直落入斷崖底部的水池。浪花中有幾道彩虹飄蕩。

這景致違反所有地質與河流法則，我前所未見。河流不該從斷崖中心湧出。但地球也不該有潮汐，山岳不該有窗戶——洞穴也不該孕育出冰河。

我們在山岳高處發現沉落的冰河洞，洞內的山毛櫸長到至少十八公尺高，樹冠之濃密，我們幾乎無法望見天空。我們循著一條樹根纏結的隱約小徑穿過森林。空氣厚重悶熱。

路西恩邊走邊向我解釋冰河如何出現，我卻難以置信。一條冰之河在這樣的高度、這樣的燠熱下流動？這周圍數公里內並無積雪。

「這洞穴系統長度將近兩公里，深一百公尺，從一側到另一側貫穿整座山。」路西恩說。「風在洞穴系統內自由來去，再加上岩石本身就寒冷，使這整個系統的溫度都在冰點以下。冬天時洞口積雪，被北風吹入深處，然後——hey presto！（很快地）——幾千年下來，雪成了一條細長的冰河，在山裡面繞來繞去。」

小徑左側的地面開始下降。不久我們來到一座巨大的天坑邊緣，約有四十五公尺寬。另一端的壁面近乎垂直，我們這一側則是約五十度的斜坡，一條小徑蜿蜒伸往裂谷，那裡有個裂開的洞口。

每轉過一道髮夾彎，周遭的空氣就變冷。我從沒有經歷過這樣遽降的溫度梯度。天坑邊緣還有攝氏三十度，不到五公尺就降至攝氏二十五度。我們下降，溫度也降。我們先是走入溫熱的空氣，不久變成夜間的涼爽，等我們接近三十公尺下的洞口，空氣已相當冷冽，一吸入就像金屬刺痛鼻腔。我們呼出的氣在身前像團羽毛，然後我們進入一道纖細銀霧——那是冰河本身的呼息。

陡峭的溫度梯度製造出陡傾的生態。每轉過一道彎，樹木的尺寸都小了一點，原本是高聳的山毛櫸，到了洞穴腹部只剩盆栽似的小松，在極區溫度中堅忍不拔。通往深淵的入口溫度甚低，鮮少升到冰點以上，只有苔蘚和地衣長成一片低矮的極地凍原。這個深度的氣味與卡索和森林都截然不同，不再是溫熱、香草、樹脂和石塊，而是苔蘚、寒冬與冰凍。

路西恩跟我爬下一小段岩板，跨入洞穴，置身黑暗中。我回頭一瞥，透過薄霧依稀可見與山毛櫸枝幹交融的一彎藍天。我記起進入巴黎地下墓穴時身後的那道光拱。我感覺到洞穴遠處有什麼高大強壯的生物蠢蠢欲動。

寒凍灼燒我的雙耳，在我齒間嘶嘶作響。腳下是岩石和地衣、樹枝、骨骸等碎屑，原本是從滲穴兩側滾下，至此古怪地定著於地。我在兩段枝幹之間看到閃著微光的一段藍黑色金屬，用腳趾一觸卻幾乎打滑。原來那不是金屬，是冰。

「我們到了！」我開口叫喚，「路西恩，我們在冰河上了！真的有冰河！」路西恩作勢摘下不存在的帽子，鞠躬為禮。

而後我們小心躡步，深入洞窟遠端。入口處的狼藉淡出，如今我們行走於藍白色的冰面，斜坡一路向下，直到那生物潛伏的角落。

原來那生物是冰上的滲穴，融水滴進冰河所形成的垂直豎坑。冰壁斜斜落入滲穴，光線也是，彷彿被一股力量拉入。我們小心翼翼接近這藍黑冰中的黑洞，心裡明白腳下之地並不穩定，極易打滑失足。我們在洞緣數公尺外停步，打著寒戰匆匆打量洞穴。

回到先前攀下的岩板時，我們聽到一聲呼喚。

「Živjo！哈囉！要幫忙嗎？」一個男人站在岩板頂端，伸手協助我們一個個走完最後難纏的幾步。一個女人站在岩板上方的平地上，裹著長及腳踝的羊皮大衣禦寒。她的胸部隆起蠕動著，然後一隻捲毛狗從外衣的翻領之間探頭出來，對我們狺狺而吠。

「妳的熱水瓶很好啊！」我說。

「互相取暖嘍！」她回答，笑著摩挲狗頭。

一隻高處盤旋的老鷹俯視陽光下金綠色的樹冠層，高大山毛櫸樹的老幹，穿透低枝上絲絲縷縷垂掛的地衣，穿透落葉堆間盛放的藍色龍膽，直下滲穴的邊坡，經過凍原帶和盆栽松樹，到路西恩和我所在之處，我們與男人和抱著捲毛狗的女人站在冰窟洞口說話，現在全都開懷而笑。

◆　◆　◆　◆　◆

向晚時分，高地山毛櫸林的另一處，我們來到恐怖之地。我們從小木屋旁穿過草地，循著那條步道往上穿過樹林，經過樹身銘刻納粹黨徽的樹木，當雲層在海面積聚之時，在滲穴邊緣停下步伐，這裡的山毛櫸樹上釘有銘文金屬牌。

一九四一到四五年間，中歐南部從多洛米蒂山下的坎西里歐高原（Cansiglio）到前南斯拉夫的石灰岩地區都捲入慘烈的衝突。一九四一年四月，南斯拉夫遭軸心國入侵，分裂爲三，同時義大利也占領了斯洛維尼亞南部及盧比安納，匈牙利兼併普雷克穆列地區②，納粹德國則取得斯洛維尼亞北部及東部。德國和義大利很快就在新領土展開種族清洗，成千上萬的斯洛維尼亞人遭驅逐出境、遷居、驅趕或殺害。

威尼斯朱利亞各地及其他地區於是成立游擊隊，目標是抵抗占領。占領期間，這些反法西斯抵抗團體日漸左傾，最終在一九四三年三月與狄托（Josip Broz Tito）的游擊軍隊聯手，正式宣布加盟共產黨。他們綽號「樵夫」（woodchoppers），多半以喀斯特地區的森林為堡壘和戰場，在林間作戰，也用樹林作戰。英國人和美國人清楚知道這些游擊隊的力量，開始提供他們作戰所需的武器和情報。麥克林（Fitzroy Maclean）曾獲派前往支援這些游擊隊，日後他以《推進東歐》（*Eastern Approaches*）一書聞名，該書便是他對南斯拉夫山區反抗活動的報導。同樣被派往該地的還有厄爾（John Earle），是麥克林與斯洛維尼亞人和義大利北部游擊隊的聯絡人。

喀斯特高地很適合占領區游擊隊打帶跑的戰術。森林濃密，意味著地面活動不易從空中查知。山谷陡峭且滲穴密布，也使得重裝車輛難以駛離主要道路和軌道。狹窄的山道上可以規劃伏擊，攻擊者向車輛開火後再次散逸到樹林內，幾乎無從追擊。此地天然洞穴無所不在，石灰岩又容易透過爆破或開鑿挖成通道或洞穴，可謂游擊戰的理想地質。武器庫、睡榻，甚至戰地醫院都可以建在岩石內部，詭秘的隧道系統可驅散地底的炊煙，以免升空的煙霧洩露了反抗軍的位置。

一九四二年夏天起，義大利當局為了對抗日益強大的反抗軍，開始在斯洛維尼亞人間成立「反共產」民兵，本來稱為「白衛兵」，後來在納粹的命令下改名為「斯洛維尼亞家鄉防衛隊」。殘酷的內戰就此在喀斯特的森林與村莊展開，主要分法西斯和共產黨兩大陣線，但也激發了斯洛維尼亞游擊隊和天主教運動者間的敵對。民族主義、宗教信仰與仇恨報復恐怖交織。大規模的報復性殺戮不僅見於士兵之間，也波及平民。

報復性殺戮最慘烈的階段有兩波，首先是一九四三年秋天義大利投降，其次是一九四五年五月初紐西蘭軍隊攻下第里雅斯特城後，當地南斯拉夫政府惡名昭彰的「四十日」（Quaranta Giorni）。在這些恐怖時期，地質與暴行相交——喀斯特地勢過去為反抗軍提供了絕佳的遮蔽及掩護，如今則用於大規模屠殺。

威尼斯朱利亞和伊斯特里亞半島的石灰岩地帶遍布滲穴、洞窟、溝壑和礦井，於是成為個別處決和集體殺戮的場所，下手的主要是共產游擊隊，但也有法西斯民兵。受害者有平民也有軍人，運到滲穴邊緣後被活活推落，在石灰岩裂谷內或傷或死。有些受害人被人用帶刺鐵絲綁在一起，有些被草率埋在森林中。喀斯特的洞窟和沼地塡滿了屍體，數以百計乃至千計。如今這些法外殺戮已經傳開，義大利人尤其熟知，並稱之爲「foibe massacres」（foibe 的意思是「用來殺人的滲穴」）。如今在樹林深處淺土中還會挖出被害者遺體，洞窟探險人也偶爾會在滲穴低處發現人骨、子彈和鏽蝕的鐵絲網。

歷史會進行自身的埋葬及發掘。Foibe 的殺戮史至今備受爭議，不僅是因爲已深埋了好幾十年。義大利和南斯拉夫在戰後出現一種策略性的「睦鄰」政策，鼓勵人們遺忘暴行。義大利政界力圖重建統一的義大利，認爲關注雙方反抗軍的罪行並無好處。南斯拉夫當局否認共產黨人的暴行，寧願強調斯拉夫人在法西斯主義下經歷的苦難，並在象徵的意味上將原因與猶太人大屠殺的終極暴行相提並論。雖然威尼斯朱利亞的游擊戰爭對個人和家庭都有強烈影響，在公共對話中卻幾乎全遭到貶抑，成爲「潛沒的政治」（la politica sommersa）。

滲穴殺戮再度浮現公領域主要是在過去三十年間，成爲該地區激辯的議題。斯洛維尼亞人和左翼人士認爲，右翼人士爲了政治宣傳和政治影響力的目的而過分誇大了滲穴殺戮的細節。義大利人和右翼人士則將滲穴殺戮當成方便的代號，將戰時和戰後義大利人所遭受的報復殺戮、監禁、驅逐都化入其中，同時也能反過來代表戰後這些地區的共產政權處理這些迫害史的方法。不論實際上和隱喻上，這尚在進行中的論辯都充滿了地下意象。討論中充斥著光與暗、埋葬與挖掘、隱藏和揭露的比喻，地形與歷史相互糾纏。滲穴殺戮的死者人數及其身分千變萬化，給出的數字常取決於研究人員所屬的政治陣營。爭議在於芭琳潔（Pamela Ballinger）關於巴爾幹邊界地帶「記憶地形」的重要研究中所稱的「原地（autochthonous）……權利」，指爲了確實主張「屬於」某片特定土地、岩石和土壤的權利而展開的鬥爭。

當代右翼及法西斯團體力求激起民眾的愛國情操，並煽動民眾怒火，反對左翼對政府的影響，此時滲穴殺戮也成爲焦點。滲穴於是成爲義大利民族主義者及流亡者儀式性回歸的場所。紀念遊行活動開始出現，終點就在滲穴。滲穴地點往往刻上納粹黨徽及其他記號或標語。滲穴死者（infoibati）的骨骸被當成聖跡來展示。最惡名昭著的滲穴（其實是礦井）位在卡索東北，名叫巴索維查（Bazovica，義大利名爲 Basovizza）的村莊，距離第里雅斯特只有數公里遠。這裡立起兩座彼此牴觸的紀念碑，一座紀念豎井中死於南斯拉夫反抗軍之手的受害者，另一座則紀念「巴索維查的英雄」，也就是因爲反對法西斯活動而遭槍決的四名斯洛維尼亞人。由於殺戮時的沉積物可能會爆炸，無法安全開挖受害者遺骸，於是一九五九年在一位天主教神父的主持下，巴索維查礦井舉行封井儀式，共有兩千人參加。既然無法詳細檢視礦井內埋了什麼，眞相依舊是一片空白，容許各種主張和信念的投射。比較有希望的是，這座村莊也是同步輻射中心（Elettra Sincrotrone）所在地，這所國際研究機構的成員包括鄰國研究員及無黨派人士，且本身也在地下。

比起其他已知的滲穴，巴索維查更像諾哈（Pierre Nora）所謂的「記憶所繫之處」，也就是歷史的意義被積極開創並爭論的地方。滲穴的問題還無法終結，只要這些地點仍維持「開放」，過去的歷史就會繼續傷害現在。

在斯洛維尼亞山毛櫸林高處，暴風向西南增強之時，路西恩和我找到了路，前往現在稱爲「野蘋果樹豎坑塚」（Grobišče Brezno za lesniko）的滲穴邊緣。這裡就如同其他滲穴，事件細節至今仍莫衷一是。據稱在一九四五年五月的某個時刻，有四十到八十人（有些是義大利警察，有些是斯洛維尼亞家鄉防衛隊）沿著路西恩和我所走的曲折路線行軍穿過樹林，來到這裂谷。他們或在此被殺害並推落洞穴，或者被活活推下深淵。

樹皮上的納粹黨徽是右翼抗議人士在近期所刻，他們遊行到這滲穴，以抗議殺戮並紀念死去的人。而將黨徽鑿去則是反對的一方所爲。有人寫了首詩，主要是爲了紀念受害者，以免他們在這幾場你來我往的戰役中淪於無聲。

後來有位斯洛維尼亞朋友爲我翻譯了這首詩。我應該事先警告她這首詩的發現地點，以及可能具有的力量。我沒想到這文本的力量如此恐怖：

去人性化（Dehumanization）

儘管如此，他們就像你我。
你是誰？被投入瘋狂的生者，
以亂棍打死，刺死，
釘死在此，卻沒有十字架給你。
但你，啊，人類啊，
你的骸骨在無底洞中，
他們就像你我，
命喪金色的自由。
路過時請停留片刻，
想像暗夜之中你雙腕流血，
纏上刺網，
當他們咒罵你，驅趕你，
你赤身裸體受到拷打，是仍未斷氣的屍首
聽得見步槍槍托的重擊，
尖叫，呻吟，恐怖轉為

死亡將至的甜蜜。
恐懼，疼痛，漸漸消逝，
跫音向空無回響。
無底洞裡躺著無數人，
儘管如此，他們就像你我。

注：任何試圖抹去這記錄之人將受詛咒。

這首詩命令讀者將自己設想成受害人。將自己裝入他人皮囊，沒入另一個生命——你肯定會發現自己無法下手傷人。這詩喚起的處決場景栩栩如生，為保護自身不被擦去而發的詛咒相當惡毒。這首詩在同時間譴責與挑戰讀者，既要求回應，又禁止回應。最重要的是，這是一首感人所感的悲憫之詩。詩的作者認為「無底洞」的黑暗代表同理心的全面潰敗，且不只此地的戰爭如此，所有時代任何地區的戰爭也必然如此。

◆ ◆ ◆ ◆ ◆

路邊長著蘋果樹，果實澄黃如燈火。地勢穩穩升高。河谷寬闊，兩側是灰白高聳的石灰岩山峰。湛藍的天穹，烈陽在岩石上閃爍。我們正途經山間天堂，車內卻一片沉默。Foibe深深震撼了我，我感覺得到路西恩也深受震撼，雖然他就跟這地景所埋藏的暴力長相左右。

轉角的樺木如今滿樹熊熊硫黃。樹籬中開著白色旋花。楊樹在微微南風中輕顫。空氣隨著我們攀高而轉涼。空氣變得明亮。**黑暗的過去是由從未發生的一切所塑造。無形無狀，消融了現在，一如雨水溶蝕喀斯特⋯⋯**

如此地景中，美麗與暴行是何關聯？這樣的地方從事暴行會不會別有樂趣，甚至是暴行的原因？基弗（Anselm Kiefer）是怎麼寫的？**我認爲沒有純潔的地景，那樣的東西並不存在⋯⋯**我想起基弗所繪的德國森林——高大的樹幹，幽黑林地迷惑、蠱誘了觀者，樹木往往受到森林中發生的暴行所滋養。基弗筆下的歐洲有其內在的罪疚史和苦痛史。松樹在人骨上長成巨木。基弗憧憬（但斥之爲徒勞）救贖，希望我們的罪惡能因地球本身的聖痕③而獲得消解。

此刻朱利安阿爾卑斯山脈眞正的山峰開始出現在地平線上，那是哥德式的夢幻山脈。石灰岩山峰盤旋而上高聳的山頂。空心與褶皺的結構以大大小小的尺度自我複製，大如山脊及河谷，小至巨礫上的水痕。物質會變幻外觀，改變地貌。是雲是雪地還是灰白的岩面，一切都難以分辨。

我想起西博爾德（W. G. Sebald）關於地景與暴力遺跡的文章，他在《土星環》（*Die Ringe des Saturn*）中的敘事者如何行走於寧靜卻長期備戰的東英格蘭海岸線，「我不僅沉迷在不熟悉的自由感，也沉迷於震驚中，面對毀滅的痕跡，我數度震驚到動彈不得。那些痕跡可回溯到久遠的過往，即使在那偏遠的地方也清楚可見。」我曾經帶一個朋友去薩福郡外海，登上奧福岬的前核武試射場（西博爾德也去過），看著她在這北海棕色波濤旁的礫石灘上無法自已地哭泣。潛伏於岬角的國家暴力不經意喚起她的記憶，讓她想起忍受多年的暴力關係。**暴力事件像眼睛中的碎玻璃，產生的光亮無助於觀看，徒然令人眼盲**。

現在我們正要進入朱利安阿爾卑斯山脈的中心地帶。公路轉了道彎，經過橋樑，我們看到有位老婦獨自坐在水邊的礫石灘上。她坐在輪椅上，被推到岸邊的礫石中。她戴著深琥珀色的大墨鏡，雙腿裹著綠毯，盯著打轉的藍色河水，但並不上前。她是如何到那裡，又要如何離開，我們不得而知，不過看來她與急流相安無事。

任何當前很醉人但過去曾是暴力地點的地景都有股不協調。但若只爲了黑暗歷史而去細讀一地，形同禁絕該地未來生活的可能性，否定了彌補和希望，而這本身也是一種壓迫。觀看此種地景的方法，或許可以視爲一種「暫蔽」，這是一種航海術語，指一明一暗的頓光，且亮長暗短。斯洛維尼亞的喀斯特地區就是此種「暫蔽」地形，明與暗繁複交替，過去的苦痛和當前的美麗交織。這些年來我走過不少暫蔽地景——蘇格蘭北部的無人谷地，那裡廢棄房屋零落的石材上迴盪著雲雀的歌聲；馬德里北部的瓜達拉馬山區，凶殘的游擊戰在禿鷲凝視之下於古松間開打；巴勒斯坦西岸那爭端不斷的谷地，沙狐會從刺網之間溜過。這些地景都保證自然終將回歸，一切都煽動著深刻痛苦與優渥生活共存所產生的不協調。

從老婦獨坐望水的河谷向上約兩公里處，有條溪流從支流河谷翻騰而下主流。地圖上將這小溪標記為「白河」（Rio Bianco），我們正是要沿著這道河谷，前往百年前戰爭爆發的高地。我們離開馬路，沿著一條小徑穿過溪畔的山毛櫸林。小徑不少地方被踏穿，露出的亮白基岩在樹木間忽隱忽現。

山毛櫸樹洞裝著苔蘚和蕨類的微型花園。偃松生長於溪床巨礫之間。下層植被上圓葉風鈴草、龍膽和雪絨花點點如繁星。較大的溪潭裡有小鱒閃現一道道暗影。聳立在我們上方的是碎石坡和山脊線上高一、兩百公尺的嶙峋山峰，白如骨骸。我們眞的能上到那裡嗎？白河始終在我們左側，時而蓄水，時而飛濺。這是神秘而固執的存在，是熱天登山的良伴，不久後我就無法再拒絕它的邀請。

「路西恩，我要溯溪上去。」

「好好享受。我想保持乾爽。我們在上面的圈谷見。」他對著雲層比手勢，「朝向河谷的相交處，然後走左邊，往上。你會走到一座很大、很平的冰斗，那裡有一間用鐵索綁在岩石上的避難山屋。我們多久後在那邊見？三小時？四小時？」

他漫步進入樹林，我則往下爬，沿著溪流走。

岩石上有熾烈陽光返照，我從一塊跳到另一塊，攀上巨礫，狼狽爬過瀑布池的池面，溪流變深變寬之處便涉水而過，讓腳掌和小腿感受河流融雪的囓咬。河水沖蝕而成的石灰岩峰光滑有如皮膚。小水潭也有自己的白色沙灘，僅數十公分寬。每一段溪流都給攀爬者設下不同難題。

這是美麗的溪流，明亮晶瑩，也是古怪的溪流，詭計多端。在沉靜的水潭中，河水透明近乎無物，我好幾次停步伸手確認河水是否還在。

但足不停步才是眞正的挑戰，因爲每面水潭都在邀人留下來戲水，每條支流都在招手喚人相隨。最後我還是下水了，那是一面三．六公尺寬、有瀑布注入的光滑石灰岩水池，我可以由較低的池緣眺望河谷遠方的枕狀山峰。這是一座天然的無邊際泳池，我翻滾了大約五分鐘，任由瀑布之水搥打背部直到痲痹。

我懶洋洋繼續上行，在巨礫間跳躍，停下步伐，每道急流都在誘我上前，每面水潭都在阻我腳步，直到峽谷兩側高到我不敢再冒受困的危險。於是我以樹根爲索爬出河谷。七隻羚羊以眞正偷窺狂的那種故作冷漠望著一個衣不蔽體卻背著背包的男人翻過峽谷邊緣，上到林間空地，然後再度著衣。

地勢從林間空地開始再度隆起，小徑以之字形繞過空地上的小木屋，樹木隨著海拔升高而變瘦小。紫色的藍盆花讓我想起家鄉的白堊地。我愈爬愈高，高聳的山毛櫸縮成三公尺高的成樹，然後變成寬闊的灌木叢，隨著小徑岔開。灌木叢中的松樹和亮葉沼生櫟一開始約有人高，然後降到肩膀高度，再變成與腰齊高，最後樹木全然消失，我腳下的土地被海拔和雪崩掃得一乾二淨。

光滑的岩石，鼴鼠尖鳴的回聲，四周山峰逼壓。岩石拔地而起，與天空裡正在湧起的白色雷暴雲連成一氣，也與遁入地面下的裂谷和洞窟系統無聲無息地連成一氣。

成群雀鳥掠過我下方的松樹，拍動羽鼓消失在樹葉間。我翻過一片巨礫，來到冰斗的腹部，路西恩說的避難小屋就在那裡，用鋼索拴在一塊平坦巨礫上，以抵抗冬季的猛烈風暴。這小屋不過是間金屬艙。我打開前門，裡面的高度只剛好可以站立。六個鋪位，一邊三個。毯子整齊地摺放在床上，水裝滿兩個儲油桶。這是求生的前哨站。但路西恩呢？

我躺在小屋旁長滿青草的岬角上等待。暖風。高山植物的針墊。白雲，岩石，鼴鼠尖鳴，幸福感。崖上渡鴉呀呀施咒。石頭咚咚墜落。羱羊啼聲呼呼，就在二十公尺外。有什麼東西在嗡鳴，彷彿無聲。冰斗因為石灰岩的一道巨大捲曲而呈馬蹄形，高處連接著山峰，低處落向陡峭的峽谷。我知道我們的終點在西邊，卻不知道該如何前往。

半小時後，路西恩出現在冰斗邊緣，滿頭熱汗，卻很開心。我在灌木迷陣中不知不覺與他擦身而過。我們在小屋附近吃蘋果，飲用河水。

「這裡冬天的雪會下五、六公尺深，把這裡都埋沒了。」他說。

「這裡讓我好開心，謝謝你帶我來這裡。」我對路西恩說。

「我很高興，羅伯。」他回答。「遺憾的是，這裡也發生過戰爭，雖然不一定看得出來。為了接近敵人，他們挖通了岩石和懸崖。不過這裡死於冬天的人多過死於子彈的人。」

在多洛米蒂山和朱利安阿爾卑斯山脈，消退的冰河開始披露一個世紀前此地軍事衝突的內容：步槍、彈藥箱、未寄的情書、日記和屍體。兩具奧地利少年士兵的遺體在特倫蒂諾的冰河浮現，並肩躺著，兩人頭骨上都有子彈造成的傷口。三名哈布斯堡士兵融出冰牆，頭下腳上倒掛在海拔三千六百公尺的聖瑪竇峰附近。**問題不在於東西埋入地層深處，而在於它們經久不衰……**

我們由避難小屋展開正式的攀登，經由碎石坡前往山脊上的凹口，走兩步，退一步。橫越糖霜般的雪地，簡直步步為營。過程艱苦、燠熱、私密，還得戴上頭盔抵擋落石。我們來到凹口，一條寬約三十公分的瘦稜，地勢極其惡劣，我們不得不面對面跨坐，彷彿騎在馬上。南邊是一道巨大的滾落線，直下二千公尺，直到標出伊松佐河流道的白色石灰岩帶，即使從這樣的高度望去，深綠松林谷地之間的河水依舊藍得耀眼。

山脊在我們前方轉為魚鰭一般的陡峭山峰，被稱作「白河小山峰」（Cime Piccole di Rio Bianco），要通過必須借助鐵索棧道的鐵索和棧板。路西恩跟我上了安全吊帶。我的勾環上還沾著特列比伽諾深淵的淤泥和塵土，而我一瞥見，心思就飛入我們下方兩千公尺那黑暗的空間。

「這就是卡寧山（Canin）。」路西恩說著，指向河谷的另一邊。那是一道鋸齒狀的白色山岳，上面有廣袤雪原（看起來像但不可能是）自鯨背般的山巔迤邐直下，在陽光下閃閃發亮，布滿了孔洞。

「卡寧是真正的喀斯特山峰。從這裡你可以看出石灰岩的表現有多麼不同。我們所在的這種比較脆弱、尖銳，卡寧的輪廓更像麵包，質地更像月球。你也可以想像一下山的截面，天然洞穴系統就像蜂巢一樣。有些洞穴的入口在卡寧山的山壁上，那垂直落差有將近兩公里。」

「山岳有其內部。」雪柏德（Nan Shepherd）在她研究紅山山脈的大作《山之生》中如此寫道，我則耗費多年才領略她對那看似如此外向的花崗岩山脈所言究竟何指。在朱利安阿爾卑斯山脈的此處，薛佛的觀點看來再理所當然也不過。這些都是空心山岳，暗淡山峰，四處都關上門守著自己的河谷和洞穴。

我們即將出發橫越小山峰時，隆隆雷聲持續從西北方滾來。

「這時機不好。」我對路西恩說。「我們用金屬勾環扣著鐵索，還有金屬冰斧從背包裡伸出來，站在沒有遮蔽的山脊上，而雷電就要來了。」

「嗯，我們可以回冰斗等。」路西恩說。「不然我們可以跟暴風雨比賽，希望它只會跟我們擦身而過，或者我們趕在它前面找到避難的地道。」

我們選擇跟暴風雨賽跑，是爲時兩小時的衝刺。一峰接著一峰，逐一勾銷。記憶中盡是喀嚓聲和尖銳岩片。手下岩石灼熱。水滴輕拉我們。第一峰、第二峰、第三峰。腎上腺素，指甲上血跡斑斑，痠痛的雙腿與手臂。我們活在人間，很高興活在人間，而雷雨從我們北方數公里處緩緩滑過。

鐵索棧道的鐵索與一戰的戰事基礎設施交織。我們顫顫巍巍站在一百個冬天之前被搥入岩石的木製踏板上，力求平衡。我們用生鏽的鐵梯跨越岩石上的凹穴。我們來到第九峰的斜坡，而在那前方等著我們的卻像隧道，在陽光普照的上層世界咧開黝暗大嘴。整座頂峰都被轟擊、砍劈過，戰爭期間想必是這個致命衝突地區數一數二安全的地方，不受砲彈、閃電和雪崩的侵襲。

我們踏入隧道，感謝此地讓我們得以在狂風中暫歇，若風暴橫掃去路，我們也能獲得遮蔽。我們走入山中。隧道下降約二十公尺，轉了兩道彎，而後我們置身徹底黑暗，不得不打開頭燈。我們再度藉由一道鏽蝕的梯子往下，伸手彼此扶助。

光線變亮，我們繞過一道轉角，發現石灰岩上鑿出射擊孔，讓火線穿越山谷直搗卡寧山。支撐槍身東西向旋轉的鐵環還裝在槍座的岩石上，內部的牆面上鑿有後座力空間。在這樣狹隘的空間裡，每次槍彈聲響勢必都震耳欲聾，操作槍枝的人想必會在頃刻間失去聽力。

隧道轉彎處再度出現陽光——這次是一道日照之門。我們已經走完亮了又暗，暗了又亮的空心山峰，來到山脊盡頭，下方是一道朝山坳滑落的碎石坡。我立即想起巴黎地下墓穴的穿牆人。

我在碎石上奔跑，滑下傾斜的草原，其上有羚羊和人踩出的小徑。山峰蔭影中有片片泛黃舊雪。我看到兩三公里外有幢小屋，小屋所在的地面向山谷陡降達一兩千公尺。在那裡，我們有望獲得休息、食物和同伴。戰爭陡然從我腦中滾落。雲層飛快飄過太陽，在地面投下遮蔭。

・・・・・

統轄小屋的是七歲的特蕾莎和她的小白貓月亮。特蕾莎的父親是莊主，但躲在後屋，母親則不知去向。特蕾莎準備了通心麵當晚餐，然後臉上帶著麵粉出來迎接我們，一隻手臂夾著月亮，像夾著橄欖球。她跟我說義大利文，我回答她英文，誰也聽不懂誰，卻完全無妨。

一看到特蕾莎，我立刻因爲思念孩子而心痛起來。我已經將近兩週沒見到他們。這些壯麗大地的黑暗已然有些滲透我，遮蔽了視線和精神的邊緣。我想陪著孩子，保護他們。

小屋是白色戰爭的遺物，窗檯上放滿這些年來步行者拾來的死亡斷片。彈殼碎片，折彎的刺刀，子彈，靴釦，頭盔釘和下頦帶，還有一具彈殼，被砲彈衝擊波像剝香蕉一般剝去了外皮。這是一座冷肅的殺戮博物館。

這裡有間小型圖書館，藏書多半與戰爭有關。我坐在木凳上閱讀此地的過往。牆上有在此作戰的人們在山腰前線拍攝的黑白照片。山峰岩壁上鑿入一條條隧道、一座座入口。男人站在暗處望向敵方斷崖，斷崖上孔洞處處有如郵輪側身。雪崩、寒冷和敵人的槍砲子彈都能致命，躲入山內是唯一保全之法。阿爾卑斯群峰於是化爲武器，地形在掩護和匿藏的要求下強行重組。光是砲彈轟炸就讓一座山的高度少了六公尺。白色戰爭的劇場從山峰頂巔展開，貫穿挖空的山峰內部，直至斜坡和谷地上的洞窟。

我再次想起韋斯曼（Eyal Weizman）關於以巴衝突的地景結構大作《空心之地》（*Hollow Land*），以及書中提出的「彈性地理學」，在此種觀點下，空間不僅是衝突行動的背景，「更是媒介，每個……行動都要前來挑戰、轉化、挪用。」韋斯曼測繪西岸和以色列的「彈性地理學」：以色列人建立起高聳的圍牆和柵欄以封住疆土的舉動，而巴勒斯坦人為了以走私人和武器而在這些屏障下挖掘的通道，以及哈馬斯民兵從加薩發射的火箭所畫出的弧形，在在令這樣的密封形同胡鬧。韋斯曼寫到衝突雙方都對空間有了全新的認識——衝突的地勢從高高在上的武裝空域垂直落下，直至西岸地底一兩千公尺，雙方在此爭奪石灰岩層深處的含水層。他稱這流變空間為「空心之地」，具有「複雜的建築結構……入境出境各在不同地層，還有安全走道和許多檢查站。此地被許多屏障切割、封住，被地下隧道貫通，以天橋相連，受上方武裝天空的轟炸，各式各樣試圖瓜分此地的舉動都有了實質的形貌——這片空心之地。」

白色戰爭末期，朱利安阿爾卑斯山區也有相差無幾的故事。這座「偏激實驗室」開發出新的戰爭型態，空間的全新轉化隨之出現。山岳不再被視為堅實的結構，而是可以打開的蜂房，內部可以貫通，牆壁也能穿越。地勢本身變成行動者、中介者、戰鬥者。而正如路西恩跟我在滲穴所見，地勢在第二次世界大戰又會化爲另一種工具：處決的刑具。

特蕾莎帶著月亮來看我。她把貓放在我腿上，用手抓著牠的耳朵，用力親在牠的嘴上。月亮咆哮抗議，把爪子深深插入我的大腿。我也咆哮抗議，把指甲掐入自己掌心。特蕾莎對結果頗感滿意，施施然離開了。

四名第里雅斯特人跟我們共用小屋。那是兩對夫妻，這裡的常客，經常從城裡爬到此處共度時光，冬日滑雪，夏日登山探洞。他們邀我們一起聊天，跟我們分享山岳故事。其中一人虎背熊腰，穿著橙色的抓絨衣，綁著藍色頭巾，汗溼的頭髮緊緊貼著頭皮。他說自己是極端的洞窟探險人，語氣平淡。我有點驚訝，他的體型不符合這一行的要求。我沒有把這個想法表達出來。他在卡寧山上方打著手勢。

「從地表起算到最低點的話，這裡有些洞窟是歐洲最深的。」他說著，坐到我們這邊，在我們的地圖上指出洞窟的入口。

那天夜裡，遠方的閃電照亮了卡寧山。路西恩和我走到陽台，遙望灼亮閃光下坑坑洞洞的石灰岩平原，那看來彷彿布滿隕坑的月球表面，美麗而不自然。

我們觀察風暴，計算每次閃電和雷聲之間的落差。

「在稍晚的季節，你可以聽見河谷下方雄鹿的吼叫聲。」片刻後路西恩說。「那聲音——猛烈又久久不散。從下方升起，在整個圈谷裡回響。」

之後暴雨來到，雨滴像子彈一般擊打鐵皮屋頂。

◆ ◆ ◆ ◆ ◆

一覺醒來，風平浪靜，有如奇蹟。

我們下方是一片雲海。谷地成了峽灣，我們成了孤島。雲層緩緩向上翻湧，捲上高處，直到我起了下沉的幻覺，彷彿我們是一座礁石，正戰慄著落入白色水面。綠色松樹現身於迷霧與尖峰的漩渦，是一幅中國山水的捲軸。

我們走上一條細細小徑向西，上下都是斷崖峭壁。我們循著小徑踏入雲海，又步出雲海。若有瀑布自上方懸崖落下，我們就得低頭屈膝跑過，任由融水嘩啦拍上頭頸。

片片積雪上有貓科動物的足跡。遠處有羱羊一閃而過。小徑的白色石頭上，一對交配中的黑色蠑螈濕潤相擁，熱烈壓著彼此長長的腳趾和手指。更多射擊孔，更多通道，更多充斥射擊孔和通道的斷崖，整座山脈是個蜂巢，真的，一座恐怖的戰爭蜂巢。**我們都是隱形的蜜蜂……**

一群山鴉尖鳴著俯衝到我們下方深處。兩隻羚羊疾馳逃跑，然後停在巨礫上，回頭看著我們。岩石和土壤中依然有挖槽開溝的痕跡，只是已經長起雜草。我們隨興穿越一道支流河谷，過去這等開敞意味著死亡。一圈圈帶刺鐵絲網沉入草地和石頭。

我們離開高處的小徑，順著地勢往下走入雲中，雲將我們收入白色世界。我們在一叢野生覆盆子旁停下取食。莓子入口酸澀。從那裡我們繼續往下走了數小時，我們下降時太陽升起，燒盡雲層。

午後不久，我們抵達谷底，年輕的伊松佐河悠然而流，在此流過卡寧山的喀斯特地形，河水呈冰藍色，讓我想要滑入水中，漂流直到亞德里亞海。路西恩跟我在深潭旁的礫石灘上休息。鱒魚躍出水面，或者為了捕捉蒼蠅，又或者是為力爭上游而搖擺不定。在義大利和德國的戰俘營度過數年歲月的神秘主義登山家穆瑞（W. H. Murray）獲釋後是怎麼說的？**找到美，安於美**。

薄霧由水面升起，在河上垂成白幕，河水清澄更甚空氣。臨河的樹木長滿豐美的青苔和地衣。這不是雨林，是霧林，而這超凡脫俗的河流淌其中。這不是雨林，而是霧林，脫俗之河流貫其中。我在礫石灘上找到一個扁圓形的黑色石頭，將之擲入水流。石頭滾落藍水，半身埋入河床白沙。

＊注1：契忍可夫輻射（Cherenkov radiation）是帶電粒子在介質運動中超過介質中光的速度時發出的短波電磁輻射，特徵是藍色輝光。水中的核反應爐會發出藍光就是契忍可夫輻射的緣故。——譯注

＊注2：盧比安納即今天斯洛維尼亞首都，也是該國境內最大城市。普雷克穆列位於斯洛維尼亞東北部，是匈牙利王國（1000-1946）境內斯洛維尼亞人的主要聚居地。——譯注

＊注3：聖痕（stigmata），指信徒因不明原因，身上出現耶穌被釘上十字架時的那種傷口或傷痕。——編注

参號室

走入樹幹皸裂的老白蠟樹下方，在迷宮選定最後一條路徑，循徑而走。路徑陡降、扭曲、蜷起，然後緩緩延展。如此來到一道礫灘，黑沉沉的水由邊緣注入深處。裂谷的谷頂斜落，與水交接。要從這裡向前推進，唯一的方法就是進入水潭，穿過淹水地道。

就這樣進入水潭。水色黑如岩石，冰冷若雪霜。寒意彷彿染料，迅速滲入骨髓。沒有視野，沒有光亮，感覺得到頂部的岩脊，繼續踢水，肺中空氣發熱，顱壓上升、上升再上升……然後往上，終於離開水潭，進入清澄的空氣中，在水潭深處的黑暗之中喘氣。這就是死亡的感覺？抑或誕生的感覺？

進入另一處洞穴。穴頂到地面布滿石鐘乳。有光射出，升起，移動。岩室牆面上是栩栩如生的圖像與故事，岩石的每道斜面繪有地下世界的一景。這些是幽靈出沒與來世的場景，穿越時空但彼此呼應。

西元前四世紀，色薩利（Thessaly）有個女子即將下葬。她唇上壓著一枚刻有蛇髮女妖頭像的硬幣，那是船資，付給帶她渡過幽暗河流進入冥界的擺渡人。她胸前放著兩片心型金箔葉，鏤刻了金屬字樣。金箔葉合在一起就成了Totenpass，一種亡靈通行證或亡靈地圖。上面的文字供她在地下世界閱讀，指引她前往死亡地域，受普西芬妮照拂。那些文字也提醒她其他人犯過的錯誤，那些人沒能在地下世界找到通往安全之路，如今被判為幽靈，永世徘徊於凡間。**你將在黑帝斯大殿的右方找到一道水泉，那裡有株幽靈般的絲柏樹，降入那裡的死靈將被洗去生氣。千萬不要靠近那水泉……**

一八六〇年代，有名男子走在賓州西部的開闊鄉間，口袋裡有枚銀幣，雙手持著探測杖。他走走停停，好像在側耳細聽。他彎腰將耳朵湊近地面。又聽。看著手杖，等待手杖震動。但沒有。手杖軟軟垂在他手上。他起身續行。這人是靈媒，是地質降靈師，石油卜算者。石油是上帝的賜禮，在地下世界無窮無盡，是供人類使用的神聖庫存。人只需要知道去何處開採。而石油會散發「光彩」，在地面上的大氣中閃閃發光，只有某些夠敏感的人士才能夠探測出來。那人走過草地，而他手中的杖子開始震動。他的靈性導師終於領他到此，日後他將在此開鑿哈摩尼亞之井（Harmonial wells）。他停步，細聽，打量周遭。微笑，屈膝跪地，從口袋中拿出銀幣，將硬幣推入草地深處。鑽頭將鑽打**這裡**。**此地**將有石油湧出。

一九七一年，土庫曼斯坦，在靠近達爾瓦沙村的卡拉庫姆沙漠，沙上高踞一座蘇維埃鑽井平台。突然裂開一邊隙縫，然後是一陣轟然巨響，一片直徑達七十公尺的沙漠地面碎裂坍塌，落入下方的深淵，數秒內吞噬了岩石、沙塵和鑽井平台。**虛無遷徙至地表……**那鑽探活動刺穿了一座天然氣洞窟，洞頂坍塌，有毒煙霧於是湧入上層世界。當局決定點燃天然氣，將之燒盡。原本預想這一燒大概只會持續幾週，然而四十多年過去了，這坑洞仍繼續燃燒。這裡被稱爲「地獄之門」。夜裡橙色火焰照亮周遭數公里的沙漠。旅人從世界各地前來，抵達火光邊緣，在光亮中入眠。

這個千年的早期，在燠熱的爪哇北部海岸，一座火山的中央火山口噴出惡臭氣體，毒泥沼由此蔓延方圓六公里，埋沒了十二座村莊。這座泥火山在那之前十年便開始噴發──那時一家跨國公司鑽探此地中新世晚期的地層，深達地下三公里，導致一段高壓含水層破裂，打開了一系列地面噴發孔，這裡從此流淌著這古老的有毒淤泥。有些人視泥火山爲企業貪婪所致，是非自然災害，另外有些人視之爲batin（內在）的散發，那是潛伏在地下世界的隱密力量，也是人類無法號令的大地鬼魂及精靈。

二〇一六年，一大群雪雁盤旋於美國西部的平原，數量超過兩萬五千隻。這些鳥被暴風雪驅離慣常的飛行路徑，正急著找到地方躲避大風與寒凍。牠們行經一個紅黑色水光閃亮之處，那是淹水的露天銅礦場。那裡看來像是避風港，於是第一隻雪雁收起肩膀，而後十隻雪雁跟上第一隻，然後一萬隻雪雁跟上那十隻，撲騰的羽翼、高亢的雁鳴傾瀉而下，在礦坑上安頓下來，梳理羽毛，滿懷感激地飲水。然而那閃閃發亮的水（共一百七十億公升）卻含毒，因先前的採礦而受到重酸和重金屬的污染。數以千計的雪雁死去，堆疊出一道新表面，黑色的條紋和白色的翅膀交疊在礦坑之中，浮屍覆蓋面積達數百公頃。

同年，有名男子全身從頭包至腳，正俯身通過一道以鋼架支撐的狹窄門廊，進入有多間墓室的墓穴中。牆壁是粗糙的混凝土，厚度超過六十公分，被稱為石棺，石棺所包圍的空間則稱為反應爐地穴。男子頸項掛著相機，走入穴中，頭燈照亮了那超現實的環境。他看到脫落折彎的鋼筋、絞纏的樑桁、扭曲的管道、凹陷滴水的控制面板。這個地方被一種超乎想像的力量重組過。這裡本來有七個房間，層層相疊，**但現在已經不照原先的順序排在原先的位置……**熔岩的鐘乳從天花板流至地板，厚度超過人的胸膛，是岩石、橡膠與鈾一同融成，在那旁邊站上幾分鐘便足以致死。這人在石棺裡至多只能停留四十分鐘。他在曾是控制室的房間停步，舉起相機，用慢速快門拍下一幀照片。

之後他將照片洗出。那本該是黑暗影像，卻布滿白色塵點，像是靜電或細雪。不過這些星點並非灰塵，而是純粹能量在感光底片上留下的印記，是石棺內悄然湧上他四周的放射線。那是鈾、鈽、鉋炫目的放射線簽名，在人眼中遊蕩作祟的燃燒光點。

第III部 3

縈繞

北方

八、紅舞者（羅弗登，挪威）

越過海灣望到北岸——閃閃發光的樺樹旁，一個黝黯身影立於冉冉升起的地面，但那裡卻不可能有人。

兩隻蠣鴴發出快速警覺的號叫，飛越我們之間的水面，引起我的注意。

回望海灣北岸，如今樺樹之下闃無一人。

⋄ ⋄ ⋄ ⋄ ⋄

那之前幾天，船隻在惡化的天候下航行於費斯特峽灣，以求在日落前一小時登陸莫斯克內斯。陽光灑向南方，之後消融於陰影中。小規模雪颮吹來，遮蔽了船的視線。雪花以發怒的速度在空中嗡響。

西邊出現不可置信的島嶼。我瞥見長長延伸的黑與白，低垂的灰雲與高聳的灰海之間夾著峭壁和雪原。溪谷和較淺邊坡之間的積雪閃現瑩光。雪比我以為的還多——山峰則比我所預想的更加陡峭尖銳。那一長帶土地在我們接近時變寬了。

山岳漸漸可見，像照片顯影一樣從暴風雪中現形。紅牆黑瓦的房屋四下散落。成千上萬凍成堅冰的鱈魚裂開喉嚨成排懸掛於 A 型木架，在風中劈啪作響。小雪颮逐漸轉為東向的暴風雪，我腹中憂慮劇烈翻攪。

那之後的日子，我大多記成金屬。隘口是銀。海灣與雲是鐵。天空是珍貴的金。

猛烈的風暴是鋅。我落荒投奔的南方海洋是銅與青銅。

・・・・・

「小心他們。」在奧斯陸，海恩（Hein Bjerck）對我說。「那邊肯定更多，在那邊的岸上。」

停頓。

「但首先你得安全穿過那面『牆』。我只有乘船去過，繞遠路，在夏天。你就得走過去了，在冬天。」

微笑。

「有沒有想過學抽菸？要學永遠不晚！」

停頓。微笑。

「在那樣的地方，抽菸可是很好的求生技能。」

・・・・・

絕大多數歐洲史前洞窟壁畫都在法國西南部和西班牙北部的洞穴和隱蔽處。愈往北，此類藝術的數量和年紀都隨之降低，在北緯六十度以北更是稀少。

高緯度地區罕見史前繪畫，主要是因爲直到上一個冰河期結束，這裡都埋在冰河之下。兩萬年前，在今天法國的多爾多涅，有人在拉斯科洞窟公牛廳的壁面繪上五公尺長的紅色原牛，當時整個斯堪地那維亞和不列顛及愛爾蘭都還是冰凍的大地。冰河緩緩退去之後，留下的是罕有生命的破碎景觀。人類只會慢慢向北開拓貧瘠土地。

高緯度地區的洞窟壁畫如此罕見，多少也與地質有關。洞窟的穴室是此類藝術最安穩的藝廊地點，而此類穴室泰半生成於石灰岩，拉斯科洞窟、蕭維窟、奧鎮塔米拉洞窟等最著名的史前藝術，都畫於石灰岩之上或之內。石灰岩往往能在壁畫上形成薄薄一層透明的碳酸鈣，作用有如保護漆，能夠減緩顏料降解。北歐的石灰岩數量遠遠少於西班牙和法國，而以火成岩和變質岩居多，此類岩石主要是在冰或海水的侵蝕下形成洞窟或懸岩，因此往往較淺也較粗糙，內部不像石灰岩有流水琢磨過的表面令人手癢。比起石鐘乳林立的石灰岩洞穴，嶙峋崎嶇的花崗岩洞窟也缺乏可能可以入畫的天然圖形。不過歐洲確實有極地史前壁畫，挪威極北的奧鎮塔分布之密令人咋舌，有超過六千幅圖像，以岩畫爲主，描繪馴鹿、熊、人類、狩獵情景，冰河磨亮的岩石上還有距今七千至兩千年前所繪的北極光。不過，以顏料繪製的畫作則很少見，這類藝術比刻磨的岩畫更易受損或風化。

挪威西海岸那些塗上紋飾的洞窟裡，有著北方地景中最驚人的洞窟彩繪。到目前為止已經發現十二座有這類繪畫的洞窟，分布在南方的奈略（Nærøy）到北方的羅弗登群島（Lofoten）約八百公里的範圍內。所有洞窟的位置都很偏遠，往往位於荒涼海岸，有陡峭的山峰直切大海。數千年來，波濤的鎚擊之力已將這些洞窟砸為海崖或峭壁。有些洞窟在作畫當時只能乘船抵達，得越過島嶼和半島之間險惡的海象。

這些「彩繪洞窟」共有一百七十個簡單的棒狀形體，手腿大張好似舞蹈或跳躍，多半是人形，偶爾可見人和動物的混合體，還有一幅畫作只有一隻手。所有圖像都以手指或刷子塗抹紅色氧化鐵顏料繪成。這些畫作不易定年，但最可靠的估計認為距今約兩到三千年之間，部分的依據是對洞窟內發現的人工製品做放射性碳定年，包括石板打磨製成的箭頭、一根帶孔的海鷗腿骨（可能是當笛子用）、一具大海雀護身符等。

而這些彩繪形體是青銅時代北極周邊地區的藝術作品，繪者生活在世上最嚴酷的地區，沿著孤絕的海岸線從事漁獵採集，只能仰賴墨西哥灣流的餽贈維生。他們的人生短促艱難，可以合理推斷並沒有什麼藝術創作的空間。

然而紅色的舞蹈人形確實存在。

彩繪洞窟中最偏遠的一座位於羅弗登群島西端，這是北緯六十八度挪威海上綿延近一百六十公里的島鏈。那洞窟的現代名字為庫爾赫拉倫（Kollhellaren），可以大略意譯爲「地獄之穴」，位在無人居住的西北岸，靠近莫斯克內斯島的尖端。

要前往庫爾赫拉倫有兩種方法。一種是步行，穿越所謂的「羅弗登牆」（Lofoten Wall），也就是貫穿島鏈中央的陡峭山脊，在冬季只有少數幾個隘口能通過。另一種方式是乘船，繞過群島尖端，穿過惡名昭彰的默斯肯漩渦（Moskstraumen），那是世上最強勁的漩渦系統之一，出現在一八四一年愛倫坡的短篇故事《默斯肯漩渦沉溺記》（*A Descent into the Maelstrom*），故事中的漩渦化身爲通往地心的入口。古挪威語稱漩渦爲havsvelg，亦即「海中的洞」，一切事物流入其中，實際又直白。

於是地下世界有兩道相距不遠的入口，一道是岩石之口，一道是海水之口，由凶殘之山和凶殘之海上鎖隔絕。

兩千五百年前創造了庫爾赫拉倫藝術的人光是抵達那裡就得冒上極大危險。在踏入洞窟之前，他們得先跨越強大的地勢門檻。

◆ ◆ ◆ ◆ ◆

我們抵達羅弗登時已經入冬。上週從西邊吹來的極地勁風已經連續吹了四天，掃光迎風坡上的積雪，倒入羅弗登牆東側的溝壑，彷彿一場暴風雪的板狀雪崩（storm slab）。雪崩的風險已經從「低」升到「中」，且還會持續上升。「暴風雪板狀雪崩可能發生在東面和東南面，可能由上方三百公尺厚的沉重積雪所觸發。」我想徒步前往庫爾赫拉倫，造訪那裡的紅色畫像，自然不想聽見這樣的雪崩預報。

要在冬天穿越羅弗登牆，只能經由達庫爾赫拉倫附近的兩個地方，但在此等天候條件下，兩者都很困難。其一是一道切過曼能峰（Mannen）這座手斧形山峰下方的溝壑，另一條則是爬上山峰的板狀山肩。我在地圖上考慮這兩條路線。溝壑比較陡峭，但積雪應該較少。山肩雖然不是陡坡，卻容易碰上雪崩。我決定取道溝壑。我喜歡溝壑。溝壑會擁著你，讓你覺得自己不會跌太遠。即便在最危險的時候，溝壑都比山脊或山肩更令人安心。

出發前往庫爾赫拉倫前夕，雪從黃昏時分就開始穩定降下。我所在的奧鎮（Å）位於幾乎蜿蜒貫穿整串羅弗登群島的道路盡頭。過了奧鎮就只有湖泊、山峰、海洋。我跟名叫羅伊（Roy）的退休漁人住在一起。六年前，在捕魚三十八年後，他從奧鎮碼頭的一部吊貨機上摔下，摔斷了髖骨和腿骨。他接受國家的撫恤金提前退休，開始攝影。

「你不應該翻牆。季節不對。西邊什麼都沒有，沒屋子，沒人，沒手機訊號，只有斷崖和海，還有雪。你到底爲什麼想看庫倫赫拉倫？」那天晚上羅伊說。

我想試著解釋——爲什麼多年前初次聽說後，我就深受那些人形吸引；我又是爲何想要了解那些創作者究竟是受什麼吸引，竟然前往那樣難以攻克的天險，留下他們的印記。然而在我最需要信心的時候，這樣的動機結構似乎太過薄弱，不值得冒險說出口。

「我只是想看看洞窟和那裡面的人形，然後到那邊的西端去待一段時間。」我說。

羅伊聳肩。「史林斯比[1]來過之後，一直都有英格蘭人來做這類事。」

我們轉而討論他的印尼假期，以及他在那裡跟一個印尼女子的關係——先是好得驚人，然後錯到離譜。他給我看一段影片，關於一幢黑色大理石和粉紅色灰泥的小宮殿，他爲她蓋的美甲店。我們又看照片：宮殿有著糖果色的尖角和傾斜的石板屋頂，宮殿外羅伊跨坐在電動車上；羅伊跟女友一起在餐廳吃飯，打著赤膊，笑容滿面。

那天晚上我無法入睡。我拉開窗簾，站在窗邊，看見群島最後一盞街燈的燈光中雪花飛掠有如火星。那是平靜得古怪的景象，但我知道那意味著山峰和溝壑的積雪會變厚，雪崩的風險也隨之提高。

隔日一早我正要離開時，羅伊在冷凍庫裡翻找一陣，拉出一個塑膠袋。

「這是五塊魚糕，用我兩天前捕到的大西洋鱈魚做成的，地點在赫勒（Helle）附近，離你要去的洞穴應該不遠。」

我的背包已經太重，但還是把魚糕塞入外側的網袋。

・・・・・

日後回想，儘管途中有其他危險，也有其他奇蹟，前往羅弗登牆遠方那一側的翻越之旅在我記憶中大抵就是一道白色渦流，突兀地混合了細細琢磨的決定和混亂的迷霧。

我從一條死巷離開羅伊的房子，在破曉後不久出了奧鎮。新雪在靴下嘎吱作響。雪悄悄下了整夜，積了十五公分厚。一切聲音都很悶。小鎮尚在沉睡。我在路上踩出唯一的一行足跡。

那溝壑自名爲奧方湦（Ågvatnet）的狹長湖泊頂部升起。奧方湦湖由奧鎮向西延伸，朝北、西、南三方排放出U字型的山嶺。積雪下方的岩石相當滑溜，湖畔寸步難行。主要湖域的湖水凍成了精鋼，只有在融水不斷流動的地方才較爲清澈。大風在海灣岸上將擱淺的冰板排成一落落。湖心岩島的背風面斷崖是海鷗的棲地。牠們的啁啾尖鳴是歡快的社交寒暄，在這嚴峻的山谷聽來相當舒暢。我前方遠處的山峰幾乎全然被墨雲所遮蔽，要找到正確的溝壑相當困難，我有些憂慮。

緩慢通過覆雪的巨礫和滑溜的岩石。絆倒，滑倒，跌倒，背著背包很難起身。必須手腳並用通過的小峭壁有四道，手點和腳點都傾斜向外且結滿了冰，動作不但要謹慎，還得一絲不亂。

而後地勢變緩，在湖的頂端往上擁著一片寬闊的圓谷，圓谷緩緩朝峻峭的斷崖底部拔升了八百公尺。此地長滿矮小的樺木，很難擠過去。鑽過灌木林，跋涉過雪地。低垂的白雲快速飛掠，周遭地形時隱時現。沒有陽光，只有水痕斑斑的岩石和寒凍的風，偶有小型雪崩發出隆隆聲響。我強烈感受到這地形的淡漠——在別的情況下我或許會相當激動，但此時此地我只感受到危機四伏。

我在一塊巨礫的背風面停步，腳下的羅弗登牆將在前方聳入雲端，我邊休息邊評估形勢。山峰本身仍不見蹤影。山坡上有氣旋在漫遊。我看到三道溝壑在前方展開，直入雲間。我從收到的照片得知只有一道溝壑可以通過，另兩條都通往陡峭的斷崖。三道溝壑的起點都有雪崩的殘骸，我卻因此感到安心——那泰半是大塊的積雪，而不是完整的雪崩。

視野如此之差，該如何選擇？左、右，還是中？左側那條似乎太過偏西，不大可能是對的路。右側那條看來最可靠，但伸入雲端時似乎就驟然收窄。我想起手機上有溝壑的照片。我拿出手機，想對照著眼前景象辨識照片。但那照片拍攝於暮春，上面是黑色的岩石和幾行白雪，與我前方這道暴風雪吹襲過的牆幾無相似之處。

落石隆隆作響。

我借助直覺和點兵點將，選了中間那一道，暗自期望必要時還能重選一次。

穿上釘鞋，戴上頭盔，拿出冰斧。我上前來到溝壑起點，在斜坡變得陡峭之處挖了一個坑洞來測試雪崩。風剛吹成的雪殼從下方較硬較老的雪上滑開，不太妥當，不過從溝壑上雪殼的體積看來，要是眞的滑下，應該還不足以將我活埋。

所以，前進吧。既然如此。

現在眞正進入溝壑了，地面傾斜，非使用冰斧不可。溝壑頸部的雪深及大腿，超乎我的預期，我很快就在一條陡峭的白色河流中跋涉。小型雪崩已然開始觸發，我很不安，於是移到溝壑左側邊緣，那裡像排水溝一般向上彎起，岩石多而冰雪少，比較不易發生雪崩，卻有較激烈的落差和落石。雪崩、落差與落石之間的風險權衡，成爲上升的訣竅，我必須選擇能將三者極小化的最適路線。

時間變慢，氣旋，反覆。步履維艱。背包很沉，不停將我從斜坡上剝下來，或往斜坡上推擠。雪沫嘶嘶撲向我的臉，騷擾我的雙頰。我喃喃唸誦咒語：**慢慢來，該走多久就走多久，慢慢來，該走多久就走多久。**

你在這幹麼？你在這幹麼？岩石向風發問。

依然看不到隘口。這是對的溝壑嗎？然後我腳下嘎吱作響，我猛然下墜，砰！硬雪撞擊我的肺部。我往下陷落，雙臂卡住，雙腿垂在某種虛空中。**想一想，想一想**，這應該是雪隙。這應該是舊雪流過一顆巨礫形成的裂隙，我下半身掉了進去。我**眞的**不想全身都摔下。雖然不知道這裂隙有多大，在這種情況下一定很難從那種地方爬出，於是我像掙脫流沙一樣，小心翼翼划、拉、游、**浮**，伸長手臂奮力用冰斧一搆，然後膝腿並用，終於爬到雪隙上方，然後——**那邊！**——我在上方二十五公尺左右看到溝壑的邊緣，以及晴朗的天空。我選對了，這就是翻越羅弗登牆之路。

但離頂部十公尺時，斜坡愈加陡峭，厚厚布滿雪殼，外沿還有道雪簷——我上方是一道橫向的冰凍雪浪，大概長一公尺半，在溝壑邊緣朝外、向上捲開。

我不喜歡那雪簷和厚重雪坡的模樣，因此在溝壑左側尋找其他的可能。但那裡的地形更加惡劣，可能只差十五度就是垂直了。我的冰爪在裸露的花崗岩上打滑，而我不可能只憑一支冰斧往上攀。左手因爲不停戳入雪中想要抓住什麼而開始凍僵。我感覺到下方似乎有道凶險的落差，於是我撤離左側岩石，以相反的順序小心重複先前讓我抵達該處的大約十個步驟。一點一點地移動。**該花多少時間就花多少時間**。

那麼，只好試試那雪簷了。一步一步，沿著對角線爬上那背負著厚雪的斜坡。每踏一步，雪殼就在我下方墜落，都是約有一公尺寬的厚大雪塊。現在每一步就有雪崩之虞。前進，向上，小心落腳，眞正的如履薄冰，直到站在雪簷下方。我盡量在腳點上踏穩，將冰爪前排的冰釘深深踢入，然後用冰斧敲鑿雪簷。雪塊從我周遭滾落，直下溝壑。六七下之後我已經打開一條通道。我伸手進去，將冰斧咚的一聲插入雪簷外側山脊結凍的草地上，然後我邊踢邊爬，翻越雪簷，呼喊著將自己拖上隘口的鞍部。

我仰躺在地，喘得像上鉤的魚，而我上方的薄霧中有海鷗低旋。哽在喉中令人反胃的恐懼被拋開了，我的心因爲那絕頂之巔的非凡之鳥而驟然充盈。然後我想，**牠不過把你當午餐打量罷了**——我放聲大笑，笑自己的愚蠢，笑土地的漠然。

・・・・・

挪威沿海的壁畫洞窟不易抵達，也難以進入，「就像成人禮，是身體和心靈的試煉。」發現了許多壁畫洞窟的海恩如此寫道。我在前往羅弗登之前，先在奧斯陸和這位考古學家碰了面。他筆下的試煉有好幾場，首先是前往洞窟的旅程，其次是進入洞窟必須通過的兩道關卡，第一是洞窟入口，第二是光線退去、黑暗接手的交界。作畫的藝術家短暫造訪洞窟，博科稱此挑戰爲「儀式活動」，是前往「人類世界邊緣」的旅程。他並且指出，留存至今的洞窟名字仍不停強調自己是展演的空間，或是通往險惡異世界的入口，如教堂窟（Church-Cave）、地獄口（Hell's Mouth）、地獄洞（Hell's Hole）、巨怪之眼（Troll's Eye）。

這些洞窟無疑都很搶眼。巨怪之眼是條波濤拍擊而成的地道，直徑約有三十公尺，東西向貫穿一座岩石小島，一年有一次會將橙色夕陽框在洞口。布坎馬窟（Bukkhammar Cave）位在海崖上，因爲太過陡峭，只能由海路前往，天氣晴朗時遠在數公里外就能看見那道圓穹。索爾森窟（Solsem Cave）內有一片懸垂的岩板，面積超過九平方公尺，上面畫著巨大的十字型圖案。芬加爾窟（Fingal's Cave）的位置最南，洞窟分成兩條主要通道，各自深入岩心，而分岔點上立著一塊尖銳的史前巨石柱，一年有兩次，陽光會短暫照上巨石柱的正面。庫爾赫拉倫本身是一座朝北的十字型巨窟，入口高四十五公尺，廊道長達一百八十公尺。仲夏時節，庫爾赫拉倫外側的部分會有數週漲滿黃色的永晝日光。

史前岩石和洞窟壁畫的研究充滿猜測，居所有考古學專業之冠。有人留下了印記，這一點無可否認，但創作當下的情境卻很少能復原，考古學家很難有信心找出這些個別畫作在廣泛的文化習俗中具有何等意圖或意義。

不過，挪威的壁畫洞窟可以說是歐亞大陸北方居民所留下的極地文化，年代是現在所謂的青銅時代，同期的其他藝術包括瑞典南部布胡斯的雕刻岩畫群。此類藝術泰半位於閾限地帶——海岸、河畔、洞窟。正如布拉德利（Richard Bradley）在《自然地點的考古》（*An Archaeology of Natural Places*）中所言，那些是「山與海交會」、明與暗交會、不同世界「緊密最結合」之處。

就在北方濱海洞窟被畫上紅舞者的那些世紀裡，布胡斯近海的一個過渡地點也出現了密集的儀式性景觀。海面上方的高地建起了墓葬疊石堆。冰河作用磨開的裸露基岩是理想的銘刻表面，上面的雕刻數以百計。令人困惑的是，這當中有許多是足跡的雕刻，沿著岩石的角度一路往下。這是鬼魅的印記，創作者只用腳印的形式出現，因而記錄的似乎是高地墓塚的行者步向大海的路途，彷彿靈魂離開墳墓，展開最後一程，踏入亡者的領域。布拉德利將布胡斯的石印與北歐神話相對照——北歐神話說剛死去的人需要冥府之鞋的幫助，才能出發前往另一個世界，鞋底印痕尤其能讓靈魂踏上「從墳墓到陰間的道路」。

挪威北部的壁畫洞窟顯然也都是強大的過渡地點。壁畫洞窟中至少有一個頭戴禮冠的人物，顯示這可能跟薩米人的三層宇宙有關。薩米人認為宇宙垂直分成天空、土地和地下世界三層，只有巫師和死者能夠藉由宇宙軸心穿越各層。宇宙軸心以河或樹的形式，將上層及下層的靈界與生命存在的中界連結起來。諾斯泰德（Terje Norsted）和布拉德利都認為壁畫洞窟裡的活動可能是一種通過儀式，讓凡人通過岩石之膜，去到地下或天上世界。

這些出現在險峻地勢上的岩畫，也可以理解為一種早期的大地藝術，而選擇這些特定的作畫地點（洞窟的內部），不只出於保護和保存的實用目的，也是因為這些地點都歸屬於一片強勢區域——以輻射方式向外延展至斷崖、海灣以及包圍該區的海岸線，向內則延展到洞窟內部隱密的深處（抽象上及實際上）。確實，以庫爾赫拉倫而言，洞窟與默斯肯漩渦如此接近，很難想像作畫者會不認為這樣的地方將讓圖形具有魔力。

故而不論古代或現代，與那些彩繪人形相遇時，心靈的激蕩不僅來自洞窟牆上的紅色形象本身，也來自這片黑暗外面地景上的細節與氣氛（日落餘暉或降雪、海象、老鷹的滑翔身姿，海獺的流動身影），以及一開始走向這些洞穴的經驗。

◆ ◆ ◆ ◆ ◆

我在隘口上的笑聲已被猛烈西風揮走，攀登的過程中，羅弗登之牆一直保護我免受此風的吹襲。這風不懷好意，風勢近乎狂風。接下來的數日我將置身全無遮蔽的西海岸，前景堪慮。能見度約十五公尺。地面在我下方落入一片白茫。冰雹晶尖在我的夾克上嘎吱作響。從不穩定的地面降到迷霧中會有重重問題，但返回溝壑已不可能。開始下降時，我憶起在門迪落入巨礫陣那種門在身後關閉鎖上的感覺。

不過山脊的西翼比東面的溝壑略緩，而且爬下冰雪岩混合地形也令我安心，我以前在山間就常如此行動。在這種地形上，你需要探勘、預測可行的路線：測試溝壑，在雲霧間從斜坡和斷崖下降的方式收集訊息，判斷哪條路徑會消失在斷崖上，又是哪條能帶我安全下坡。

我沿著山側展開漫長橫越，盡我所能地下降，利用雪舌穿過一道岩壁，來到另一片雪舌，格外留神光滑的岩石和簇生的雜草，繞過我感覺會有一大段落差的西南方。如此這般度過棘手的二十分鐘，雲開始變薄了。白茫中有線條顯現，是破碎的黑色和灰綠色，難以辨識，似乎只是抽象的形狀。空氣中隆隆聲漸響。雲中出現空隙——六十公尺下方就是海岸線。我看見白色波濤在黑色礫石上變成泡沫，四下散落許多漂流木——令人費解的是還有數百顆渾圓球體，顏色深橙。

半小時後我開始往海面下降。我放下背包，坐在岩石上評估情勢，順著海岸望向西南，現在我必須沿著這海岸走好幾公里才能抵達庫爾赫拉倫。

濕透的黑色花崗岩牆聳立在海面上，從這裡看來幾乎無法翻越。尖銳的岩礁突出海面。先是一道沙灣，然後一道岩灣。

我在溝壑時就已徹底濕透，如今寒意逐漸滲入體內。這大概是我所見過最怵目驚心的地上景觀，在此我得動員我所有的沉著，自力救濟。

我下方的海灘散布著許多球體。現在我看出來了，那是拖網漁船的鐵製魚網浮球，數量龐大，擱淺且鏽蝕，像外星生物下的蛋。浮球之間和周遭有厚重的塑膠漂流物，塑膠瓶、纏結的尼龍網、魚箱的碎片等，在這荒涼海灘頗爲礙眼。

東北方遠處一片湛藍露出雲間，下方的水面閃爍數秒的光芒。那幾秒之間，我全心全意愛著那片湛藍，幻想著深深潛入，沉溺於那色調中。

◆ ◆ ◆ ◆ ◆

沿岸的數公里跋涉艱困而緩慢。巨礫地、灌木林、峭壁。斷崖總是向東聳立，波濤總是向西落入白茫。

一對雷鳥撲著銀翼颼颼掠過。一隻雪兔在長滿苔蘚的岩石邊駐足，鮮綠上的一抹白。

藍莓、石南、苔蘚。但沒有水。沒有淡水。西側是鹽，東側是冰，吃雪解渴。穿過一道海灣，岩石大如屋舍，穿梭於巨岩間的峽谷迷陣。沖上岸的海藻光亮滑溜。下冰雹了。

有一片巨礫地苔蘚之厚，腳下都感覺不到岩石。發育不良的白樺樹幹上密密長著鬍鬚般的地衣。

下霙了。

覆滿濱草的黑金沙海灣從冰雪斷崖的腳下轉了個方向。下雨，然後又下雹。

樺與柳的森林，樹冠有二公尺高。樺樹皮在光中微熒，柳樹上新芽如毛綻放。

走上並翻過峭壁與巨礫，來到岬角肩部，現在每走一步都感到腳痠。風更冷了。背包很沉，頭也很沉，喉嚨很冰，身體很老。

岬角後還有岬角，直到海灣終於出現在西邊，後方或許就是洞窟的入口。海灣中碧綠海水淹沒海灣上的白色貝殼沙，岩石如手臂般彎曲護守著兩側，灣內海水平靜，儘管外洋漩渦已亂流一氣。

五座錐形山峰從海面聳起，名爲赫爾賽加（Hellsegga），一峰高過一峰，每座峰頂都拖出一縷白雲，朝東方柔美彎去，而就在那裡，五峰之一的山腹低處，有一道洞窟的黑色圓穹。

◆　◆　◆　◆　◆

近海珊瑚礁上波浪轟鳴。兩隻海鷗盤旋，視風於無物，無聲無息。斷崖下烏鴉高叫，聲若鋼鐵。渡鴉嘲哳。

我來到赫爾賽加下方瑞弗斯維卡灣（Refsvika Bay）的北側，筋疲力盡，但精神亢奮。在這異常崎嶇的地形上，我每走八百公尺路都耗費一小時以上。

我在高處發現一處地方，似乎適合紮營。若是風往北方吹，這裡就會暴露出來，不過這也是此地唯一的重大缺點。兩塊巨礫遮擋了西風。

最重要的是，雨水在苔原凹陷處匯成一面深潭，背風側飄著一隻白色鷗羽，東緣凝結著稍早落下的冰雹。我喝下一捧捧水，直到頭因寒冷而開始發痛。

腳下是一層石南、苔蘚和地衣，柔軟有如冬季羽絨被。我整個人躺了上去，陷下三十公分，石南升起，俯身向我，我感覺那是一種庇護的姿態。我在那裡躺了一陣子，向上看，也向外看，感覺當天的焦慮逐漸流去。骨骼般的地衣盛裝的每滴雨珠閃爍著西方暮光，在叢叢苔蘚上結成珠飾。

我躺在那裡，出乎意料睡了約半小時。雨將我喚醒，一陣短暫暴風襲來，而後減弱，近乎靜止，這還是黎明時分我上路之後頭一回。我搭起帳篷，將鯨骨貓頭鷹放入帳篷內的置物袋，青銅匣子放入另一個置物袋。那天我一直怨恨那匣子加重了我的負擔。營地整頓好之後，我開始吃羅伊給我的魚餅。那是我所吃過最棒的食物，獨一無二。

凱爾特基督教傳統中有所謂的「稀薄之地」，指的是地域或時代界線最脆弱的地帶上的場所。對於西元五百至一千年的異邦人來說，那多半是西方的陸岬、島嶼、洞窟、海岸等邊緣。而我現在所在之處正是我造訪過數一數二稀薄的地點。

瑞弗斯維卡的第一夜睡得很不安，常常醒來。天氣再度翻騰。雹雨來來去去，拍在帳篷上，雨一度落下數小時。五點我在落霙中醒來，再也睡不著，只好身吃東西，在漂羽的水潭邊喝水。斷崖高處的瀑布一夜之間凍結了。

◆　◆　◆　◆　◆

通往庫爾赫拉倫的海灣有兩座，其中一座海灣曾經有人定居。

十九世紀中葉到二十世紀中葉，瑞弗斯維卡上的小聚落有幾幢屋子、幾個家庭。一九〇〇年有居民二十二人，一九三九年則有三十八人。他們在斷崖與海岸之間薄窄的草地上養牛，在赫勒外海的富饒水域捕魚（冬季和初春捕眞鱈，其他時候捕狹鱈和長身鱈）。天候惡劣時，牛隻會被引入庫爾赫拉倫洞窟內躲避。這海灣足夠封閉，即便在冬季暴風中漁船也能安全碇泊。聚落直到最後數十年才開始供電，而要進出此地，若非乘船穿過大漩渦，就得徒步穿山越嶺，即便在夏日也不簡單。每年冬日，瑞弗斯維卡的居民大多與世相隔。

一九四九到一九五一年之間，就如同挪威沿海的許多島嶼聚落，瑞弗斯維卡居民是被「帶來」的——在政府補助下移居到較大的拓居地，也就是莫斯克內斯島背風處的索爾伐根（Sørvågen）。這些家庭離開瑞弗斯維卡時也拆掉房屋，將大部分石材跟木材帶往索爾伐根，用來建造新的家屋。

我從營地順著陸地的曲線前進。我一靠近，蠣鴴便驚慌不安地散開。五隻絨鴨在海灣口隨波逐流，彷彿牠們並非身在海上，而是海的一部分。我從兩塊巨礫之間穿過，石面覆蓋著我認不出來的黃色地衣。

視野一角有動靜，我看出頹敗的聚落上還住著一戶家庭——四隻獺，海獺，兩隻是父母，兩隻是小孩，毛皮因海水而光滑閃亮，正大步跑上一片巨礫灘，嘰嘰喵喵，卻正眼也不看我一下。我倚著北邊的巨礫看牠們活動，看著牠們一個接一個投身巨礫間生滿苔蘚的洞穴，消失了。能在牠們的棲地見到牠們，我喜出望外。

我來到第一座房舍遺跡，只有地基的基石留了下來。這讓我想起在蘇格蘭高地和島嶼見過的頹圮小屋和夷平村莊。四處蔓生的苔蘚和地衣正在回收石頭。四處都有小而挺直的樺樹和細長的花楸幼苗在石頭背風處欣欣向榮。一路走去，共有十二間屋子的遺骸，多半只有一層石頭高，樹苗在內部生長。我難以想像人們得多麼堅忍才能在如此克難的條件下生活如此之久。在這麼惡劣的地方，住在這種小型聚落中，生活會是什麼樣？

海灣本身是粗礪的白色貝殼沙，點綴著蛾螺和貽貝的碎片，此外還有人類的廢棄物。一顆洋娃娃頭、兩柄牙刷、塑膠瓶破片、鍋子和藍色繩卷、帶有鏽鉤的尼龍繩團，和雜草捲在一起的網子。

我記起奧斯陸一位考古學家向我講述的深度時間——**時間並不深邃，總是圍著我們。過去糾纏著我們，存在的方式與其說是層次**（layers），**不如說是漂移**（drift）。我覺得此話在此地確實不假。我們糾纏著過去，我們是過去的詭怪。

峭壁之間是藍色冰瀑。一條綠線吸引了我的目光，我凝神細看。那是一條細窄的小徑，穿行於石頭之間，在沼地青草拉出一條細線，串起往昔的門廊，而後繞過海灣，因爲長出明亮的苔蘚而變得顯眼。這可能是一世紀前的小徑，在大地上仍有跡可尋，如今則在海獺等動物的努力下開門揖客。

我將腳落在小徑上，感謝它在腳下的柔軟、它的優美，以及它在時光內的變動。

◆ ◆ ◆ ◆ ◆

三千年前的夏夜。在這個緯度，這個季節，地面上幾乎容不下黑暗。退潮時分，平靜的海。一小群人影沿著海岸踏岩而行。洞窟之口相當巨大，下緣貼近水面。

人影在洞窟入口停步。遠方傳來大漩渦的怒吼。空中有海鷗盤旋，翼尖逼近陡降入海的斷崖。人影魚貫進入洞窟——世界大變。

色彩淡出。暮日黃光消褪。綠色不再，灰色升起。岩石的灰，夾雜著棕紋，夾雜著紅紋。腳下的沙子濕漉漉。沙子的白。前方是暗處的黑。石頭潮濕的氣息。深入懸崖三十公尺，最後一抹明晃晃的亮光落在一根淺色的中央岩柱上，洞穴空間圍繞著岩柱展開。這裡很好作畫，卻太靠近浪與鷹的外部世界，也太靠近以慣常方式描述的時間。

岩柱右側有條通道向前直直隆起，最後結束在落石前。一條狹窄的地道向西南切入山腹。還有一道比人還高的裂隙，切面呈淚滴狀，攀上東北的岩石，沒入完全的黑暗中。

人影沿著淚滴裂隙向上移動。

在這樣的暗處，時間與空間相互滲透。這裡若有生命，那就是岩石的緩慢生命，是海在耐心探索山的內在。

在地道岩壁高懸之處，人影停步，著手準備。岩石本身將是岩石的畫師。他們在石杯內碾碎赤鐵礦，加入唾沫、土和雨水，做成紅泥。

開始作畫。

用指尖蘸一點，然後在淺色的岩面上畫出一條清晰的紅線，往下彎出一道弧，呼應跳舞人形的胸和腿，一個跳躍中的人形。

再蘸一次，伸展，畫出曲線，是人形的另一條腿。

再蘸一次，畫出雙臂的交叉線——然後連到下一個人形。

蘸，畫——岩面上單一清晰的紅線，用跳舞的人形將岩面填滿。

火炬焰光流轉，遠方的夏日陽光微弱而穩定，岩上人形彷彿就要隨著焰與影而起舞。這些形影是爲了在黑暗中存在而創，但或許也是爲了在黑暗中存續而創。

蘸，曳，指尖畫出一條線，穿越時光——直到一九九二年的某個夏日。

一個名叫海恩　博科的年輕考古學家正在探勘羅弗登群島極遠的西海岸。天清氣朗，大海靜平——島上稱此爲「靜若油膜」。那天早晨他跟一個朋友一起乘小船航行。那洞穴靜臥於高聳的海岸山峰之下。海恩跟他的朋友之所以前往那裡，是因爲有人將洞窟地面淤泥裡發現的貝殼碎片定年爲三萬三千年前。他們想在此挖掘探坑，那或許有望揭露此地遠古人類歷史的細節——**他們想知道自己是否能夠跨越時間的鴻溝，從躲在這天涯海角的獵人身上獲得雪泥鴻爪。**

他們下錨碇泊，乘小艇到岸邊，拖著小艇攀上草地與岩石，前往洞口。

苔蘚的氣息，石頭的氣息。在入口處停步。遠方礁石上波濤的咆哮，遠方大漩渦的翻攪。**空中有海鵰盤旋，翼尖逼近陡降入海的斷崖。**

人影穿過洞口，進入洞中——世界因此改變。**洞窟蜿蜒深入斷崖。時間翻轉了空間——走得愈深，洞內空間愈是年輕。進入黑暗的旅程是通往現在的旅程。大海耗費**

千萬年的時光，贏得每公尺的岩石。

海恩側著頭，頭燈的光線落在洞窟西面的岩壁上，再次滑開——但那是什麼？——再次照上，尋找，落定，什麼也沒找到，再找，在那裡，那裡，有一條淡淡的紅線，確切而清晰，不可能是岩石的紋理。紅線逆著岩壁往上，太過違反重力，不可能是逕流的沉積，而那裡，**那裡**，有一道相應的十字，大膽切過第一條線，而突然在那裡，**那裡**，一個紅色人形自黑暗中現身，跳躍的人形——還有一個，還有一個。

後來博科說，這發現宛如「流星」——始料未及，天外飛來，璀璨壯麗。自此他總是懷抱一種急切的渴望，想再次經歷這樣的時刻，再當一次千萬年來第一個目睹黑暗中舞者的人。

他就此展開多年的旅程，在西海岸上上下下，在洞窟之間航行又步行。這活動從渴望升級成上癮，夢想和日常生活都捲入了他所謂的「洞景」中。

而他確實也找到更多紅色人形，足以解癮。紅色的人形千篇一律都是紅色，一成不變的簡單形狀，在濱海上方及下方的洞窟暗處舞動。如今他已熟悉這形狀，對創作始末卻依舊毫無頭緒。每次發現紅色人形，他的心都跟著躍動。當人形在隱約的光亮下舞動閃現，時間崩塌了，或出現多重時空同時並存。

蘸，曳，指尖在時間裡畫出一線——來到此刻這深冬的某天，洞窟附近有人獨自待在海灣。

我走過最後的數百公尺，來到洞口，地面在此從斷崖陡降入海。我別無選擇，只能緊貼著斷崖上的突岩，但為了避免落石，我得加緊腳步。烏黑淋漓的斷崖浸入下方的雪堆中。鳥鳴在岩石上回響，落向大海，穿過光禿的土地以及草地，傳至洞口。

我在入口前停步，回頭四望。遠方礁石上波濤咆哮，大漩渦在遠方翻湧。天空有海鷗盤旋，翼尖逼近陡降入海的斷崖。

洞窟入口的規模令人震驚。這是崖高四十五公尺的狹灣。海灣的高弧，洞窟的深口，這裡無疑是展現的空間，創造意義的地方。洞窟是道下沉裂谷，通向黑暗的入口，而時間將在黑暗中移轉、停頓、摺疊。

水滴快速落下，答答輕響，從高處的花崗岩垂下迤邐的銀線。入口有橙色和灰綠色的團團地衣。跨入洞窟時肩上一陣針扎的痛。

沿著主要裂谷前行下降，瞳孔放寬，此地依然有光，但顏色已經褪去。到了三十公尺深處，洞窟變成十字形，左右兩側各有一道裂谷，由一座白色岩稜隔開，空間在此一分為三。我將手放上那岩稜，感覺寒意迅速衝上手臂。

空氣一陣胡敲亂打——被海與風吹響後，驅趕到這片空穴，就此自得其樂。此地是由波濤贏得，由戰爭贏得。

我選了左側那道往上深入岩心的裂谷。較高的一側是黃白色的花崗岩，斜向遠方，如今斜向我的是顏色較深的岩石，有著一條條的紅與黑，或破碎，或像蝴蝶翅脈。後方岩稜上有淚滴形的亮光。

終於到了。抵達此地的旅程如此漫長寒冷。我倚著背後的岩石休息，讓眼睛適應黑暗，看著前方的花崗岩牆。

但岩面上沒有人形。

完全沒有。

我又看了一遍。凝視。尋找。

這裡什麼也沒有。

這一趟路，這許多公里，還有消失的舞者。他們真的存在過嗎？

我倚回背後的岩石，讓岩石捧著我重重的頭殼，讓黑暗在我倦於再看的雙眼中平靜下來。

然後我張開眼睛，再看一次——有了，那裡，**那裡**，忽隱忽現的線，不只是岩石的紋理。這條線與另一條線相交，又跟第三條線相交，而那裡，**那裡**，是了，有一個紅舞者，隱約到幾乎看不見，卻又無可錯認，魅影般的紅舞者在岩上躍動。還有一個，還有一個，**這裡**，好幾十個，沉靜如幽靈，但散發存在感，在岩石上跳躍舞動，雙臂伸展，雙腿大張，在我眨眼之際變幻並繃緊身形。

人形的紅線在邊緣變得粗糙，淡入岩石中，因水的流動和凝結而模糊，而洞內一切情境——朦朧、微光、我的疲憊和眨眼，讓人形具有生氣，讓他們在這易變的畫布上變幻形體，陰暗與水與岩石與倦乏攜手化爲藝術家，鬼魂的古老概念在這空間裡顯得新穎而眞實。這些人形是共舞的**鬼魂**，我也是鬼魂，這當中有一種歡快，於他們如此，於**我們**如此，於他們共舞的千萬年時光亦復如此。

突然間，出乎意料，我的頭部開始發麻，背部和胸部開始顫抖，我發覺自己在哭，在淚滴形的裂谷中全身顫抖著啜泣，與世相隔，卻如此貼近這些慷慨大方的人形。造訪舞者的驚險在我身上如落潮退去，他們動作中的喜悅如漲潮湧起，而我在那裡哭泣，既意外又難以自持，在這花崗岩和黑暗的深處，爲我無從表述的感受流淚。

海鷗在崖邊迴旋。波濤拍擊洞窟下方的巨礫。大漩渦旋轉又反轉。**死者之手從岩石的另一邊壓來，與生者相貼，掌對掌，指尖對指尖……**洞窟閾限之外，時間以慣常步調推進，但在這稀薄之地則非如此。

◆　◆　◆　◆　◆

「藝術的降世就像一出生就能走的雛馬，創作藝術的才能與對藝術的需求相隨，兩者同時誕生。」伯格（John Berger）如此寫道。

一九九四年十二月，由蕭維（Jean-Marie Chauvet）率領的三名法國洞窟探險人在阿爾代什（Ardèche）探險，就在蜿蜒壯闊的艾斯特圈谷（Cirque d'Estre）附近。在山谷高處，他們用蚊香的煙偵測出巨礫壅塞的石灰岩裂隙內有空氣流出。他們清開巨礫，挖出一道入口，後方是一條向下傾斜的地道，寬度恰容三人中最苗條的艾莉特（Eliette Brunel）爬行。這位年輕女子用鑿子和榔頭清除地道中的石頭障礙，以便身材較大的同伴隨後進入。曲曲折折十公尺後，地道幾乎垂直降入一座看似大型洞穴的地方。一行人從這條滑道溜下，興奮地發現自己置身一個宏大的空間，之後測量出來長度約是四百公尺，寬度五十公尺。有些地方有石柱般的鐘乳石，將天花板與地面連成一氣。三人續行向前，驚喜地用頭燈照射環顧四周。這是所有洞窟探險人的夢想：發現這樣規模的洞窟，探索與之相連的系統。

然後艾莉特叫了出來，三人停下腳步，目瞪口呆。據她日後回憶，她的頭燈「照上一頭猛瑪象」，又「照上一隻熊，一隻獅子，口中浮現半圓形的點點，好像血滴……我們看到人手，有浮雕也有凹雕。還有其他動物的飾帶，長達十公尺。」有著高聳鹿角的巨大公鹿漫遊於洞窟牆面，犀牛以獨角打鬥，岩石邊緣有鴞棲息。有些圖像刻入石中，有些是以或紅或黑的顏料畫成。一面高踞的石板上坐著熊的頭骨。

三人所進入的洞窟後來稱爲蕭維窟（Chauvet Cave），暱稱「失落夢境之窟」，是至今所發現最大的史前藝廊。現代人初次踏入之時，整個空間彌漫著一種詭異的零距離感。三萬多年前的人作畫使用的一些調色板還留在洞窟地面，被棄置在自身作品的下方。用來點亮洞窟的火把掉落在原先的放置處，黑色灰燼灑落石灰岩上。許多牆面被刮淨，之後才塗上顏料或刻出線條，以提高畫作線條和岩石的對比。

洞窟裡的畫作栩栩如生，令人詫異。儘管材料粗陋，作畫的藝術家也欠缺（在我們看來是欠缺）訓練或傳統，蕭維窟內的動物卻像隨時能從岩石上走下來。野牛的角和偶蹄畫了兩次，創造出動態感——頭的搖晃，腳的踩踏。馬的口唇畫得柔軟，讓人想要伸手觸碰、感覺、餵食。十六隻獅子肌肉緊繃，雙眼緊盯獵物，在一面石牆上由右至左追逐一群野牛。原來這是遠古版本的定格動畫，一座原始戲院。**藝術的降世就像一出生就能走的雛馬……**

值得注意的是，洞窟畫作很少出現前景——沒有這些動物踏足的地景或植被。除了岩石與黑暗，牠們別無棲地，如此一來，牠們看似自由浮動，不羈於世界。牠們既是精美的解剖素描，也體現與我們迥然不同的世界觀。正如麥克伯尼（Simon McBurney）明確描述的，這些動物生活在：

宏大的當下，也包含了過去和未來。在那個當下，自然不僅與牠們相連，更與牠們相續。這當下在周遭一切的連續體中流進流出，就像動物在岩石上流進流出。若岩石有生命，動物也有生命。所有一切都有生命。

麥克伯尼總結道，或許「眞正將我們與這些藝術隔開的」，「不是時間的距離，而是對時間的感受……我們以毫秒爲單位切割人生，而那將我們與周遭的一切隔絕開來。」無疑，發現洞窟的三人在一九九四年初次站在那裡的那一天，就認出了某種古老的存在感。蕭維寫道：「彷彿時間被摧毀了，彷彿千萬年的隔閡不再，我們並不孤單，畫者也在這裡。」

洞窟藝術的當代史充滿此類流星般的發現時刻，蕭維窟只是其中最閃亮的例子。另一個重大發現的故事有許多版本，其中之一如下。一九四〇年九月，德國入侵法國後四個月，一個名叫拉維達（Marcel Ravidat）的十多歲少年帶著狗在多爾多涅省蒙提涅克鎮附近的樹林裡，在一株連根拔起的樹附近發現了一道石灰岩裂隙，寬度僅夠一人擠過。由於當地素有藏寶密地的傳聞，拉維達又找了三個朋友同來，四名少年一起小心翼翼進入裂口，沿著一條長長的通道降入岩石深處的一座洞穴。這洞穴確有寶藏，卻不是他們想像的那種。這座圓廳空間的牆面像蕭維窟那樣布滿了壁畫，一幅神奇的動物寓言，微光中彷彿在動。環繞著畫廊的是有三十六隻動物的飾帶，包括六隻公鹿、一隻熊、十一隻原牛、十七隻馬，以及一隻類似獨角獸的幻想生物。圓廳通往更多藝廊，牆上同樣都有壯觀的畫作，年代在一萬五千年前，包括數百隻鬃毛倒豎的馬；有著旋曲犄角的公鹿在怒吼時仰起頭來，眼向後翻；原牛、公牛、貓、熊，還有一人一鳥，鳥頭朝向一隻野牛，野牛彎著頸項，挑釁地展示自己的犄角。

發現拉斯科窟五年後，又有人在歐洲別處發現更多黑暗中的洞穴。一九四五年一月二十七日，蘇聯軍隊向西推進，穿過波蘭，抵達奧斯維茨死亡集中營，此前十一天德軍撤離此地，命集中營倖存者向西行進，途中還將再死去一萬五千人。因爲撤離倉促，德軍無暇摧毀集中營的基礎設施，蘇聯人發現毒氣室黑暗的內部，發現已死和垂死的人，以及難以想像的大規模屠殺遺跡——成千上萬疊起的男裝和女裝，堆積如山的假牙和眼鏡，數噸絞下的女性頭髮。在那之後的數月間，蘇聯與盟軍部隊還將抵達並進入數十座勞改營和死亡集中營，撞見滔天罪行的鐵證，人類在此向世人展示了自身作惡的能耐。許多「解放」了集中營和毒氣室的人此後再也無法形容當時眼前的一切。如此一來，正如尤索芙（Kathryn Yusoff）就這兩起發現所寫的高明論文所言，拉斯科窟的慷慨秘密「爲人所知，正如地表上可見的一切都存在於黑暗之中，只會被覆滅的爆炸場照亮。在這破裂的景觀裡，如此豐盛的贈禮顯示宇宙有可能不同」。

哲學家巴代伊（Georges Bataille）於一九五五年造訪拉斯科窟，那是發現洞窟的十五年後，核武競賽正急速升級，核試爆也在地下和沙漠展開。一種覆滅的新秩序正在宣告物種和星球毀滅的可能性。

「我只是很驚奇，死亡的概念在我們面前顯現的那一刻，光亮也照亮了我們的誕生。」巴代伊在走出拉斯科窟後如此寫道。

◆ ◆ ◆ ◆ ◆

我在洞窟的入口處駐足，走出岩洞，進入空氣。大雨滂沱。景物朝自身走回——先是光亮，然後是顏色。海水翻湧，我身後的洞窟內濤聲迴蕩。我沿著海灣踏上歸途，走回聚落遺址。

我有一種很強很強的被監視感。

海鷗在布滿糞土的岩石上盯著我。

我在黑暗中看到了什麼？往昔的影子戲，拒絕排序的事件，指尖在遠離光亮世界、深不可測的洞窟中穿越時間畫下線條。此地吞併了那些跨過洞窟閾限的訪客，正如吞併了我，又一個漫長歷史中在洞窟暗處追尋意義和創造意義的人。

一隻海鷗在赫爾塞加上方厚重的空氣中盯著我。

我想著我踏入過的地下黑暗空間。那時我還不知道我將造訪另一個這樣的空間，就在東南方六百公里處，可能是其中最黑暗的一個。

蠣鴴在海灣沙地上盯著我。

波浪在岸邊巨礫之間奔流，在我腳邊翻湧，彷彿自地球內部湧出。我體內升起一股渴望，想要再度擁抱我愛過的已逝之人。

海獺從瑞弗斯維卡長滿苔蘚的岩石間盯著我。

我遙望對面的海灣北岸，而在那裡，**那裡**，在熒熒的樺樹旁，隆起的地面上，有道黝黑人影，但那裡卻不該有人。那是剪影，動也不動，看來像人，且面對著我。

人影從樺樹那邊盯著我。

然後兩隻蠣鴴高聲驚叫著閃過我們之間水面，吸引了我的目光——等我回頭再看海灣的那一邊，高聳的地面上已然闃無一人。

◆　◆　◆　◆　◆

我在海灣的最後一夜，傍晚，風幾乎靜止了。連日狂風之後，這寂靜異乎尋常。沒有了風的呼嘯，所有聲音都更加清亮。我在帳篷附近一塊扁平的石頭上坐下。

山峰頂部清晰可辨，積雪露出。天空有片片蔚藍，陽光穿透薄靄落向海面。無風的半小時。波濤依舊在礁石上轟轟作響。一種安寧在我心中升起。

然後我聽到吵嘈的聲音，聽起來像是發動中的噴射引擎，一種粗糙的咆哮，音量逐漸增大，我卻找不到聲音來源。我惴惴不安。溫度開始降低。我看到洞窟上方山峰拖出的一縷縷雲向東朝赫爾賽加流去。那雲本來向南飄蕩，現在流向內陸，且變得更長。風再度吹起，但來自正北方，強勁而寒冷，而且愈來愈強勁寒冷。原來那呼號是這陣北風衝過花崗岩峰的聲音。海開始猛擊、翻攪，顏色從灰綠轉爲灰黑。我的帳篷紮得不牢固，在風中拉來拽去。

一道白牆朝我掃來，是爆米花大小的冰雹，發出嘩嘩聲響投向我周遭的地衣，然後是細小的雪花，然後是尖釘般的霙。

那天夜裡成眠無望。北風增強，不停呼嘯，我的憂慮亦然。我要如何脫離這個堅如磐石的空間、海灣的這座陷阱？礁石上的波濤聽來彷彿炸彈，每幾秒就引爆一次。

午夜時分，一陣暴風雪打平了帳篷，只剩兩根釘子沒被掀起。我別無他法，只能設法掙脫坍塌的帳篷，整個扛到積水的凹地，用石頭壓住，再爬進這殘餘的遮蔽。

早上四點，天已半亮。我在濕透的帆布上縮肩拱背，冷到無法再靜靜不動。我走到高點，透過方興未艾的暴風雪看見海。那景象很震撼。環繞海灣的岩牆外側儼然地獄洞開。灰色巨浪狂舞猛擊，海濤拍上礁石後濺開一、二十公尺遠。

霙遮蔽了北方天空。一隻海鳩緊貼著波浪盤旋，對風暴安之若素。而那邊——**那邊**，可能嗎？我看到大漩渦的方向有一條細線，就在暴風雪下方。那是一道青銅色的光亮，表示風暴外側某處有陽光落在水面，而這又表示風暴即將結束——那正是我離開洞窟及洞窟內一切所需的氣候窗口。

經歷過紅舞者洞窟的那幾日後，我有好長一段時間都無法擺脫一股感受：我將某個自我留在海灣——在岸邊留下一個人影。那感受強而有力，陪著我從羅弗登群島北上挪威沿海，前往西奧倫群島（Vesterålen archipelago）中的極地大島安島（Andøya），海的地下世界爭奪戰正在那裡開打。

＊注1：史林斯比（William Cecil Slingsby, 1849–1929）是十九世紀末、二十世紀初英國著名的登山家，英國人稱他為挪威登山之父。——譯注

九、邊緣（安島，挪威）

「我有四隻寵物。」在北緯六九．三二度，貝約納（Bjørnar Nicolaisen）對我說，「兩隻貓，兩隻海鷗。我在岸邊一起餵牠們，就在王座旁邊，餵世界上最好的魚！」

他大笑，指向客廳窗外的東邊——積雪覆蓋的田野斜向岩岸，包夾的峽灣只數公里寬，海水呈鋼藍色，潮流湧動處可見波浪起伏。峽灣遠端是層層戴雪山峰，在夕照中閃閃發亮。山勢之失控，是我所見之最，狀似女巫的帽子、鯊魚鰭和戳刺的手指，全都光潔有如細瓷。但我沒能在其中找到王座。

「來，試試這個。」他遞給我一副雙筒望遠鏡，鏡身包覆著黑皮，有些地方已經磨成棕色，目鏡擦得光亮——左筒背上刻著一隻納粹之鷹。

「納粹德軍的東西。」貝約納說。「很好的望遠鏡。是軍官的。我父親臨終前問我想要他的什麼東西，我回答他：『只有一樣。你從德國人手中拿到的雙筒望遠鏡。』」

我拿起雙筒望遠鏡，海岸線躍入眼簾，近到觸手可即。視野中飄浮著校準的十字線。我沿著海岸線向右搜尋。沒有。轉回左邊。是了，那裡有個類似椅子的東西，但大約有二公尺高，以漂流木釘成，看來像維斯特洛鐵民①製造的東西。

「不論何時，只要那天漁獲好，我就給海鷗一隻鱈魚或是青鱈，在椅子那邊餵。」

「貝約納，我認識的人裡面只有你把海鷗當寵物。」

「我比較是貓型人。」貝約納回答。

「跟狗型比還是跟鷗型比？」

「跟人型比！」

貝約納笑個不停。那是發自他胸膛深處，一種深沉而爆開的笑聲。

◆　◆　◆　◆　◆

羅弗登的暴風雪在我北行前往安島時減緩，最後完全退去。我的第一天結束於安德內斯（Andenes）晴朗的黃昏。安德內斯位於島嶼的最北端，鎮上有寬闊的街道、嚴寒的冬天及夜間的航行，煙囪都戴著鍍鉻的帽子，一隻喜鵲在路燈上吱喳，空氣中瀰漫著紫靄和炙人的寒凍。山脊積雪皚皚。大海由小鎮向外開展。由此往北是一百六十公里的海洋，然後就是冷岸群島（Svalbard archipelago）。

夕陽燦爛絢麗，山稜線外盡是錦緞似的紫與橙。日落後瑩白月亮高照海上。

隔天早晨我去看貝約納和英格麗（Ingrid）。兩人的屋子在安德內斯南方數公里，離道路有些距離，向東面對著區隔島嶼和挪威本土區的海峽。越野滑雪板和桿子靠在車庫邊。

我按響門鈴，門被推開，貝約納大喊歡迎，伸出一隻大手跟我相握，另一隻手拍了拍然後緊緊握住我的前臂。

我立刻落入貝約納手中，且在未來的許多日子裡都無法脫開。

「進來，進來吧！」

黑色皮扁帽，霜白鬍鬚，灰色的羊毛漁夫上衣。我猜是六十歲，或者五十歲，或者七十歲。魁梧的雙臂和胸膛。八字站開的雙腿。笑得很開，咧嘴大笑更開，還有我所見過最奇特的眼睛。

貝約納的瞳孔是藍白色，顏色之淡，令人以爲他一定是失明了。那是先知的眼睛，沉著得令人不安。他抓著我不動一段時間，上下打量我，我感覺那雙眼睛望入我的內在，又看透了我。

然後：「這是英格麗！」

英格麗穿著紅色毛茸茸的利物浦足球俱樂部拖鞋，手中抱著嬰兒。她的微笑極其和善，並爲無法跟我握手道歉。

「這是我們孫女，西格麗。」英格麗說。「咖啡在壺裡。來吧，進來坐，當自己家一樣。」

客廳地毯上有貓在打呵欠，玳瑁紋的毛色，蜥蜴般的眼睛。壁紙上沒有成排的飛鴨，卻有四隻黃銅海鷗，整齊地往高處飛去，體型漸小。柴爐的鐵門上印著兩隻北極熊。窗外露台的架子上晾著無頭鱈魚，在微微風響中搖曳。

貝約納是漁夫，是鬥士，熟知大海的地下世界，這也是我前來見他的原因。在冬季，貝約納捕魚時間很長，從早上五點到晚上七或八點。冬天是鱈魚的季節，我來到安島時正逢鱈魚季的尾聲。鱈魚出沒時，他在這高緯度地區摸黑出門，也摸黑返家。他在海上的大多數時間都漆黑一片，只有中午有數小時陽光。

貝約納孤身捕魚，沒人守望他是否落水或船是否進水。他一日工作十五小時，溫度可以低到攝氏零下十五度。如此歷險受苦，報酬便是鱈魚，且這報酬極爲誘人。此地的鱈魚品質高居全球鱈魚產區之冠，重量能達七十公斤，其中最大的被暱稱爲 Kaf-fetorsk——咖啡鱈。

貝約納跟許多從事艱險工作的人一樣，無意訴苦。捕魚是任務，艱苦是成本，而獎賞於他而言十分清楚——他是他那浮海一人王國的唯一統治者，他以此營生，也以此滿足他對海洋的深愛。他要捕到身體逼他停下爲止。其實陸地上的生活也不會比較安穩。十五年前貝約納在一家工廠的樓層間跌落六公尺，結果手腕插入前臂，骨盆骨折。他揮手打消我的關切，說他在醫院裡「算是待了幾週」。

貝約納身上有些北極熊的特質：那強健的體格，那種北地的堅忍，白色的眼睛，當然還有他的名字貝約納——Bjørnar 來自古挪威語的 björn，意思是熊。他散發機智、強悍的氣息，你會希望他爲你而戰，絕不想與他爲敵。他也不是不關心自己，但我並不羨慕他這一點。

貝約納身上也有一種強烈的神秘色彩，就一個因工作而非得務實、自立的人來說，這或許令人意外。不過，後來我逐漸了解，貝約納往往能夠**看穿**事物——以他那雙淡色的眼睛冷酷、直直地看穿。他也看透人，看透人的胡說八道，還能看透海的表面。

貝約納窩在窗邊一張黑色大旋轉椅中，他可以從那個位置留意峽灣動靜。我把胖胖的西格麗放在膝上顛動，很高興能得到嬰兒的信任。

「你知道嗎，羅伯，我年輕時就決定，永遠不離開安島。」

「根扎這麼深，在今天很罕見了。」我說。

「大概吧。但對我來說很理所當然。這島上有我一輩子所需要的一切，而且我很喜歡。」

他頓了一下。

「昨天英格麗跟我看到殺人鯨，就在那邊。」他指向東邊的海峽。「虎鯨，一整個家庭，我們看**免費**的！」

貝約納會強調句子的最後一個字。他一口帶塞音的完美道地英語。他滾動 rs 的音，彈出 ps 和 bs 的音，在許多字的尾巴加上重讀的輕音。STOPP-uh。BOAT-uh。RRROB-uh。

「我當然去過奧斯陸，但我從來就不喜歡離開這個島，除非是搭自己的船。羅伯，是這個島讓我長成大人。」

英格麗就坐在旁邊。西格麗開始哭鬧，英格麗遞給我牙齒咬環。我問起英格麗的童年，而她講了一個非比尋常的故事。她在偏遠的小島長大，要搭兩小時的船才能抵達最近的大島，而從那大島到挪威本土還有一段可觀的航程。

「我出生的時候，島上有十戶人家。」英格麗說。「意思是，那等於一個大家庭。」我想起瑞弗斯維卡的村莊，但英格麗的村子比那更遠、更小。

「是啊，島上每寸土地我都瞭若指掌！」她微笑著說。「年輕時我們就在島上探險。除了自己，沒有別人照顧我們。我們熟悉那裡的每個地方。」

然而這些家庭一個個離開了，英格麗念中學時，只剩下兩戶人家。

「政府讓我們越來越難住在那裡，然後我們就被迫『進入』本土。我就是在那裡遇到貝約納……」她話音漸低，臉上帶著微笑。

貝約納大笑。

「絕對不要離開你的島嶼！羅伯，**那**就是**那**故事的寓意！一離開你就會發現往後的日子都麻煩了！現在，過來，坐到桌邊來，我給你看海圖，給你看接下來的日子我們要去的地方。」他說。

他在桌上放下一張翻爛的海圖，上面還有血跡般的污漬。圖上有紫色弧線，還有標示深度和浮標位置的圓點。這是安島北半部的地圖，峽灣切進挪威本土西側，離北邊開闊的大海和西海岸大約有六十四公里，圖上的輪廓線顯示海床的深度變化。

「這是安德內斯，我們明天就從這裡啓航。」貝約納說，用食指指著圖上。「還有，看**這裡**！」他指尖向北移動了七、八公里，指著等高線成束匯聚又反折的點。若是在山區，這就表示切穿大片斷崖的峽谷，剎那間讓我想起穿越羅弗登牆的情景。

「在安島，我們把這個稱爲**邊緣**。」貝約納說，手指在這一束線條上來來回回。「在安島，我們活在——怎麼說？在**書擋**上。這道落差，這座**斷崖**，離海岸只有幾海里。所以在這裡捕魚很容易豐收。魚會聚集在**邊緣**，船不用跑很遠就能捕到。」

他搖搖頭。

「對我來說，土地不是在沉下海洋時**結束**，而是繼續向前。我知道海水下的土地，就跟我知道地面上的世界一樣。我看得到，你也看得到。」他對窗外的峽灣比了一下手勢。

「這門知識，講的是表面**之下**有些什麼，在任何時代，那都養活了海岸和沿海的居民。」

「還有，這裡。」他說著，食指反覆戳進圖上的**邊緣**附近。「這裡是北冰洋最好的漁區之一，他們就是在這裡用聲波爆破，要尋找石油，那些**白癡**想把鑽油台放在**這裡**。」

◆　◆　◆　◆　◆

一九七一年六月十五日，位於挪威陸棚西南部的近岸油田艾可費斯（Ekofisk）開始產油。那時挪威的石油蘊藏量尚屬未知，但艾可費斯的快速成功卻使挪威西部和西北沿海陷入石油投機熱潮。挪威政府對此迅速回應，於一九七二年成立「國家石油公司」，並訂下原則：在這片富饒水域中，每張開採許可都必須有相當的國家參與。

石油是挪威的命脈，國家的政治和基礎設施都深深浸在石油中，徹徹底底。石油和天然氣的開採收入始終被課以重稅，石油產業運作僅僅半世紀，便有一個國家主權財富基金②的產出，也就是「石油基金」，金額高達七百五十億英鎊，亦即每個公民十五萬英鎊。石油部門的產值將近全國總體價值的四分之一，挪威的產權投資有將近三分之一都以石油爲基礎。國家和私人企業都在石油探勘和油田開發上投入鉅資，同時還有運輸、供應和支援設施。

確實，石油（以及墨西哥灣流）使挪威實現了現代化。挪威強烈的特色在於基礎建設與荒野結合。貫穿羅弗登群島的道路堪稱工程奇蹟，長度超過一百六十公里，串起眾多島嶼，其間有海底隧道、山間隧道、防雪崩掩埋的公路，以及數十座橋樑，建造費至少有一部分是以石油收益來支付。挪威熱愛自然，也熱愛科技，基本上視這兩者爲相輔相成，而非彼此對立。

但挪威的石油業正在衰退。在千禧之交，北海的油田產量達到每日三百四十萬桶的最高點，到二〇一二年降至腰斬，主權財富基金的收益也相應減少。解決產量減少最明顯的方案就是開發新油田，挪威北部和巴倫支海因此備受注目。二十一世紀初期，人們開始關注開發羅弗登群島和韋斯特隆群島外海水域儲油的可能，並且估計這些群島附近的石油藏量高達十三億桶。這些鑽井區域都在較淺水域，離陸地比較近，這樣的地質保證了會有穩定的回報——那代表品質良好的石油，以及低廉的開採成本，而更北方的巴倫支海因北冰洋海象惡劣，開採成本將會遽增。

然而這片海域也是冷水珊瑚在世上最大的家園之一，同時羅弗登群島和韋斯特隆群島也有世上數一數二驚人的海岸景觀，吸引了世界各地的遊客，觀光產業獲利十分豐厚。離島水域也是漁場大本營，早在發現石油之前，千年以來都是挪威的金礦。據信維京人在前往冰島和格陵蘭的航程中，就載著鱈魚乾當主食。鱈魚是挪威的立國之魚，是最初的財富基金。

過去十五年間，是否鑽探羅弗登和韋斯特隆外海石油的議題已成了保衛挪威魂的戰爭。涉及的利益很高，戰火很激烈。一方是以石油財富潤滑的國家機器、一群深陷石油文化不可自拔的人群，另一方則以綠色國度自許（投身於一種世俗的自然宗教，致力於緩解全球氣溫上升並對抗氣候變遷），並捍衛漁業國家的古老認同。挪威憲法第一一二條規定「自然資源之管理應基於長期考量，並維護未來世代的利益」，許多挪威人認爲可據此撤消新油田的開放，在脆弱的北部海域尤其如此。

二〇〇〇年代，在羅弗登和韋斯特隆群島鑽探石油的提議以及阻止的計畫都首度成形。反對開採的人組織起來，不太可能出現的聯盟也建立了。挪威的綠色團體（尤其年輕人）、群島居民的運動分子、保育人士、環境主義者和漁夫結成了聯盟，很快就學會如何宣揚自己的主張。他們將戰事帶往首都，帶入電台，進入報紙。他們持火炬遊行穿過奧斯陸，在受威脅的海岸上、仲夏永晝的午夜微光中舉行公共集會。

有些人在那時的抗爭中成爲領袖，貝約納就是其中之一。

◆　◆　◆　◆　◆

我們在破曉時啓程，通過安德內斯港的一系列防波堤，前往邊緣。引擎轟轟作響，發出劈啪聲。藍空高掛，海面「靜若油膜」。陽光在冰晶中閃爍的紅綠光彩映入眼中。天色晴朗，寒冷且平靜，只有西邊有兩朵薄雲。完美的北海捕魚天候。

出了最後一道港臂。東、西、南有連綿雪峰墜入海中。湧浪上有一群綿鳧，一隻鸕鶿棲息在漲潮線上，面向太陽，雙翼大張，看來彷彿鐵十字架。三隻天鵝穩穩追上我們，翅膀像門一樣吱吱作響，向北飛入極地空間。

「你告訴我在那邊什麼該做、什麼不能做，我會遵守。」我對貝約納說。

他回頭看著我，疑惑地歪著頭。「你遵守規則？我從不遵守規則！」大笑一聲。「但今天我給你一條規則——**不要落水**！其他倒沒什麼。」

貝約納戴著一頂浣熊皮的帽子，浣熊的頭還在上面，就在貝約納前額正上方，向前凝望著。浣熊的身體捲在水手帽上，縫合定位，尾巴垂在後方。浣熊看來頗爲舒適，要長期據居在這裡了。

浣熊的眼睛已經用發亮的黑色假眼珠取代，效果令人不安。每次跟貝約納說話，我都發覺自己看著兩雙似乎目不視物的眼睛，一雙暗如黑玉，一雙白如鬼魅。

防波堤外的湧浪是長而緩慢的圓丘，朝我們而來，潛入我們下方，有時將船隻向上抬起二、三十度。每一次波峰波谷的起伏，指南針都在平衡環上傾斜。貝約納在甲板上來去自如，彷彿身在旱塢。

這是長十公尺的小船，挪威製，天秤級（Libra class）。船名「創號」（Trongrun），意思是「創之海床」（Seabed of Tron），十五年前貝約納以一百萬克朗的代價由芬馬克郡（Finnmark County）的一名男子手中買來。這是辛勤勞動的空間，只有基本必需品，雜亂但有效率。駕駛艙的門可以封住，方便在大浪中航行。右舷有兩具揚網機，牽著一前一後兩條釣鉤線，後方的線以一道可向外擺動到右舷的金屬臂控制，以免纏上螺旋槳。兩條釣鉤線上各有四個鉤子，掛著沙鰻或魷魚作魚餌。這是簡單到不能更簡單的釣鉤，但以如此良好的海象、緊縮的配額，已是綽綽有餘。

刀以刃身吸附在艙門旁的磁鐵條上。紅色和黃色的餌線成排掛在駕駛艙的桌側。貝約納穿著鞋底有防滑溝紋的氯丁橡膠靴、黃色和藍色的防水工作服、橙色的外套——還戴著一隻浣熊。大約每隔半小時，他會從錫罐拿出一堆新鮮的黑色菸草，仰臉塞入口中，彷彿在安插什麼新軟體。

駕駛艙儀表板上有個棕色的棒球帽，帶著鹽漬和血跡，上面的魚鱗閃閃發光。我用手指輕敲，硬得跟化石一樣。探魚器在分割螢幕的監視器上嗡嗡作響，顯示橙色、綠色、白色的鋸齒狀羅夏克墨跡③。

「白線顯示海床，」貝約納指著螢幕說，「上面的橙色表示魚。」

「那海床下面的橙色和綠色是什麼？」我問。

「那是**地下世界**，羅伯！那是**石油**！」

我們蕩過那藍色山丘。

「現在，我們正越過邊緣。」過了一陣子貝約納說。「陸地在這邊……怎麼說的？在我們身後一落千丈。」

我感覺胃臟一沉，突然回憶起幾年前在柏壁岩礦漂流隧道的情景，在地下越過海岸線的門檻，跨入北海之下。

一群海鷗跟著我們，在風中嗚咽。浪更大更長，船隻一波波安然渡過。安德內斯燈塔的尖頂隨著距離拉遠逐漸淡出。此行我帶了匣子，正考慮一出邊緣就扔落舷外，因爲比那裡更深的地方不多了。

「當漁夫，得有本事看透水。」貝約納說。「**你**在海上時，什麼也看不出來，但我？**我**看得出下方的地形——那下面有起伏，有谷地，有山岳，還有溪流，魚群在溪水中游動。爲了要能夠想像這些，你看著機具的時候，還有用無線電跟朋友交談的時候，都得一邊動腦。」他拍了一下對講機。「有時候浪很大，非常冷，而你還得把船開到風裡去。是啊，漁夫一定要能一心多用！」

他大笑，然後斂去笑容。

「為了把食物帶給岸上那些白癡，我們每天早上都得面對死亡。」他拇指比向肩後。「那些白癡政客，那些想把海床炸開弄到**更多石油**的人。」

此時一隻三趾鷗飛入海鷗群中。

「發現石油之前，鱈魚在這裡已經很久了。石油用完以後，鱈魚還會在這裡很久——只要我們讓牠們待在這裡。鱈魚餵養了航程中的維京人，如今餵養我們。人如果真的瘋狂到願意拿食物去換更多錢、更多石油，那真是瘋狂到頂了，沒希望了。」

貝約納和石油大亨的抗爭始於石油局（負責規範監督挪威陸棚石油和天然氣資源的政府部門）抵達安島的二〇〇七年春天。石油局已經跟挪威北部的海洋生物學家和漁人工會溝通過，為安島和羅弗登計畫的遊說鋪路，如今他們希望當地社區能夠支持在邊緣之外開拓新油田的計畫。他們提出有利於計畫的證據，其中一項來自地震測繪取得的數據。

地震測繪是觀察海底地形的一種方式，由載有低頻率高流量空氣槍的專業船對水底發射聲脈波，這脈波強到足以穿透一定深度的海床，反射回來的脈波則被船後拖曳的長電纜上的地震檢波器記錄下來。這爆破的間隔可能是一分鐘，也可能是數週或數月。他們以這種海面上幾乎聽不見的方式探測海底。但聲爆也會在水下橫向傳遞數百公里，在海洋中朝兩側發送爆破聲。震波探測不僅用於石油工業，也用於一些可以揭開過去氣候變遷性質和成因的深海沉積剖面，以此測試並改善未來氣候變遷的模型。現在的調查船上多半都有專業的監看員，若是看到鯨豚，就會下令停止發射脈波，並且就聲爆的時程提供建議，以免擾亂鯨豚的遷徙模式。然而這技術的不確定性與爭議不斷，其中最引人關切的是對鯨豚及其他海洋生物的衝擊。

一場公聽會在安德內斯召開，石油局代表在會議上展示了他們和安島人民的「諮商」，討論進一步探勘石油的可能，當中也包括進行更多震波爆破。

貝約納邊說話邊檢查釣鉤線上的魚餌。

「我還記得坐在那裡聽第一批人說話的情景。那時候我心想，**玩完了**。這全都**規劃好，不會改**了。測試已經開始進行。依我看這諮商不過是演戲，怎麼說——**騙局**！**玩完了**！他們是爲了海底而來，爲了毀掉我們的生計。」他頓了一下。

「我一邊思考，一邊想看到自己變老的樣子。我老了以後可能會坐在椅子裡動彈不得，想到自己沒有做任何事來阻止這一切。所以我告訴自己，我要開始反抗，**今天就開始**！」

他時而說著信心滿滿的話，時而陷入漫長的沉默，顯然記憶中一切歷歷在目。他看了一下最後一個鉤子，讓釣鉤落下，然後用他那令人心慌的目光看著我。

「羅伯，我有一種天賦，可以——怎麼說，看見未來。」

我看著那看透我的白眼睛，無法不相信他的話。

貝約納展開活動反對這些計畫，同時石油公司還在持續進行震波爆破。他捕魚，他反抗。他被選爲當地漁業公會的幹事，這職權讓他得以拓展人脈、聆聽民意。他在島上四處叩門拜訪，也登上報紙，並寫文章說明爆破和鑽探的危險。他喚醒挪威人對鱈魚的古老忠誠，以此對抗挪威人對石油的新忠誠。他要求和石油公司的代表辯論，以紙媒和廣播嘲弄、諷刺石油公司的計畫，並挑戰石油公司論調背後的硬科學。

「或許我的主要戰術是**拖延**。」貝約納說。「我知道時間站在反抗和人民的一方。只要能夠拖延，就會有新訊息進來——而新訊息往往對產業界不利。」

他講故事的速度變快了，滔滔不絕，很難打斷或提問。他的情緒在談話間閃動不定，大大的微笑，洪亮的笑聲，然後陣陣悲傷與失落。這當中也有一種誇張，但我聽來並不覺得那是吹噓或捶胸頓足，而是貝約納爲了戰鬥不得不然的那一類自我英雄化，如此方能吸收他個人所承受的傷害。

開始對抗大型石油公司後六個月，貝約納崩潰了。那壓力過於巨大。有天英格麗在鍵盤旁發現他，整個人處在神遊狀態。他在精神病房住了幾週，出院後又花了三個月重建自我。然後他又展開抗爭。

引擎轟響，船蕩過巨浪。現在海鷗群中多了兩隻暴風鸌，三趾鷗消失了。

「跟你講我第一次從靈魂出竅回來時腦袋中的景象。」貝約納說。「感覺就像我站在離那邊的海岸最遠的半島上。」他指向身後遠方安島海岸的尖峰，「我的靴子在海裡，我面向岸上的人，對抗著人類，等著邊緣將我吞噬。這就是那時從我潛意識浮現的畫面。就那麼瘋狂。你能想像嗎？」

這艘船鎖定在自動駕駛航線上。貝約納停止操作漁具，專心說故事。創號陷在浪峰上笨重地航向西北。他倚著操舵室，目不轉睛地望著我。現在故事在巨大的壓力下由他口中湧出。

「但是慢慢的，有人在岸上加入我。越來越多環保組織來到這裡加入我們。許多人一起加入抗議。」他大開雙臂，然後彎起手臂做出聚集的姿態。「我的計畫是要把這些組織編成一支大型**軍隊**！」

「貝約納，這是『共存』。」我說。「你從那些石油大亨學到了戰術！」

他笑了。「一起，是啊，我們是共存，抵抗，我們在創造歷史，要翻轉浪潮，反抗這些大人物。我們在那裡製造了太多噪音。他們打算要**下手**了。那時候他們打算要強占那個地區。但我們**阻止了**。」

「五到九月是從事震波測勘的季節。他們爆了三年，我也打了他們三年。我哥哥因爲癌症在芬馬克過世，我姊姊也因爲癌症在巴黎附近過世。他們爆了三年，那三年裡我每年都因爲恍神被送入精神病院一次。我被吹滅了。」

海鷗叫聲尖厲，三趾鷗叫聲如貓。

「羅伯，我並不後悔那些年的戰鬥和恍神。我從中學到不少，雖然那毫無疑問對我們所有人來說都很辛苦。那些年裡，連我那漁夫兒子都跟我形同陌路。如果沒有英格麗，我是做不到的。她是堅強的女人，非常堅強，永遠站在我身後，照顧我的家人……」他的話聲淡去，而我點頭。即使相處時間還短，我也看出英格麗有著非凡的承擔和敏銳，是貝約納激流的岩床，能安撫他的風暴。

壓力漸消，他的語速慢了下來。

「不過，浪潮翻轉了。聯合政府的少數黨把探鑽擋了下來。對我們來說是一場勝利。我們只是變得更加強大。現在挪威多數人都**反對**石油。因爲反油的抗爭，因爲那些年，許多事情都變了。年輕人重回漁業，回復到這種生活方式，回到鄉下地區。」

然而那些年的餘震相當激烈，不論是對貝約納的健康還是對海底世界皆然。

「自從做了震波測勘以來，這裡一切都變了。」貝約納說。「你知道我們今天要捕的魚嗎？牠們不見了。在爆破之前，光用這些線一天就能捕到三千公斤的魚。我買這艘船就是爲了這個。」他深情地拍著創號的操舵室。

「但是爆破的第一年，狹鱈就消失了，直到二〇一五年才開始回來。那離最後一次爆破已經有六年了。鯨魚受到影響。虎鯨也走了。然後我們開始在峽灣看到抹香鯨，都是被飢餓趕的。」

他拉回油門，讓引擎空轉，以一種奇怪的姿勢合掌祈禱，面帶微笑對我鞠躬。

「現在，捕魚吧。」

• • • • •

跟貝約納前往創號的前一晚，我在讀愛倫坡發表於一八四一年的短篇小說《默斯肯漩渦沉溺記》，那漩渦就在羅弗登外海，我造訪紅色舞者海灣的那些日子裡曾經耳聞親見，許多人，包括關於地下的近代史詩級研究《地下世界》（*Mundus Subterraneus*）的作者基歇爾（Athanasius Kircher）都認為那道深淵穿透地心，直達波羅的海的波斯尼亞灣。

愛倫坡的故事始於赫爾賽加峰附近的兩個人，這是瑞弗斯維卡灣南方的平緩山峰。兩人坐在「壁立千仞的懸崖邊緣，腳下全是閃亮的黑色岩石」，眺望遠方的韋島，其中一人是群島的無名訪客，另一個是莫斯克內斯來的羅弗登群島本地人，一頭白髮十分引人注目。

這兩人剛開始瞭望時，下方的大海是一片「洶湧的洪荒」，藏著「非比尋常的東西」。訪客內心一陣憂慮，是對什麼東西驚鴻一瞥而引發的不安感。然後聲音傳來，響亮且不斷增強，那是一種呻吟，彷彿發自「一大群野牛」。海的波瀾迅速變幻，「風馳電掣」的海潮滾滾而來，海洋裂開、結疤，成爲「千條衝突的水道」，逐漸解體成大量的小漩渦。漩渦消失後，「突然之間」：

〔出現了一道〕直徑超過八百公尺的圓。漩渦的邊緣是一帶寬闊閃亮的浪花，卻沒有任何水花滑入這可怖的漏斗。就人的視線所及，漩渦的內部是一道平滑、閃亮、烏黑的水牆，約以四十五度角向水平面傾斜，速度快到令人暈眩，以一種緊張、令人窒息的姿態不斷旋轉，向風中投入駭人的聲響，半是尖厲悲鳴，半是咆哮怒吼。

「這，」敘事者結巴了，他感到腳下的山被海水的怒氣撼動，驚嚇得摔倒在地，「這一定是默斯肯漩渦，沒有別的可能了。」確實如此，白髮島民告訴他，這些年來漩渦的巨口吸入了鯨魚、松樹，以及無數船隻，甚至有隻北極熊被拖入其中，遭「漩渦的深淵」吞噬。

在海事上，愛倫坡的描述當然荒誕悖謬。他從未造訪羅弗登群島，也不曾和見過大漩渦的人交談，筆下的大漩渦是靠著故事、傳聞和海圖上的漩渦裝飾而建構起來，降至海床的大漏斗形象全然不符合現實。大漩渦既不是齊整的雙螺旋，也不是中心黑壓壓的下沉洞穴，而是面翻騰水域，輪廓大致呈圓形，直徑約有一．六公里或者更寬。海水在這裡面掀起波濤，畫出大致的圓，水沫拖出的線條緊跟在湧入的潮流後方，構成了大漩渦，宛如螺旋星系的懸臂。

然而愛倫坡筆下那勢不可當的超現實螺旋漩渦，確實傳達出漩渦（從浴缸排水孔的漩渦到宇宙黑洞）所激發的想像力。此等結構能從遠方散發吸力，建立起事件視界④，因而蠱惑了我們。受害者早在意識到自己掉入陷阱之前就已經困住了。

愛倫坡故事裡的島民繼續告訴敘事者，他和弟弟曾在出海捕魚時陷入大漩渦。他說，船被拖向漩渦時，他發覺自己出奇地冷靜，恐怖感讓道給一種古怪的宿命熱愛：「我對漩渦本身起了最熱切的好奇。我明確感到想要探索漩渦深處，即便以自己爲代價也在所不惜。」漁船在大漩渦的離心力下瘋狂旋轉，而後慢慢滑下那黑色斜坡。島民回憶當時情況，「下滑途中好像被巫術拉住，掛在那漏斗的內側表面，漏斗非常寬，深度驚人，內側光滑，可能會被誤認爲是黑檀木，卻……散發鬼魅一般的光亮。」漩渦拋出的水霧在上方形成月虹——超凡脫俗的一彎光亮，漂浮在這地下世界的入口上方。

十九世紀有股廣泛的狂熱，當時的人以為世上有個共同的地下世界，還有幾道出入口，或通往全然中空的行星內部，或至少內部有相當廣大的空間，愛倫坡的故事就是此等想像的一環。一八〇〇年代盛行地下小說的一支子類，想像地殼和地幔裡地道密布，經常通往適合居住的核心。美國陸軍軍官西姆斯（John Cleves Symmes）深信地球是一系列同心球殼，兩極各有一個直徑兩千兩百公里的開口，並於一八一八年主張北極探險，認為有必要由此深入這些領域，探勘潛在的資源和居所。

這探險從未成行，但卻有這麼一部名為《西姆桑尼亞：一趟發現之旅》（*Symzonia: A Voyage of Discovery*）的早期科幻小說，據稱作者是「西博恩船長」（Captain Adam Seaborn），講述一群旅人經由北極點降入地球中心，發現一塊內大陸的故事。愛倫坡擴展西姆斯的理論，寫成一八三八年出版的小說《南塔基特亞瑟．戈登．皮姆的故事》（*The Narrative of Arthur Gordon Pym of Nantucket*），之後於一八六四年出現了此類幻想故事中最知名的一部，也就是凡爾納的《地心歷險記》，故事中的探險者由冰島的火山直降地下一百四十公里，在地下之海航行，並從西西里海岸的斯特龍伯利火山口返回地表。隔年卡羅出版原書名為《愛麗絲地下冒險》的《愛麗絲夢遊奇境》，又是一種十分不同的地下冒險。

這些空心地球的奇想持續存在，並在二十世紀出現變異。一九二三年，俄國神秘主義畫家羅瑞奇（Nicholas Roerich）與哲學家妻子海倫娜（Helena）一起加入喜馬拉雅探險隊，要尋找進入香巴拉市的入口，由那裡再前往「空心地球國度」。一行人徒勞無功，從大吉嶺騎馬返回時，美國國旗在蒙古長矛上飄揚，且此行可能有蘇聯情報人員的協助。一九四五年之後，出現了一種令人不安的後納粹地理想像——蘇聯對柏林發動最後攻擊時，據稱希特勒及其親信逃出了地堡，躲入地殼的洞穴中，亞利安人政權可能在未來捲土重來。

那天晚上在安島，我開始將愛倫坡的故事想像成預告的石油夢。在那夢中，大漩渦既是鑽孔機，也是在漩渦的底部看見袒露海床的方法。愛倫坡經常以形容石油的語言描述大漩渦：它變得「光滑」、「閃亮」且「烏黑」，它「閃閃發光」有如「烏木」。大漩渦就像石油一樣既致命又神奇，也像石油一樣重組時序。

愛倫坡等人的故事有一部分訴說著十九世紀中葉世人想像地下有片「石油之洋」的夢想。此類敘事發展出一種全新世的妄想，即地球內部存在著取之不盡的財富和能源——在愛倫坡寫作近兩世紀後，此等妄想依舊見於當今主張擴大鑽油的論調。「我們要探索更大的面積，要建立探索活動。」挪威國家石油公司在我啓程北上之前的那個秋天做此宣示。數月後，澳洲石油與天然氣巨擘卡隆公司（Karoon）宣布將在大澳洲灣另闢新油場，理由是該地區有「未開發的白堊紀盆地」。

二〇一〇年，墨西哥灣發生「深水地平線」（Deepwater Horizon）浩劫，部分原因在於開闢產地的過程中將深層鑽探推向極限。那一年的四月二十日，路易西安那州海岸東南方六十五公里處，半潛式鑽油台的鑽孔爆炸，之後鑽油台井噴，造成十一名工作人員死亡，引燃的火球遠在岸上都看得到。兩日後鑽油台下沉，油井由一千五百公尺深處的海床噴湧而出，兩千一百萬加侖的原油流入墨西哥灣，形成的海面浮油在太空中都清晰可見。在海平面上，石油摧毀了海洋生物。條紋原海豚在浮油中跳躍。油井直到入秋才成功上蓋密封，宣告「有效封堵」，但對生態系和灣區社群的衝擊持續至今。深水浩劫罕見地暴露了全球採礦業的黑暗作業。只要開採活動和成本能眼不見為淨，消費者會默許這些行業。產業界深知市場需要將勞動力異化，掩蓋基礎設施，並策略性地隱瞞會導致環境惡化的緩慢暴力和引發意外事故的快速暴力。深水令人震驚地打破此等協議，揭露出石油是多數現代人生活都需仰賴的物質，卻鮮少有人目睹其原始型態。

從挪威回來之後，我將會發現原來造就石油工業的正是默斯肯漩渦。一九八〇年代有個名叫哲維（Bjørn Gjevig）的人開始迷上大漩渦的流體動力學（此人是古文物學家、專業數學家、業餘水手，彷彿愛倫坡筆下人物，但是確實存在）。他航行到漩渦附近，取得數據來建構漩渦潮流的數學模型。羅弗登群島外發現石油時，他明白自己的數據有了用武之地——石油公司必須了解這等海洋的力量，才能建立足以承受「大漩渦這類毀滅性潮流」的鑽油台。

在愛倫坡故事的高潮，人體失去了一切意志，成爲漂流物，在「毀滅性潮流」中無能爲力。漁夫和弟弟逐漸被捲入漩渦深處。漁夫意識到自己進入了一具巨大的分級機器，一一秤量、評估捲入之物，並將最重、形狀最不規則的物品送入底部摧毀。

他靈光一閃，知道若要活命，他必須違反直覺離開他那看似安全的沉重漁船，轉而將自己綁上一只較輕的木桶。毫不意外，他無法說服弟弟相信此一高明舉措，只能無奈拋下漁船和弟弟。正如他所料，他跟木桶緩緩安全浮開，但他的漁船和呈大字形躺在甲板上的弟弟卻被捲入毀滅之境。

如今讀來，這些十九世紀中空地球的文本全是虛無的召喚，也是虛無的警告，都是「人類世」一詞發明之前的人類世作品，內容關乎進入地球富饒內部的渴望，全都以故事中巨大的力量預言了開採業的到來。這些作品預言龐然設施將遍布地球，用以取回蘊藏於地底的原料，從尼日三角洲的焚燒荒地，到中東燃焰的油井，和哈得遜灣隨處可見的煉油廠和儲油倉，由是建立起一種石油地景。我們在當代的物種史寫滿不顧一切加速開採資源，伴隨著微不足道的環境保護和輓歌，以稍作補償。我們在尋找資源的過程中鑽出了五千公里的隧道和孔洞，將我們的行星鑽成不折不扣的空心地球。

創號的殺戮空間赤裸而簡單，是一塊用螺栓固定在右舷的鋅槽，上面蓋著可拆卸的木製砧板。貝約納從揚網機上取下釣鉤線。按下按鈕，釣鉤線升起，揚網機因魚的重量而嘎吱作響。

揚網機嘀嗒。釣鉤喀喀。貝約納看向船外。銀色形體游進視野，浮上表面。貝約納一手從船上拿起線，另一手將魚依次取下，以單一熟練的動作將魚抖入槽中。他甩動魚餌，脫下魚鉤，魚一一落入槽中翻躍，橙色的魚鰾像派對氣球一樣從口中突出。這些都是綠青鱈，類似我在英國沿海捕到過的狹鱈和黑鱈，但非常巨大，重達三公斤、四公斤、五公斤。每條魚的側面中間都有一道清晰的白線，就像探魚儀上的線條。線條上方的魚身是黑銅色，下方則是青銅色。即使死去，也那麼漂亮。

「餐桌上的恩典。」貝約納說。「我們在家裡吃我捕的魚，我總是說：『幹！我們都不知道自己有多幸運！』」

◆　◆　◆　◆　◆

每次處理完魚，貝約納就再度垂下釣鉤線。線一垂入海水，他就從磁條上拿起一柄紅色把手的刀，手指彎曲，伸進鰭下一扯，將魚轉到背面，以快速的拉削切開魚的喉嚨和頸部。鮮血汩汩，從槽中流下甲板。

「貝約納，那刀好利。」

他看著那把刀，彷彿那是一根棍子。

「這刀不利。等下你會看到眞正鋒利的刀。」

三趾鷗、暴風鸌、黑背鷗撿拾碎屑。揚網機嘎吱，貝約納沖洗甲板上的血跡時排水口滿是淤泥。

一隻狹鱈夾雜在綠青鱈中。側翼有麥芽色的圓點，觸鬚，雪白的魚腹。

「你應該看看冬天的鱈魚，這些綠青鱈比起來簡直就是沙丁魚。他們這兩週才去的。我大兒子現在跟他們去北角了。今年我捕到一頭大的，三十二公斤！」

現在魚叉上都是血，帶著片片魚肉。一隻奇怪的魚出現了，身體細長，寬大的鱗片在太陽下閃爍虹彩，還有大而扁平的眼睛，瞳孔在陽光下卻像置身極深的暗處，擴張到瓶蓋大小。

「漂亮的魚，是嗎？」貝約納說。他沒有說出魚名，只是將魚從魚叉上甩到金屬托盤裡。牠上方的眼睛被鉤子勾破了，我看著眼睛慢慢彌漫紅寶石色的鮮血。這隻魚以其虹彩的魚鱗和寶石的眼睛，與法貝熱⑤的作品相彷彿，隨時可能躍入鐘錶生涯。

我的思緒被拉向斯瓦爾巴群島上的全球種子庫，那裡離我們沉沉浮浮的小舟一百六十公里遠，是耗資數十億美元建在永凍土下的生物多樣性保存庫，以應對未來因物種滅絕或基因改造而降低的生物多樣性。我想著水下爆轟的震波，想著石油船將鑽探機縋下海床，想著深水地平線鑽油台的爆炸，當然也想著我們這個物種的本能——總是想要不顧後果開啓密封之物。

「我們回家吃飯吧！」抓了大約三十隻魚後，貝約納說道。他催動引擎，調轉船頭，一邊滿意地笑著，一邊設定前往安德內斯燈塔的航向。

• • • • •

我們碇泊在碼頭，待在甲板室十分寒冷的陰影中。船邊的水面因燃油而閃現虹光。

「這才是鋒利的刀。」貝約納說著，從磁條上拿下一把黃柄的刀。

他伸手到大桶裡抓住一隻魚的尾巴，將魚摔上刀痕錯落的木板，一指勾住魚鰓，維持魚身穩定，然後從頭沿著腹脅剖開。看起來他幾乎沒有切入魚身，而只是把刀放上去，魚肉就像夾道歡迎刀鋒般一分爲二。切下，拉到魚尾，翻身，重複。翻過魚片，去皮，切片，扯開。黃白色的魚肉，軟如油灰，微呈透明。魚頭和魚骨扔入港中，魚片放進裝著水的桶子裡。

一個戴著毛絨耳罩的男人走下跳板，在船邊駐足，向貝約納點頭，打量著我。

「啊哈！這是史文（Sven）。老朋友。我們常一起捕魚。」貝約納說。

貝約納邊工作邊和他聊天——關於捕魚，關於震波爆破再度開始，還有最近狹鱈向北轉往芬馬克去了。

「明天我會跟著狹鱈。可能離開二、三週吧。我還有配額，可能也會去找圓鰭魚。」史文說。

圓鰭魚被捕是因為魚卵，算是一種廉價的魚子醬。魚被剖開，紅色的魚子被刮出。

「取卵之前，我都會先割開圓鰭魚的喉嚨。」史文謙遜地說，好像在承認捐出了可觀的善款。

「有些『環境主義者』說，我們不該為了魚子就殺圓鰭魚。」他繼續說。「但魚剩下的部分不能吃，只不過臉頰上兩片肉而已——所以我們拿了魚子，切下臉頰，剩下的部分還給大海。他們不知道大海跟我們一樣，也要吃東西。」

貝約納咕噥一聲。「我希望能回歸，怎麼說的，就是**下輩子**我想當圓鰭魚。所以取魚子之前我總是先割開喉嚨，因為我會希望被取魚子之前先被割喉。」

「己所不欲，勿施於人。」我說。「轉世的黃金法則。」

．．．．．

那天下午稍早，我們吃綠青鱈配奶油和馬鈴薯，蜥蜴眼的貓在角落看著我們。英格麗從鍋中舀了一大匙綠青鱈到盤子裡，貝約納雙拳敲打桌面，做飯前的感恩祈禱：「混蛋！感謝你賜我們鍋中的魚！」

「這禱詞比你在船上講的那個禮貌多了。」我說。

貝約納笑了，又用拳頭敲打桌面。「海上一套，陸上一套。」

午餐後貝約納帶我去環島。他再次戴上浣熊帽子，我們帶著納粹德軍的望遠鏡。我聽著貝約納邊開車邊說話，逐漸了解安島複雜的古代與現代。在生態上，這島嶼分爲山峰、泥炭、沼澤和海灘四區。冰河將島嶼東側推平，但在西側留下山脈。島上多數地區開放外人進出，但有些地方受北約組織控管，以高牆封住。我想起蘇格蘭外赫布底里群島的路易斯島——泥炭、偏遠、空曠，在產業開發和軍事殖民上具有同樣誘人的潛力。

「你知道，羅伯，這些提議要造的鑽油台裡，只要有一座發生井噴，這整條海岸線都會毀掉。」我們顚簸開上島嶼西岸的一條岔路時貝約納說。「墨西哥灣流在所有峽灣湧進湧出，到時候油會流得到處都是。羅弗登發生井噴，石油會一路向北流到這裡，然後再到芬馬克郡。墨西哥灣流會變成石油的輸送帶。」

貝約納的憂慮是一種「鄉憂」（solastalgia），這是二〇〇三年阿布雷希特的自創新字，意指「因環境變化而引起的心理上或存在主義式的痛苦」。當時阿布雷希特正在研究長期乾旱和大規模採礦活動對澳洲新南威爾斯社區的影響，而他意識到既存的字詞中，沒有一個可以用來描述地景被無法掌控的力量改變時當地人的憂慮。他提出用這個新詞來指稱此種特殊型態的鄉愁。如果鄉愁的痛苦源自離鄉背井，那麼鄉憂的痛苦就是源自留在家鄉。鄉愁的痛苦一返鄉就能緩解，鄉憂的痛苦卻往往無法挽回。鄉憂並非人類世獨有的病——克萊爾（John Clare）見證了他土生土長的北漢普敦郡鄉下被圍籬切得支離破碎，可謂是鄉憂詩人——但確實最近才開始盛行。阿布雷希特在關於此一議題的早期論文中寫道：「世界各地『生態系痛苦症候群』的案例都在增加，與此相應的是『人類痛苦症候群』案例的增加。」鄉憂直指一種現代的異常現象——分明是熟悉的處所，卻因爲氣候變遷或企業活動而面目全非，家園對居民來說不再像家。

貝約納在岸上發現一隻海鷗。我們沿著這條岔路向牠靠近，緩緩駛過海灘附近的一排木屋。我透過望遠鏡看著海鷗。牠棲息在長著海草的巨礫上，那一公尺長的羽翼掛在身上，像穿著尺碼過大的斗篷。

其中一棟屋子有動靜。一隻手指猛拉開窗簾，一張臉焦慮地看著我們。

「那人幹麼這樣看我們？」貝約納困惑地問。

「貝約納，我讀了不少斯堪地那維亞犯罪小說，我們看起來確實很像謀殺犯。兩個男人開著大黑車，玻璃黑漆漆，一個頭上戴著死浣熊，另一個用望遠鏡監視僻靜的房屋。那人的憂慮是有道理的。」

爆笑再現。「你是**好**人，羅伯。」他繼續開車，窗邊的臉消失了。

現在積雪染上了藍色調。海灘上的木製鞦韆在風中搖晃。紫色陰影悄悄爬上東邊山峰。海鷗在遠方冰凍的湖面上啄食暗色死屍。

◆　◆　◆　◆　◆

那之後的日子北風漸強，我們無法外出捕魚，於是我前往安島西部登山，在下午或傍晚返回貝約納家。

天氣始終晴朗，白日金屬之光灼亮：積雪銀白，太陽金黃，陰影鐵灰。滿天星斗的夜晚將雪凍成堅冰。正午時分，森林的溫度是攝氏負十度。風將雪粒捲成移動的氣旋，在安島諸峰的迎風坡漫遊，比我在蘇格蘭或阿爾卑斯山區所見都大得多。有些氣旋高達上百公尺。我看著氣旋橫越山谷，驀地改變方向和速度，頂部像風中樹木一樣呼呼拍動。

某天我在深雪中沿著谷地往上滑，穿過白樺灌木林，來到山肩底部。我藏起滑雪板，徒步向前，每一步都踩穿雪殼。路難走，但令人興奮。雪上留有足跡：雪兔、狐狸、烏鴉。風在皮膚上嘎嘎響，壓迫我的眼睛。一頭十五公尺的雪魔施施然朝我走來，對我發出嘶聲，又升高成隆隆吼聲，而後信步橫越山坡，不發一語。我感覺好像有幽靈穿過我的身體。高原之風在雪中雕刻出非凡的結構，巨礫上長出一縷縷霧淞。雲影向西滑過山峰。下方谷地的白樺林有猛禽在捕狩。這是我所見過最原始純淨的地方之一，雖然我知道這不過是幻覺。我坐在峭壁的背風面，心懷感謝。

回頭橫越高原，我找到自己來時的腳印，沿著這路線走。風削去腳印周圍的疏鬆積雪，現在腳印開始脫雪而立，彷彿時間逆轉，原先被壓入地表的，如今正在隆升。

那天午後，我下到安島西北方的一片海灘。離岸數百公尺處有一片鯊魚背鰭狀的礁石。此時正是退潮，海灣的沙子上堆滿廢棄物，幾乎全都是塑膠製品。這裡就跟羅弗登一樣，人類廢棄物的密度驚人。釣魚的浮標、牙刷、漂白水瓶、糾結的魚網，還有成千上萬原形難辨的碎片。

我走在漂上岸的海藻及垃圾間，一陣不適，既為此地和高原的對比而驚奇，也糾結我在此情此景中的角色。這些也都曾是石油。石油，那「巨大的變壓器」，存在於所有物件當中。要製造我們一世紀前才首次合成的塑膠，石油是關鍵。我想起最近看過的一幀照片，在遙遠的太平洋亨德森島環礁上，有隻寄居蟹拿塑膠玩偶的頭來當殼，還有一隻用雅芳夜霜的軟管。塑膠這種物質是我們最完美的容器，如今卻壓倒我們的防護系統。我們所製造的物質在我們身邊不斷累積，形成存在感強大的過往。在過去的兩世紀裡，尤其是最近的五十年，我們的大量生產、消費和拋棄，正如佩圖多提和歐爾森（Bjørnar Olsen）所言，已經製造出「物品帝國」，有其不羈的物質來世，是「報廢的現代性隆起而成的地形」，「儘管處置系統更有效率，這地形與我們的糾纏仍愈來愈激烈。」核廢料盛在玻璃化燒瓶裡等待著埋入地下墓室。塑膠垃圾厚厚堆在海洋和海岸上。二氧化碳在大氣中積聚。我想起德里羅（Don DeLillo）在小說《地下世界》（*The Underworld*）中那簡潔、致命的俏皮話：「我們排泄的東西回頭來吞噬我們。」

人類世大量湧現的各式物質是莫頓（Timothy Morton）所謂的「超級物體」，其實體分散又「黏滯」，我們無由感知，也難以言傳。我們持續不懈的活動甚至製造出名爲「膠礫岩」的新型岩石：人類在海灘營地焚燒垃圾，導致塑膠融化，形成夾雜著沙粒、貝殼、木頭、海藻的堅硬凝固物。地質學家最早在夏威夷的卡米洛海灘發現膠礫岩，因其耐久性和獨特成分，而建議以之爲人類世地層的合理標記。膠礫岩無疑是我們這個時代的標誌性物質，是由黏膠吸收凝結其他物質而成，誕生於一種提前出現、專事取樣和混合的新地質中，其古怪荒誕的混雜性同時包含了自然與合成。

或許人類世的生活經驗是由黏性所界定，我站在海灘上如此想著。我們每個人都脫離不了人類世的影響，也都造就了人類世的創生和遺產。在人類世，我們無法輕易與自然保持距離，無法站得遠地審視、欣賞自然。自然不再是陽光下閃爍光輝的遙遠山峰，也不再是樺樹林中掠食的猛禽——如今自然是被漂流塑膠加厚的潮間帶，是上千萬平方公里暖化的永凍土上的甲烷水合物。此等新的自然以我們才剛開始了解的方式纏上我們。正如溫德漢（John Wyndham）在預言小說《蛹》（*The Chrysalids*）——最初名爲《改變的時機》（*A Time for Change*）——的結尾所描寫，「新人類」的直升機上飄散下來會自動收緊的絲狀塑膠所構成的黏線，我們愈是努力想要和人類世保持距離，愈是深陷其中。

• • • • •

「來吧，羅伯特，我們再一起走一次，這次輪到你坐寶座了！」

安島上的耶穌受難日，我跟貝約納和英格麗相處的最後一天。我們一起用過餐，吃了鱈魚舌頭、鱈魚排、綠青鱈魚片，以及用叉子去皮的大片粉紅皮馬鈴薯。

我們走下海岸，小心翼翼踩著斜坡的冰層，整隻腳掌穩穩地踏上。北風冷到能剝開一層皮，咬上我的腳踝，灼燒著我的皮膚。我們的呼吸粗硬有如鋼絲棉。

漂流木寶座立在水邊，側面有一小塊深入地下的立石。

「我的神是石頭神。我不需要其他的神。」貝約納說，臉上帶著安靜的微笑。然後他再度大喊，笑著拍拍寶座的扶手。

「來！麥克法倫！坐下來，當幾分鐘安島之王！」

寶座的椅腳和椅背是用跟我手腕一樣粗的白樺樹幹做成，背部和基部以剝去樹皮的漂流木釘成，扶手是兩塊漂流木。寶座大概高二．五公尺，座椅離地面約有一．二公尺。這是得攀登而上的椅子。

我坐上寶座，望向峽灣。空氣中有吱吱聲，還有白色羽翼颼颼飛過——那是一陣突來的暴風雪，掠過我們，吹向波濤。

「我就是在這裡餵海鷗。」貝約納指著寶座前方的岩石說。「殺人鯨來的時候，我可以在附近的水道看見。牠們在獵場之間移動，總是很清楚要往哪裡去。」

寶座所在的岸邊有條生鏽的管子直直立著，在海岸線上突出二公尺高，拖著三只塑膠瓶。

「那是什麼，貝約納？」我問。

突然之間他顯得既疲倦又傷心，眼睛紅了，下顎默默動了動，彷彿之前卡住一般。他的嘴巴好像膠住了。他沒有回答，然後輕聲開口，彷彿他以前沒有跟我提過，彷彿他是在喃喃自語或對風說話——「他們爆破了三年，我也跟他們對抗了三年。現在他們回來了，一切又要重來。」

然後他說：「夠了，羅伯，我們不要再走了。太冷了。」

我們小心越過冰凍的田野，往屋子走去。

那天下午我跟西格麗寶寶一起玩，把她放在我膝上顛著，口中輕哼《威廉泰爾》序曲和〈睡吧，胖娃娃〉（*Bye, Baby Bunting*）。她很可愛，有淡藍色的眼睛。

離開之前我幫忙搬動貝約納的按摩椅，那是他兒子從垃圾車上撈來給他的。我們把椅子拖出車外，搬到屋子的地下室。椅子非常重，是黑皮製成，附有手持遙控器，可以做多種設定，讓不同的肌肉群獲得最大程度的放鬆。

「這對他的背很好。」英格麗溫和地說。

＊注1：鐵民是小說《冰與火之歌》中的人物，居住在維斯特洛西海岸外的鐵群島，是好鬥的海上民

族。——譯注

*注2：相對於私人財富，由主權國家的政府建立及管理的基金。——編注

*注3：羅夏克墨跡是瑞士精神科醫師羅夏克於一九二一設計的測驗，由受試者觀看十張帶有墨跡的卡片，依據其觀感來做性格分析的依據。——譯注

*注4：事件視界（event horizon）是時空的區隔界線，最有名的例子來自廣義相對論對黑洞的描述，亦即在巨大重力的影響下，黑洞附近的逃逸速度大於光速，任何事物都無法由其中逃脫，從而無法影響視界外側。——譯注

*注5：法貝熱（Peter Carl Fabergé, 1846-1920）是十九世紀末的俄羅斯黃金與珠寶首飾匠人，以爲沙皇製作的數十個法貝熱彩蛋最爲知名。——譯注

十、時光之藍（庫魯蘇克，格陵蘭）

晚夏時分，格陵蘭東南方庫魯蘇克島海岸，海峽中一座滲出水珠的冰山。冰山碩大無朋，從海面到峰頂約有三十公尺，狀如尖端渾圓的風帆，瑩白似濕蠟，淹沒在水下的部分顯露墨綠色輝光。

海峽呈深藍色，無雲的天空是鮮亮的藍。白晝之月高掛盾形高山。海峽遠端有冰河入海，離此大約九公里，冰山崩解形成的峭壁依稀可見。

正當退潮。海灣村落的灘頭上，一名男人朝某樣東西俯身。他雙腿直立，彎下腰，袖子捲到肘部，手臂通紅。他穿著螢光黃色的反光外套和尼龍釣魚褲。一隻鼠海豚陳屍在海草密布的岩石間。他一手抓著鼠海豚的一小片黑色魚皮，另一手拿著彎曲的取肪刀，插入魚身後往自己的方向剝，將魚肉割下。看起來像是在幫鼠海豚褪去潛水服。

一百多間木屋，全都坐落在結凍滑溜的片麻岩上。這就是庫魯蘇克，像鳥舍多過像村落。這些屋子的外側木板漆成鮮艷的紅、黃、藍色，上面的斑斑白色是塗有防鏽漆的釘頭。在冬日大風暴來襲之前，房子大多會以鋼纜捆住。此地的佩提拉克風（piteraq），也就是由冰帽吹來的下降風，強度可達到颶風等級，能將地表剝到只剩裸岩，在建築物背風面留下數公尺高的雪堆，將沿岸海冰吹得支離破碎。

今日無風。氣候溫暖。前所未有的溫暖。冰山滲出水珠。那人剝著鼠海豚的皮。

防波堤下三十公分左右漂浮著淺色物體，在波浪中微微蕩漾，以繩索繫在防波堤邊鐵梯低處的踏板上。那是環斑海豹的身體，頭部和前肢已割去，尾巴捆住。牠們的身體已經漂在那裡一段時間，發出隱隱綠光。內臟拖在海藻間。對庫魯蘇克的獵人來說，這個月並非豐收月。

在海灣東側，峭壁的背風面，一堆掉落的白色十字架幾乎堆積到漲潮線上，大小不一，有些橫桿搖搖欲墜，從遠處看來就像積雪或微型冰河，正流向更陡峭的地面。那是一片墓地，是村裡少數表土足以掩埋遺體的地方。

一聲嚎叫破空而來，隨後有三、四十聲加入合唱。庫魯蘇克的哈士奇犬坐著仰天長嘯，挺直了脊背，熱烈地嚎叫。其中一隻極爲緊張，嚎叫時被項圈勒住，鏈條繃緊，有如直棍。

四名小孩和一隻哈士奇幼犬一起在蹦床上彈跳，小孩的腳幾乎將網子踹到下方的基岩。哈士奇四腿大張，撐住自己。嚎叫開始時，小狗也叫，小孩跟著加入，邊嚎叫邊彈跳。

冰山滲出水珠，男人剝著鼠海豚，小孩與狗蹦跳嚎叫。

◆　◆　◆　◆　◆

二〇一六年那炎熱的夏天，在我前往格陵蘭之前，世界各地的冰都在透露長久保守的秘密。永凍圈正在融化，融化時那些最好牢牢隱藏的事物也開始浮上表面。

亞馬爾半島上，卡拉海和鄂畢灣之間，一萬兩千平方公里的永凍土融化了，墓園和動物葬場頓成泥淖。七十年前死於炭疽病的麋鹿屍體暴露在空氣中，廿三人受到感染，皮膚受損發黑，一名孩童死亡。俄國獸醫穿著白色防護服來到這裡，爲麋鹿和其他牧人接種疫苗。俄國部隊則以高溫火葬堆焚毀感染的屍體。俄羅斯農業學家說，此後該地區將寸草不生。俄國流行病學家則預測北極地區的墓地和淺墳還將釋出其他物質：十九世紀末的死者會釋出天花，猛獁象結凍的體內則有長期蟄伏的巨型病毒。

自一九八四年以來，印度和巴基斯坦部隊就在喀喇崑崙山的錫亞琴冰河交手，打著不爲人知的戰爭，如今冰河退卻，露出彈殼、冰斧、子彈、廢棄的制服、輪胎、收音機——以及遭殺戮的人體。

格陵蘭西北部有一座湮沒的冷戰時期美軍基地，如今基地裡的有毒廢棄物正在上升。「世紀營」（Camp Century）是一九五九年美國陸軍工程兵團開掘而成。他們掘入冰帽之下，建造了一座隱形城鎮：那是一．六公里長的通道網絡，有實驗室、商店、醫院、電影院、禮拜堂和兩百名士兵的兵營，全由世上首座移動式核能發電機供應電力。這基地在一九六七年廢棄，離去的士兵帶走了核能發電機的反應室，但整個基地的基礎設施都原封不動留在冰下，包括基地裡的生物、化學及放射性廢料，相信這些東西會如五角大廈所宣布，被格陵蘭北方的恆久降雪「永遠保存」。那些東西依舊埋在那裡——約二十萬公升的柴油燃料、數量不明的放射性冷卻劑，及多氯聯苯等污染物。但隨著全球溫度上升，預計融雪速度將會超過世紀營所在地區的積雪速度。埋在地底的棘手歷史再度浮現——如此動態我常在地下世界目睹，已經成爲常見的比喻。

那年夏天的北極熱浪打破紀錄，融冰也是。北極地區海冰的覆蓋範圍降到新低點。格陵蘭的首府努克溫度高達攝氏二十四度。丹麥的氣象學家反覆檢查數據。過去十年間，冰帽質量流失的速度比上世紀快了兩倍。那一年，冰比往年早一個月融化，冰河融水的流速也達到新高。冰河學家檢查手中數據，發現確實無誤。

融化的水自四月起澎湃湧出，在冰帽上匯成藍色和綠色的湖泊，如河水般在冰河上奔流。冰帽上融水也改變了反照率，於是更多陽光被吸收，溫度上升，又導致更多融冰——這是典型的反饋循環，只在冬季停下。

格陵蘭冰河崩解發出如雷轟響。冰山在格陵蘭峽灣中滲出水珠。極地科學家預測北冰洋可能在何時全面無冰。最高融冰率出現在格陵蘭西北部和東南部，也就是我前往的地方。

令人不安的失蹤事件流傳開來。一名穿著駱駝皮大衣、帶公事包的俄國商人飛入東海岸，再也沒有飛出來。一名日本健行者消失於格陵蘭西部，失蹤了好幾週。當地人半開玩笑地談論 kisuwak，那是一種漫遊冰上的野生動物，會劫掠粗心大意的旅人，是動物版的冰河裂隙或細薄如絲的海冰。

史上的這個時刻，這個地區彷彿有很多地方會讓人跌落世界的表面。

• • • • •

「今年很特殊。」馬特（Matt）說。「才六月，海冰已經從峽灣消失。冬天的降雪有限。沒人見過這樣的一年。通常這時候峽灣裡應該到處是冰。兩週前有人看到庫魯蘇克海邊有熊在游泳。牠應該很絕望。沒人開槍射牠。」

馬特從十九歲起就住在庫魯蘇克，今年是他在此的第十六年。他跟伴侶海倫（Helen）住在一棟藍色房子裡，就在商店和學校上方。兩人都是登山家、滑雪者、經驗強大的嚮導，也都擁有優秀荒野子民那種沉靜的能力，除非情況需要，不會試圖證明自己。從馬特在村中的久居歲月和在當地建立的深刻友誼，可以證明兩人對格陵蘭社群的全心投入。

「歡迎來我們家！」我們抵達時馬特說。屋子內部明亮而通風，有著淺色的木頭地板和白色的牆壁。牆上框著一幅當地的大比例尺地圖。海岸線是錯雜的珊瑚構造。我們坐在一起喝茶。除了馬特和海倫，還有三人，都是好朋友：我；比爾（Bill Carslake），作曲家、指揮家，態度溫和風趣，跟我相識已有二十年；還有另一位海倫（Helen Mort），我認識才一兩年，但我相信她是我的熟人中最有才華的。我們稱她爲海倫莫，好跟海倫區別開來。她是攀岩家、跑者、擁有罕見能力的作家。她過度謙虛，天賦驚人，與人和地景相交時始終細緻敏銳。我們一起攀登格陵蘭東海岸的山峰，探索此地的冰下世界。這裡有南極大陸以外最大的冰河地形。

我走到西側的窗邊，從這裡可以看到海灣彼端。一群母親和小孩正走在海邊小徑上，全都戴著黑色網罩，緊緊繫在脖子上，看來好像送葬的隊伍，或者養蜂人的郊遊。

「這在庫魯蘇克是新景象。」馬特走到窗旁站在我身邊。「二十年前沒有蚊子，現在天氣暖了，就蚊蚋叢生。有些人整個夏天都戴著網罩。」

庫魯蘇克是格陵蘭東海岸的少數小型聚落，這碩大島嶼邊緣的指甲蓋。島嶼的海岸線長達二千五百六十公里，但居民不到三千人。庫魯蘇克就像格陵蘭的許多小聚落，是因轉變而破裂的社會——現代化正以淤滯和酒精的形式侵入原本的半游牧狩獵文化。

海倫向我介紹齊歐（Geo），六十出頭、體格魁梧的格陵蘭人。

「齊歐是我父親。這不是指情感上。他成了我父親，我成了他兒子。」馬特說。齊歐經常微笑，一笑起來，眼角的摺紋幾乎連到耳朵。他是優秀的獵人，以駕船和駕狗的技巧聞名，也是名聲顯赫的硬漢。

「兩個冬天以前有場大風雪，男人正打獵回來。風暴來得快，雪一下子就厚到狗都拉不動雪橇。他們要從高處的隘口回到村裡。大家都開始跌跌撞撞。那情況很糟糕。齊歐走到隊伍前端，低頭帶隊六小時。他們平安回來了。」馬特說。

齊歐以羅馬人臥姿側躺在主室的沙發上，一隻手臂撐著身體，聽馬特講述故事，安靜地微笑。他、馬特和海倫用混雜著破英語和破格陵蘭語的語言交談。沒有流利的共同語言並不影響親密。三人在一起時身體都很放鬆，坐在一起時，一手往往會環在彼此的肩膀上，或者腿靠著腿。

齊歐小時候曾被帶到丹麥定居一年，那是基於一九六〇年代錯誤的「北丹麥人」計畫，也就是將格陵蘭孩童帶到丹麥家庭居住，好同化格陵蘭人，讓他們改採丹麥人的生活方式。

「你現在問，齊歐還是不寒而慄。」海倫說。

他曾以馬特和海倫客人的身分兩度造訪英格蘭，每次都得到一幅刺青，分別在兩手的前臂上。他捲起袖子給我看，指著右前臂的十字架：「這個，格拉斯哥。」又指著左前臂的錨：「這個，肯德爾。」

「有一天晚上，我帶齊歐到格拉斯哥鎮。最後我們去了一些滿野蠻的酒吧。齊歐不是尋常人。下流壞胚子酒吧（Filthy McNasty's）裡的人隔著吧檯就注意到齊歐，想要過來嘲弄他——然後又看了一眼，想說還是算了。他們想的不錯，齊歐的強悍遠遠超過週五晚上格拉斯哥的水準。」馬特說。

齊歐拿起立在屋角的吉他，唱起一首靜謐憂鬱的東格陵蘭之歌。

敲門聲。是冰島水手席吉（Siggy），馬特曾與他一起從海岸向北航行。他從雷克雅維克一路駕著他那艘美麗的船過來，木製的船身，半新不舊。他穿著綠色的鼴鼠皮褲，說話時很平靜。

「今年沒有冰。」席吉說。「我們要去哪裡都可以，可以自由探索。在甲板上都能穿T恤了。」

他聳聳肩。

「天氣不該是這樣，但也讓我們當水手的比較好過日。」

我想著古英語字「unweder」，也就是unweather，亦即天氣極端到彷彿來自另一種氣候或時期。格陵蘭正在經歷此種反常天氣。

齊歐停止彈奏，放下吉他，實事求是地說：「十年後，沒雪，沒冰，沒打獵，沒狗。」

海冰變得極薄，外來者可以輕鬆航入，但對格陵蘭當地人來說，狩獵幾乎全無可能。海冰原本每年都會經歷針狀冰晶、光滑薄冰，然後變厚變亮，最後轉爲灰色的複雜硬化週期，如今海水溫度始終高於冰點，這一切變得不再可能。海豹離岸更遠，熊不死於子彈，卻死於飢餓。通過水灣和峽灣變得危險。機動雪橇冒著陷入薄冰的風險行駛。狩獵是格陵蘭經歷移遷後少數幾項保留下來的傳統生活，如今卻因爲全球性的氣溫變遷而有絕跡之虞。

冰也有社交生活。冰的可變性塑造了周邊居民的文化、語言和故事。在庫魯蘇克，近年來變遷的後果四處可見。在這顆反覆無常、內部變形急遽的星球上，這村莊的居民屬於朝不保夕的不穩定群體。融冰與強迫移遷和其他因素迭加，對格陵蘭原住民的身心健康造成嚴重衝擊，導致憂鬱、酗酒、肥胖和自殺率大增，又以小聚落爲然。研究格陵蘭憂鬱症比率的所羅門（Andrew Solomon）寫道：「失去冰景，不只是環境浩劫，也是文化浩劫。」加拿大極區巴芬島的伊努克提圖特人一度使用一個字來指稱氣候的變化、冰的變化，以及他們自己的變化，那個字是「uggianaqtuq」，指「舉止詭異難測」。但如果有誰知道如何與變幻莫測的冰相處，那必然是因努特人，他們數千年來都在適應冰的變遷。

那日稍晚，海倫向我介紹菲德烈和克莉斯蒂娜，庫魯蘇克社區的兩大柱石。克莉斯蒂娜在庫魯蘇克出生長大，也是村裡的學校教師。菲德烈來自格陵蘭西部，多年前與克莉斯蒂娜一起搬到庫魯蘇克。兩人都有深刻的文化涵養和自覺，對任何形式的浪漫主義都不感興趣，對這裡的生命沒有多少出錯空間的凶險有強烈感受，但也對庫魯蘇克永不言退的韌性感到驕傲。

「我們在這裡生活，對氣候變遷有很強的感受。」菲德烈說。「新的物種到來，舊的物種消失。秋天有時會有雷電。以前海冰永遠這麼深——」他伸手從屋子的地板比到天花板，大約是兩公尺半或三公尺，「但每年都越變越薄，而今年春天是這麼薄——」他用手比了一下他前臂的長度，「太危險，不能讓狗拉雪橇了。打獵變得很難。我們沒辦法走很遠。」

他聳聳肩。「我們的精神就和生活一樣，都受到改變。」克莉斯蒂娜看著，聽著，消失在邊間裡，現身時帶著一具漆色俗麗的木製獨木舟，約有六十公分長，裡面有一隻斑馬、一隻獅子、一隻老虎和一隻長頸鹿，呈縱列立在舟中。

「我們兒子在學校做的。」克莉斯蒂娜說。「他說這是諾亞的皮艇，會從全球暖化的洪水裡拯救動物。」

皮艇上沒有人類。

有些人不認爲融冰是損失，反而當成機會。冰消退後，格陵蘭豐富的礦產變得比較容易開採，外國投資者就湧上來了。我來到格陵蘭之前一位地質學家對我說：「冰融化顯露出來的東西會造就很多億萬富翁。採礦業很快就會大張旗鼓抵達格陵蘭——以前那裡除了採石場以外就沒有更深的東西。」

過去幾年，格陵蘭發出五十張以上的採礦許可，允許黃金、紅寶石、鑽石、鎳、銅等礦物的探勘。而在格陵蘭的最南端，名爲納薩克的高失業率小鎮附近，有全世界蘊藏量最大的鈾礦。一九五七年發現鈾礦後不久，曾參與曼哈坦計畫的諾貝爾獎得主、原子物理學家波耳造訪了納薩克。現在中澳合作的採礦計畫提議在納薩克後方建立露天礦坑，如此不只能夠取得鈾，也方便取得稀土礦，用於製造渦輪機、行動電話、混合動力汽車和雷射。

那天傍晚，庫魯蘇克村莊上方是穠豔蒸騰的落日，紫丁香色和橙色映襯山脈的鋸齒稜線，卷積雲像白燦的珊瑚礁。這樣的雲彩算是一種高山暉，只是瓦數強勁得難以置信。

「是冰帽讓夕陽呈現這種樣貌。這大概是世上最大的鏡子——上百萬平方公里的冰斜向地平線，反射著日光。」馬特解釋道。

我們同行循一條蜿蜒短徑抵達岩石露頭頂部，四周村莊環繞。我走到露頭西緣，想找個更好的位置觀賞峽灣夕陽，卻不由得停下腳步。

我腳下是村子的垃圾堆。成千上萬的垃圾袋、一大堆塑膠物流籃、碎裂皮艇、美耐皿櫥櫃和白色冰箱，全在這懸崖邊緣堆成貝塚，在暮色中好似一道朝海岸線流去的冰舌：一條前進而非消退的冰河。

◆　◆　◆　◆　◆

冰有記憶，鉅細靡遺，且能持續百萬年甚至更久。

冰記得森林大火和海面上升。冰記得十一萬年前最後一次冰河期開始時空氣的化學成分。冰記得五萬年前的夏季總共有多少天日照。冰記得全新世早期某個降雪時分雲層的溫度。冰記得一八一五年印尼坦博拉火山、一七八三年冰島拉基火山、一四八二年華盛頓州聖海倫火山、一四五三年萬那杜庫瓦火山的爆發。冰記得羅馬人的冶煉熱潮，冰也記得二戰後數十年間汽油中致命的鉛含量。冰記得，並開口訴說——訴說我們所居住的星球反覆無常，擅長迅速改變、驟然翻轉。

冰有記憶，而這記憶是藍色。

在冰帽的高處，飛雪落下，停在名為萬年雪的柔軟層上。萬年雪形成時，雪花之間的空氣被困住，灰塵和其他粒子也是。更多飛雪落下，停在既有的積雪上，開始封住其間的空氣。更多飛雪落下，然後更多。雪的重量開始累積，壓在原始的積雪上，改變了雪的結構。雪花精緻複雜的幾何結構開始崩潰。在這樣的壓力下，雪開始燒結成冰。冰晶形成時，受困的空氣也被擠成小氣泡。此等埋葬是一種保存方式。每一個氣泡都是一座博物館，一具銀色的聖骨箱，保存著雪花初降時的大氣紀錄。起初氣泡呈球形，隨著冰愈結愈深，壓力也逐漸變大，氣泡被擠壓成長桿狀或扁盤狀或不規則的環狀。

深處的冰是藍色，是世上獨一無二的顏色——時光之藍。

時光之藍能在裂隙深處瞥見。

時光之藍能在冰河崩裂面上瞥見，當十萬歲的冰山由水底深處浮上峽灣表面之時。

時光之藍如此美麗，將人的身體及心靈吸了過去。

冰是紀錄的媒介，也是儲存的媒介。冰能收集、保存數據達數千年之久。不同於我們那些快速更新、過時的硬碟和兆位元組的儲存塊，冰的技術已經維持了數百萬年。只要學會閱讀冰檔，那麼，冰有多深，你就能回溯多遠。受困的氣泡保存了大氣組成的細節。雪中水分子的同位素含量記錄了溫度。雪中的硫酸、過氧化氫等雜質指出過往的火山爆發、污染程度、生物量的燃燒，以及海冰的範圍及其接近程度。過氧化氫的濃度顯示有多少日光落在雪上。將冰想像成這種意義上的「媒介」，也等於將冰想像成超自然意義上的「媒介」——冰的存在使人得以和埋葬者及死者溝通，跨越深度時間的鴻溝，如此或許能夠聽見來自更新世的遙遠消息。

冰的記憶非同凡響，卻也有可能喪失記憶。

兩千歲的冰可重達每六平方公分半公噸。冰中的空氣極度壓縮，鑽孔機從深處取上來的冰芯會隨著空氣膨脹而破開、斷裂。所以置身冰河會有如置身射擊場。若將很古老的藍冰丟進一杯水或威士忌中，玻璃可能會震碎。

再深一點，進入八千年到一萬兩千年間的冰層，壓力之大，氣泡會無法再以空位的形式存留在冰的結構中，而是與冰結合，形成一種半冰半氣的籠形水合物，不再具有可見的外形。籠形水合物這種媒介比較難閱讀，所含的訊息也較微弱，加密程度更高。

在深達一．六公里處取出的個別冰層可能只是「幽靈般的濛濛灰條……能用光纖燈的聚焦光束觀察」。且因爲冰會流動，即便在巨大的壓力下也依舊持續流動，其中的紀錄也會變形，其冰層會摺疊、滑動，乃至無從分辨順序。

在格陵蘭和南極冰帽的最深處，冰層深度以公里計，年齡則達數十萬年，冰層重量之巨，甚至將下方的岩層壓入地殼。在如此深處壓縮的冰，作用有如蓋毯，捕捉了基岩所散發的地熱。最深處的冰吸收此等熱量，慢慢融化成水。這就是南極大陸冰帽下數公里深處竟然有淡水湖的原因——這些冰河下的蓄水庫有五百多座，在地圖上以淡淡的虛線顯示，已有數百萬年不曾露出地表，奇異一如曾被認爲存在於土衛二（土星的衛星）的冰封海洋。

人的心智到了生命晚期總得苦苦追憶層層堆疊掩埋的早年時光，冰也是如此，最古老的記憶難以復得，也更容易失落。

⋄ ⋄ ⋄ ⋄ ⋄

我們在某次漲潮時裝船，在海藻叢生的岩石上滑行，沿著漲潮線以接龍方式傳遞藍色防熊桶、武器和袋子。

「小心你放的位置。」海倫說。「這裡有海豹內臟和鱈魚頭。什麼都可能抹到岩石上。」

裝船和檢查花了半小時。齊歐催動 Yamaha 1200 的引擎，將船轉出船塢，然後我們呼嘯著穿過海峽，前往叫做阿披昔耶克島（Apusiajik，意爲「小冰」）的冰河入海處。

一聲高吭鳴叫傳來，縈繞，淡去，又再重來，金銀似的音色，讓我頭部一陣麻刺。

一隻紅喉潛鳥，不對，是三隻紅喉潛鳥，在海峽上方列陣飛行，與我們同一方向。這些大鳥身形肥碩，但線條優美，輪廓圓滑，彷彿由水中倒出而非以羽毛構成。我已有十年沒聽過潛鳥的叫聲，上一次聽見是在蘇格蘭西北部，在休爾文山遮蔭下的一座湖泊看到有人打獵，在那之前又十年，我在英屬哥倫比亞的一座森林湖泊也聽過一次。

「眞正的北方之鳥。」馬特說。

潛鳥消失在視野之外很久，我們都還聽得見牠們的鳴聲。

船在波濤中浮沉。鹹鹹的飛沫，撲面而來的冰寒空氣。四面八方聳立的尖銳山峰。峽灣退場。我開始感受到這片地景的規模，遠遠超乎我過去的體驗或想像：廣袤的海岸線，以西的後方某處總是有冰帽，巨大到擊潰了自身以外的一切地形，消除了藍白以外的所有顏色。我感覺胃中嗡鳴，因壯遊即將展開而翻湧。接下來數週我們都不會見到庫魯蘇克了。

低矮的山岳上白雪斑斑，露出的岩石有金、有棕、有紅、有白，溫暖的大理石色調。這是世上數一數二古老的地表岩石，就我所知可以與外赫布里底島上的片麻岩拼合。億萬年前這兩條海岸本是一體。這裡是我極不熟悉的地區，但在深刻時間卻和我視爲家園的蘇格蘭島嶼流著相同血脈。

從庫魯蘇克到海峽另一端的阿披昔耶克島有十公里遠，看來卻像是游泳能游到的距離。冰河本身長八公里，看來卻彷彿我們可以手插口袋在數小時內輕鬆走完。試任一樣，我們都必死無疑。

空氣原始清透，前縮透視幻覺效果強大，這是我在格陵蘭無數尺度錯視的初體驗。之後我會明白，這裡的地景在人眼上花招百出，愚弄感官，哄得你以爲看見清晰的形體，實則都是錯覺。岩石和冰牆反射聲音，使聲音轉向，讓你誤以爲前方的事發生在後方。周遭沒有人眼看慣的裝置——沒有建築，沒有車，遠方也沒有人。這地形只由岩、冰、水等幾種元素構成，以各種規模回應自己的形式。

齊歐以單手熟練掌舵，通過海峽中央附近的一群黑岩島嶼。

「幾天前這裡有殺人鯨。」馬特說。「還有塞鯨。我們還沒看到就已經先聽到牠們噴水孔的**呼呼**聲。」

水在我們靠近阿披昔耶克島時變得厚重，藍白色的礫石和冰礫在船身砰砰作響。齊歐本想走一條優雅路徑，但最後冰厚得避不開，他只好降低速度小心通過，**砰**、**咚**、**砰**、**轟**，慢慢接近冰河鼻。

阿披昔耶克島墜入水中。漲潮線上的冰河崩裂面可能長達七百五十公尺，最新崩裂點泛現淡淡的藍色。崩解面上方有冰滾落，可以看見中央有道隆起的岩石劈開滾落的冰，在融冰水中劃出一條條黑紋。

「那是新的，」馬特說，「幾年前還沒有。以前那裡全都是冰。」

我會在好一段時間之後記起這座新岩石島——那時我們在一座類似的冰嶼安歇，一個同樣剛從一條大得多的冰河融冰中現身的地方。

齊歐將油門收到最小，放慢船速。我們與崩裂面平行漂浮，保持著大約四百五十公尺的距離，萬一發生大型崩裂，才有足夠時間脫身。齊歐指向冰河，又轉身面朝庫魯蘇克和一座從冰河邊緣伸入海峽的裸岩半島。

「五十年前，我還是小孩的時候，」他指著海峽中的半島說，「冰到那裡。」

然後他指向海峽的一座島嶼。

「我爸爸的年代，冰到那裡。」

他往回指向庫魯蘇克，然後將雙手覆上耳朵，指尖束起，又彈開，模仿爆炸。

「以前，在庫魯蘇克，我們聽見冰河的隆隆聲。現在，沒聲音。」

在齊歐的一生中，阿披昔耶克島冰河退卻之遠，崩裂面的爆裂聲已傳不到村莊。融冰改變了日常生活的聲音景觀。冰河之於人，是一片沉寂。

◆　◆　◆　◆　◆

我們在退潮時以接龍方式卸載，將設備抬上白石英和黑雲母的岩沙海灘。漲潮將小冰山抬到沙地上，沿著海灣排開，在向晚日光中閃耀著銀藍色，看來有些暮氣沉沉。還有一些小冰山，或者緩緩晃向陸地，或者在岸邊潮流中輾轉不定。

我們費力背負裝備走了三百公尺，來回四趟，通過一片淺淺的巨礫谷地，進入苔蘚和巨礫遍布的平原，還有一條小溪輕緩入海。

這平原是一條絕跡冰河的河道，面海的冰磧指出過去冰河的範圍。我們在冰的幽魂上紮營。

我想起讀過的報告，靠近格陵蘭海岸的小船 GPS 導航有時會發出碰撞警報。昔日冰河範圍的座標已經輸入地圖，但冰河融退速度之快，讓船隻一頭航入並**穿越**冰河在身後留下的數位幽靈。

我們帳篷周遭瀰漫著我辨識不出的白點，既不是雪也不是塵埃，大氣像通電一般閃閃發光。

上方有兩隻灰色海鷗，迎著上升的東風振翼。一隻烏鴉迴旋，嘎嘎鳴叫，然後滑落到我們堆著裝備的漂礫上，收起烏亮羽翼，安頓下來，翹首好奇地看著我們。

我們的帳篷一字排開，彼此相距二公尺。然後我們開始動手設置防熊屏障。北極熊可以聞到三十公里外的食物。你若是見到一隻北極熊，可以確定那隻熊早就已經發現你，並開始偵查了。不論是爲我們好還是爲熊好，我們都不想看到熊。我們手邊有兩件武器，都是大口徑的步槍，可以發射含有金屬塊（而非圓彈）的改裝霰彈。任何時候每個人都帶著閃光彈。

我們在營地周圍以絆索拉出矩形屏障，絆索一旦觸發，就會向地面發射空包彈，可以嚇退好奇的熊。我們把絆索裝在約六十公分的高度，才不會被四處尋找腐屍的白狐破壞。

紮營耗費兩小時，總算讓馬特感到滿意。我們邊工作邊唱歌。比爾是專業歌手，有極佳的男低音共鳴。我愉快地輕聲哼唱。太陽沉向西方。兩座冰山在海灣裡由左移動到右。

在如此遼闊的北極大地上，人眼會爲細節而驚奇。雖然營地周遭的表土深不過一、兩公分，卻養活了各種苔蘚和植物：巨礫背風面石松繁茂，岩石上地衣繽紛——斑斑塊塊的橙色黃鱗、精密製圖般的地圖衣，還有我叫不出名字的地衣，形似青脆萵苣——黃綠色，摸上去硬邦邦。

迷你矮柳的翠綠葉片隨處可見。我摘下一片，大約是我小指指甲的一半大，拿在手上對著陽光，綠光閃爍，我可以看見精密的紅色葉脈。以前我只在蘇格蘭紅山山脈見過這種植物，在高地的最高處長得稀稀疏疏。那裡相當於不列顛的北極。而此地的矮柳朝四周匍匐，覆蓋地面，瀝青黑的枝幹至多不過數公釐粗。

我這才意識到我們在森林上紮營。我們成了樹冠居民。

我想起在雷克雅維克聽過的一個笑話。問：「怎麼在冰島找到離開森林的路？」回答：「站起來。」

不時有低沉的隆隆聲越過大地，輕柔到來，卻強硬地推上耳鼓，震動血肉。那是冰河在山的另一端崩裂了，阿披昔耶克島的一片冰河撞上水面的聲音，**透空而來，穿越耳膜，進入大腦和血液，傳遞到靈魂裡……**

大冰山緩緩橫渡海灣，像被襲擊的德國潛艇，像郵輪，像大富翁的蘇格蘭梗犬，潔白晶瑩，在夜晚航程中一頓一頓地前行。

「幻日！」海倫面帶微笑，指著上方。太陽弧線鼓起處有一道璀璨的虹弧。

海灣入口的冰，天空上的冰。海灣內的冰。我們上方空氣中的冰。冰河的冰傳來的聲音。我們睡的地方以前有冰。當晚北極光首度出現，像一條螢光綠的圍巾在空中飄動。山岳將翡翠色的探照光投入太空。

我們仰躺在寒冷的黑色空氣上，看著雪，目瞪口呆。

◆ ◆ ◆ ◆ ◆

出發前往格陵蘭的前一週，我前往劍橋郊區的英國南極調查局拜訪一名喚穆凡尼（Robert Mulvaney）的人。穆凡尼是冰芯科學家、古氣候學家和冰河學家，終身都在研究冰的地下世界：讀取冰的記憶，由此得知過去的氣候和環境，而這或許也會透露未來可能的氣候變遷。

穆凡尼在南極度過二十個鑽井季。他在做田野時留著大鬍子和髭鬚，在辦公室則將鬍鬚剃得一乾二淨。他和我用力握手，步伐輕快地領我走過調查局的走廊，講話速度很快。

「我可能看起來很放鬆，其實我不是這樣的人。完全不是。」其實他看來不像很放鬆的人，而像是大半生都在艱難的環境中從事刺激工作的那種令人敬畏的人。

穆凡尼年輕時是堅毅的攀岩者，也是堅毅的洞窟探險人。我跟他提起提馬沃河，以及跟著以石南菸斗吞雲吐霧的塞吉歐一起降入特列比伽諾深淵的經驗。

「啊，所以你是在喀斯特地區。我在那附近有過一些相當深入的探勘。在南斯拉夫考察，乘船筏漂進有水的洞窟系統，之類的。不過我還是比較喜歡約克郡的石灰岩。比較乾。」他有片刻時間懷念起地下的生活。

他帶我進入書房，指給我一個座位。「後來有太多朋友或死或傷，我就放棄困難的洞窟活動，然後就成了水手。」他說。

他書桌上方的布告欄上釘著一面牙買加黑、金和綠色的破爛三角旗。「我自己縫的，在第一次橫渡大西洋的航程尾聲快要靠岸時。」他不小心洩露了自豪。

旗幟旁是他的妻子和兩個女兒的泛黃相片，在一艘遊艇座艙內對著鏡頭揮手，遊艇擱淺在濕泥海灘上，艇身嚴重傾斜。看不出她們揮手是在致意還是出於苦惱。

「我們在艾塞克斯附近一片泥灘擱淺，」穆凡尼說，「你航行東海岸要是沒擱淺過，等於沒航行過東海岸。」

他電腦後方有一面明信片大小的手寫標誌，麥克筆跡已經淡去，是小孩以粗黑的字寫成：

羅勃．穆凡尼去了南極

梅林跟與他的眞菌學家同僚在土壤中尋找「黑盒子」，穆凡尼則跟他的古氣候學家夥伴在冰中尋找「白盒子」。他們使用冰穿透相位敏感雷達，這能將反射層彈回，據此建立詳細的影像，顯示冰深處的內部分層和摺疊。他們使用聲納來引發爆炸並測量回聲。他們也從事冰芯鑽探——這是世紀營的美國科學家在軍中同僚秘密挖掘冰下飛彈基地時開創的技術。

穆凡尼在冰芯技術的早期就使用這種科技，他還親自設計了英國氣象科學所使用的幾種標準鑽頭。

「淺層鑽探，鑽到大約二十公尺左右，時間上差不多是回溯兩百年，這個深度是用手鑽。」他說。「作業很快。停下來，設置好，用手把鑽頭旋下去。如果比這更深，就要用電動——引擎驅動的鑽頭，降下去，再用絞盤拉起來。」

他給我看一部手搖鑽。這是驚人的類比工具，有著一．五公尺長的金屬套管，帶有精鋼齒的內部鑽頭，還有螺旋形的外部，那能讓鑽頭和套管之間的冰屑滑出，以及彈出式的肋片，用來防止取芯時筒身扭轉，回到地表時則可以收合起來。

降下鑽頭，切出冰芯，回到上方，取出冰芯，鑽頭再次降下。降，咬，鑽，起，吐；降，咬，鑽，起，吐。重複七百次就可以鑽到一公里深處的冰。

冰芯科學是一種工業作業，辛苦的勞動。穆凡尼曾經連續二十九天不停地鑽冰取芯，每天在攝氏負十五度的氣溫下工作長達十四小時。冰芯科學家不是那種因爲辦公室冷氣溫度過低令人不適就提出職場訴訟的人。

冰芯科學也考驗耐性。穆凡尼告訴我，有一次他把鑽頭弄掉了，掉在一千公尺深處。就這樣，掉了就掉了。無能爲力。取不回來。

「設置鑽井場要花一年，鑽一公里深要花一年，丟掉鑽頭只要一秒，然後又得花一年去重設鑽井場。」

冰芯取出後，切割成標準的「袋子」長度，然後包裹、標記，準備送往世界各地實驗室的冷凍庫。而在實驗室裡，每一塊冰芯都根據標準切爲六段。這當中有一段被稱爲「永遠的檔案」，收存起來以預防其他冰段丟失。其他的冰段則用於研究。

穆凡尼在格陵蘭參與了一項名爲NEEM的計畫，也就是「北格陵蘭伊緬間冰期冰芯鑽探計畫」（North Greenland Eemian Ice Drilling Project）。NEEM的目的是要鑽探分析伊緬間冰期的冰芯，也就是上一次間冰期，距今約十三萬年到十一萬五千年間。科學家對伊緬間冰期深感興趣，因爲二十一世紀末的氣候進程和反饋可能類似那時期。穆凡尼說，這計畫已經成爲「預測研究的熱點」，共有十四國參與。

在格陵蘭西北部的NEEM研究場中，有一道深七十五公尺、鏈鋸鑿成的鑽井坑，加蓋後形成「冰窟」。冰窟的環境溫度是宜人的攝氏負二十度，科學家在田野期間可以二十四小時萃取、分析冰芯。他們在兩年內鑽探兩公里半以上，抵達基岩，取出的冰芯是第一批伊緬間冰期的完整紀錄。

冰芯顯示，在溫暖的伊緬間冰期間，格陵蘭的冰帽表面經歷過激烈融化。融水浸入下方的積雪，再度結凍，在冰層中留下明顯的長期標誌。對研究人員而言，二〇一二年夏天的取芯作業十分不尋常——溫度上升，雨水降下，而後融水再度結凍，這是人類世的伊緬回聲。

穆凡尼伸手到電腦後方，拿起兩個小物件。

「手伸出來。」

他把一個物件放在我掌心。那是一顆小而沉的灰色鑽尖。我認出這是取芯鑽頭的鑽齒，邊緣變形了，像撞擊過的子彈。

「這是在南極撞上基岩的其中一個鑽齒，」穆凡尼驕傲地說，「在伯克納島下方九百五十公尺深處。」

現在看來一無是處，只能用來塗抹奶油。

「撞到基岩會讓冰芯科學家高喊哈里路亞嗎？就像大亨發現石油？」我問。

「哦，會啊，沒有比這更好的事了。還有，再看這個。」

他遞給我另一個物件，是個透明的小塑膠瓶，裡面裝著一撮金沙。

「這是我們撞上伯克納的基岩前，最後一次從冰芯取出的顆粒。」他說。「這是基底沉澱物。用放大鏡可以看出圓形顆粒，是風積的石英碎片，直徑約〇．二公釐，平滑的霜狀表面。

「隨便哪個地質學家看了，都會說這是在類似沙漠的環境中形成的，因為風蝕而磨成圓形。所以，我們從這當中得知，現在位於冰下一公里的土地，在某個時刻曾經是撒哈拉。」

「好漂亮，這是來自世界底層的沙漠鑽石。」我說。

「看得出來你不是科學家。」他說。

穆凡尼帶我前往冷凍庫。我們打開一扇沉重的門，撥開屠宰店會懸掛的那種厚重塑膠簾。

冷凍庫的冷是要命的冷，彷彿小刀切入皮下的冷，細針刺入眼球的冷。冷得我筆中的墨水在一分鐘內就結凍了。穆凡尼卻彷彿渾不在意。他只穿了一件襯衫，袖子還捲上，我穿了三層，卻懷疑自己還能活多久。

穆凡尼嘎吱打開一具白色聚苯乙烯的箱子，裡面堆滿冰芯，裝在有標記的透明袋子裡。他找了一下，拿出一個袋子。袋子側邊以黑色馬克筆寫著「140,000 YA」。

「這個來自最後一次間冰期之前很久。」他說，將袋子交給我。雖說這東西已經很老了，我仍像抱嬰兒一樣輕輕抱著，然後小心放上工作檯，盡可能遠離邊緣。

他從塑膠套上拉出什麼東西，交給我。那是從冰芯末端切下的冰盤，數公釐厚。

「那是年輕的冰，」穆凡尼說，「寶寶冰，大概一萬年，不會更老。拿到燈上。」

我把冰盤舉到日光燈管下，冰盤瞬間變得美麗異常——銀色，半透明，裡面許多閃爍的冰泡，星辰一般。

「這裡貯藏著眞正的黃金，」穆凡尼說，「每個泡泡都是一座博物館。」

我想起布朗恩在《甕葬》中使用的「保存所」一詞，意指保存某種東西的空間。而長久以來，冰一直都是我們的最佳保存所——早在冰箱發明之前，冰窖能爲桃子和草莓保鮮，冷凍貨櫃在世界各地運送易腐的奢侈品，冰河保存著死去許久的人體，而幻想能如拉匝祿般復活的億萬富翁則著手推動所需的科技，冀望死後能以低溫設施冷藏大腦。在這些情境中，冰這種物質的作用是減緩變化，並影響久遠的過去和未來。

「現在我們正在尋找最古老的冰，想鑽到至少一百萬年前，甚至一百五十萬年前，在南極。」穆凡尼說。

「這計畫至少要花十年。」他繼續說道。「首先我們得找到適合超深鑽探的完美地點——關於這一點，爭議很多。眞奇怪，日本人認爲是在他們領土的附近，俄國人認爲在東方湖（Lake Vostock），他們在那裡有基地，英國人和美國人認爲應該在冰穹C（Dome C），他們在那邊工作！」

他驕傲地談起冰芯科學的成就。

「我們協助處理石油中的鉛。我們製作了二氧化碳／溫度圖表，敲響了氣候變遷的警鐘。幾年前我在想，這門科學大概就這樣了，我們已經大聲喊出全球暖化和零排放汽車，還有什麼可做的？現在我看到全新的未來正在開展，就是尋找最老的冰。這裡有個無人能解的氣候謎題：大約一百萬年前，氣候週期的頻率突然從四萬年變成十萬年，爲什麼？沒人知道。如果我們解釋不了**這個**，又怎麼能宣稱我們無所不知？如果我們能找到、鑽探最老的冰，嗯，我們就可能解開這個謎題。秘密藏在深處。」

我在離開前問了穆凡尼最後一個問題。類似的問題我也問過遠在柏壁地下深處的暗物質物理學家克里斯多弗。

「你在工作上經歷十萬年、百萬年這麼巨大的時間跨度，這會讓我們人類的當下、我們的每小時、每分鐘變得更明朗、更眞實，還是變得無關緊要？」

他想了一下。

「有時候我手裡拿著一塊石頭和一塊冰。兩者都來自地表之下的深處，兩者都帶著人類出現之前的訊息，但冰在十分鐘內就會消失，而岩石會持續存在。」

停頓。

「這就是冰令我興奮而岩石不會的原因。這就是我是冰河學家不是地質學家的原因。即使過了這麼多年，見過這麼多冰芯，冰的持久和冰的短暫依然令我激動。」

冰就像碎玻璃，嘎吱嘎吱在我們腳下斷裂。格陵蘭烈陽當空，日光白多於黃。海灣裡有冰山，但晴空裡沒有雲。我們結成繩隊一字前進，警醒而亢奮。

◆　◆　◆　◆　◆

那天早晨，我們從海灣營地循著一條小溪上山，進入懸於兩峰之間的寬闊谷地。在那裡，我們不期然來到一汪淺水湖畔，遠端的湖緣籠罩在東側山峰的蔭影下。湖看似結凍，但走近後我才發覺，那看來像冰的物質其實是沖積層：冰河從岩石裡沖刷出淤泥後，融水流入湖泊，讓湖泊顯得光潔明亮。我們的到來驚起群鷗，在起飛時振翅撲水。

我們沿著湖泊西岸前進，從一塊巨礫跳到另一塊巨礫，踏著厚如氈墊的苔蘚。低矮的植被顏色鮮亮，一叢叢粉紅柳蘭，一床床緋紅地衣，還有黃色的柳樹。

一小時後我們來到湖泊上方一道低垂隘口，踏上巨礫間一座峽谷上擱淺的細砂後，腳步聲也隨之變化。我們停下休息。馬特卸下他始終掛在背後的武器，扭動肩膀放鬆。鵝的叫聲清晰可聞，隨著飛近而增強，在我們東邊的圈谷回響。

「那是純四度！」比爾愉悅地說。他聆聽地景的能力超乎我共行的任何人。他能看見、聽見地景的音樂。

鵝從上方高空飛過，大約有十二隻，形成一道緊密的V形。我想牠們大概是粉腳雁，大概剛開始秋季南遷，下一站可能是冰島，從那邊再到英格蘭，可能會高吭降落在坎布里亞郡我父母家附近的野地裡。

「這個山谷是這地區數一數二的高速公路。對人和生物都是。這是從庫魯蘇克到北部峽灣最主要的狗拉雪橇路線。從村莊出來，海冰夠厚的話可以從冰上越過海灣，在我們營地附近上岸，然後往上走，通過這道隘口，向下到伊格特拉吉皮馬（Igterajip-ima），再繼續往塞彌里賈克（Sermiligaq）。我跟齊歐和海倫走了幾十次。如果不需要狗，我們就滑雪。那對我們來說就像主要幹道。」馬特說。

我想起前一晚的極光，那長長的綠色圍巾垂下山谷，閃閃發光。羅培茲（Barry Lo-pez）是怎麼稱呼地景中那些活動和遷徙的古老路徑？**呼吸之廊**。就是這樣——而且極光看起來就是一種生動、超凡脫俗的呼吸。

碎石峽谷是一條乾涸冰河的流道，直接導引我們來到冰河鼻。這裡是阿披昔耶克島的背面，面向陸地，冰河向東流，離開創生出自己的山岳。冰舌斜傾，與岩石會合之處覆滿塵土和碎石，下方融水流出之處是空心的，留下棕色龜甲般的硬冰拱在一條往冰河深處遠遠延伸的水道上方。

我們一個接一個爬上龜殼，用腳踩踏，測試冰堅不堅牢。每一步都轟然有聲，在冰河鼻的下方回響。

走上冰河，就進入冰河空間。聲音改變，溫度驟降，危險陡升。寒氣不是以指尖觸探到，而是像雲一樣，像繚繞的氤氳，並在你的核心中安頓下來：**你是在我的地盤上**。

冰山有很大一部分位於水面下，冰河也有很大一部分位於冰面下。河流靜靜流過和緩的地面，冰河也是如此。冰河流過陡峭的地面（滾落）或轉彎時，會分裂、斷開。冰隙相當於冰河版的激流，是水流中的騷亂。

登山者會說冰河有「乾」區和「濕」區。濕部的冰有積雪覆蓋，乾部則沒有這類覆蓋。在濕區移動通常比較容易，卻也更多險阻，因爲積雪下方可能隱藏著冰隙和背隙①，而雪的承重力很難預測。走在濕冰河上，感覺就是始終處在威脅之下，會興起一種下方潛伏著什麼的感覺——積雪之下的巨大藍色深淵，冰存的冰下世界。每一步都如履薄冰。

那天冰河的底部是乾的，因此我們可以望入冰的深處。那裡有些人眼狀的小滲穴，鈷藍色的融水閃爍微光。小裂縫，只有手指或手掌或前臂那麼寬，窄窄伸入我們下方的藍色中。也有隙縫裂成足以吞噬汽車或房屋的大小。有圓形管道向下直伸，直到讓人以爲射把箭矢進去會擊中岩床。

冰河的地下世界總是展現色調多過展現結構，每道裂隙或豎坑都彌漫著瑩瑩藍光。斯堪地那維亞有時稱這種藍光爲冰河「血液」，是對離奇現象的離奇形容。

我在一汪融水旁停步喝水，臉朝冰面傾斜，感覺藍色血光浸透眼睛，浸透頭骨。

我們那天的目標是一座無名山，山巔圈谷孕育的冰最後匯入阿披昔耶克的冰河。這地區唯一的地圖是不可靠的一：二十五萬，圖上幾乎沒有標示這座山。這山的頂峰曲線優美，黃褐色的岩石自冰河圈谷隆起，確實非常吸引人，但這條海岸上連綿起伏的冰與峽灣的後方躺臥著萬千山峰，這只是其中一座。

我們在冰河高處發現一個冰臼，是我們的第一個，但許久之後，我們在比這裡更北的拉芒森冰河（Knud Rasmussen Glacuer）發現另一個冰臼，並垂降下去，兩相比較，這一個簡直不足爲道。冰臼（moulin），這個字是法語中的「磨臼」，通常形成於冰河傾斜處。融冰之水匯聚在傾斜處，當溫度略高於冰點，就會開始暖化下方的冰，而這會導致斜度增加，引來更多融水，當水流和重力都成爲鑽孔的作用力，水就會鑽得更深。某些情況下，融冰水會在冰河上鑽出一個洞，磨穿冰層，下陷成豎坑。有些冰臼很小，只有一、兩公分寬，有些直徑可長達數百公尺。有些伸入冰層一、二十公尺後就散入側面孔道或徹底封死，有些深達一公里半，直直落到基岩上。

冰河學家和氣候科學家對冰臼愈來愈感興趣，原因有二。首先，冰臼是冰河和冰帽表面融化率上升的警訊。其次，最深的冰臼會將水直接導至冰河底，而由於融水溫度高於冰，因此會將熱能傳遞到冰河深處並融化更多的冰，這稱爲冰凍圈水文暖化。我們也已知道，水有時可以作爲潤滑劑，加快冰滑過下方岩石的速率，如此一來，融水就成了冰河的胯下坐騎。

滑動速度加快會加速冰河崩裂入海的速率，海平面上升的速率也因而加快。格陵蘭各地就跟南極各地一樣，冰河都在縮小和加速滑落。現在格陵蘭東部的冰河融退的速度和最高流速都居世界之冠。溫度較高時，冰層幾天之內就能形成融冰湖，然後在數小時之間驀然排洩到自製的冰臼內。

有一種稱爲洞窟冰河學（speleo-glaciology）的子科學正在形成。科學家垂降到冰臼內，取出關於溫度和流速的資訊，或者將數據監視器送到冰臼深處。一位名爲貝赫爾（Alberto Behar）的NASA科學家在格陵蘭北部將一群黃色塑膠小鴨送入一．五公里半長的冰臼，看看小鴨會不會出現在感潮②的冰河鼻上。這是一種低科技的冰層內部測繪法，讓人想起將松果丟入希臘和義大利的喀斯特河流以探測流路的做法。

我們那天找到的冰臼約有一公尺寬，表面渾圓，藍色豎坑斜斜落入冰層深處。這冰臼還會**吟唱**，高而穩定的呼喊令人頸項寒毛直豎。空氣被冰河水道系統深處的水流驅動，在冰臼內部流動，也在與冰臼相連、由融水沖刻拓出來的隱形水道系統內流動。

比爾朝冰臼側耳，然後驚奇地抬起頭來。

「這是A，和D，還有升C。」他說。「這是D的泛音列！」

冰臼是冰河本身的巨大風管。我眞希望能夠調整頻率，收聽並錄下冰臼的聲音，聽懂冰臼有什麼話要說。

「海冰的音樂性也是無與倫比。」海倫說。「冬天會眞的發出嘶嘶聲和口哨聲，尤其在漲潮線附近，好像在哼唱。」我再次有股奇異感受，冰是**有生命的**——冰的聲音有曲目，冰的形式多樣，冰在地景上的存在感既龐大又具塑造力。

我們接近冰河的上部圈谷時，冰扭曲得愈加厲害，冰隙幾乎全部潛藏起來。我們行過一片柔軟的瑩白雪地，心知肚明腳下就是深淵，每個人都戰戰兢兢，以免猝不及防滑倒。我再度興起一種門在身後鎖上的感覺，憶起那些走過的驚險迷宮——門迪的亂石陣、巴黎的地下墓穴、特列比伽諾深淵的下攀。在這裡，腳印就是我們的阿麗雅德妮之線，在一日將盡的時候，這迂迴的細線將會指出我們安全的道路。

之前馬特就在猜想背隙可能無法通過，又或者我們得垂降入背隙，再從另一側爬出，但這既耗時又費力。然而等我們到了那裡，還在因攀爬而全身發熱，卻看到一個可以橫越的地方——背隙兩側收窄到彼此相距只有一、兩公尺寬，上方有一座雪橋。

我們一個接一個小心輕步通過，前後兩人分別在兩側撐著繩索，以防橋樑突然坍塌。

輪到我了。我原本想快速通過，但出於無法解釋的原因，我在橋上停了下來，望向右邊背隙的深處，感覺胸中恐懼迸裂，像墨水滴落水面暈開。雪橋下方的背隙有如藍色峽谷，深逾四十五公尺，大得足以吞噬卡車及其車斗，上部斷崖高懸，真實的深度隱沒在陰影中。

「羅伯，前進。」海倫在我背後催促，「不能停在那裡。」

我這才發覺自己停下了腳步，被空無阻擋下來，在空無的要求下、慷慨允許下，隱約望見深處。

半小時後，我們從高處冰層走上獅子色的山頂岩稜，脫下冰爪，找了個地方放裝備，繫上攀登繩。馬特背後依舊掛著步槍。

「你應該可以把槍留在這邊，回程再拿吧？」我問，「我們在上面幾乎不會遇到熊？」

「一九一三年有人首次登上這地區的最高峰時，在海拔兩千公尺遇到北極熊。」馬特說。

「噢。」我說。

我們一起走向山脊，此地沒有必要做多繩距攀登。我在峰頂巨礫上的地衣間發現了一支淡色的烏鴉羽毛，和一個難以置信的貝殼，是曬到脫色的純白。

我們靜坐在陽光下溫暖的峰頂岩石上，望著我所見過最荒涼的土地。岩尖上瘦稜疊著瘦稜，山脈疊著山脈，向南向北連綿不盡。

峽灣外有峽灣，海口外有海口，島鏈，峰群。

藍色海洋浩蕩向東，海上冰山閃閃。

海岸閃現刺眼的白光，是成千上萬擱淺的冰山。

棕色沖積平原上河口綠水流溢，彷彿大理石紋路，捲成花般紋樣。

一座與我們等高的山谷上圓形圈谷高臥，裡面有座綠色湖泊，形狀渾圓，四周有冰塔環捧，外形如教堂的洗禮池，靜止的表面照出上方掠過的雲影天光。

「看你後面。」海倫莫指著說。

那裡，在西邊遠處最高峰的山脊間兩側連綿的，是冰帽本身。

冰帽彷彿飄浮的白色帶子，高得不可思議，溫潤而朦朧。這是「內部冰」，綿亙不絕於北冰洋西側和北側，廣達十萬平方公里。兆億噸的冰，深達三千三百公尺，質量之大，導致下方的岩床翹曲變形，沉入地殼，深度達海平面下三百九十公尺。這些冰若是瞬間融化，會在島嶼中心造成巨大凹陷，夷平山脈，粉碎谷地。

內部冰看來不似人間。我升起一股渴望，想起身踏上，想穿越其間，在那一片飄動的白色中停留三十天。

「欸，那裡！下面海灣裡，水裡有黑影！我想應該是鯨魚。」馬特視線清晰異常，空氣也清晰異常，無塵空氣的清透具有透鏡效果，壓縮了距離。我們離海灣約有三公里遠或更遠，那仍能用肉眼看見鯨魚。

不過那不是一隻鯨魚，而是三隻。海灣綠水中三道黑影，兩大一小，是父母和小孩，在出海口尋覓冰河融水沖刷入海的食物。牠們在水下兩座綠松石色的大冰山之間活動。

我們用雙筒望遠鏡觀察鯨魚。破水，消失，以暗影形式現身，又再度沉入無形。一群海鷗，震動的銀色，行動的痕跡。

在我們下方深處，大約半日腳程遠，可以看見我們帳篷橙色的點。身在這個高度，我們可以清楚望見末端和側面的冰磧，標示著過去冰層溢出谷地的範圍前緣，足以將我們的營地淹沒成一片雪白。

「因努特人不會跑到頂峰來。幹麼來？」馬特說，「齊歐不時會用因努特語來表示冰河或某個地方的『美麗』。但多數情況下，這片地景對他來說是工作、危險和生活的場所，不過他也熱愛這片土地。我記得有一次跟他搭船接近冰河崩裂面，他轉身向我點頭微笑說：『我想十月來這裡打獵。』」

冰山沿著海平面滑動。冰河的轟然聲響在崩裂數分鐘後傳到我們耳中。雪塊在岩石間朝北方飛掠，速度快得驚人。

我們在那奇妙的山巔上、陽光下待了一個小時、一個時代。我們不大交談。言語在那裡顯得無能、無禮，會愚蠢地從這地景上滑開。這地景之大，使隱喻和明喻都顯得荒誕。這裡與我去過的任何地方都不**相似**，剝除了故事，將尋常的意義創造形式一體拋棄。

冰帽閃閃發亮，鯨魚破水而出，淤泥捲入出海的冰河，冰隙是大地上的藍寶色血脈。

一種強大的不和諧感壓倒了我的心智，一切似乎都既遙不可及又觸手可及。彷彿我可以從山巔傾身，將手指伸入冰隙，從冰塔池中蘸一滴水，以指尖將冰山沿著天際線輕推。我意識到自己因爲大量倚賴網路，距離感都已經變成配置好的組態。網路上一切都能取得，卻沒有一樣觸摸得到。

冰的浩大與活力超越我所遇過的一切。從深度時間的角度來看（即使是從上次冰河期以來的較淺時間），人類是地球主宰的想法顯得貪婪而虛妄。

在那山巔之上，在那一刻中，由內部冰望向冰山滿布的大海，人類世的想法說得好聽是自負，說得難聽是危險的虛榮。我想起在加拿大北部聽到的第一個因努特字詞：ilira，意思是「敬畏感」，並隱含大地有感有知的意味。是了，我在這裡的感受就如此。Ilira。令人心中大慰。

然而我想起正在融化的冰，已經融化的冰，**加速融化**的冰。隨著二氧化碳濃度上升和地球暖化，全球永凍圈正在發生令人不安的變動。咆哮的冰臼，盜汗的冰山，坍塌的永凍土張嘴露出嚴酷的內在。齊歐描述他們村莊的聲音如何隨著冰河融退而改變；我們紮營的鬼魅冰河；縮小的海冰；穆凡尼抽出一公里深處的冰芯，深入鑽研以便預測氣候的未來……然後我想到克莉斯蒂娜的兒子在學校建造的諾亞皮艇方舟——那是最近這個冰融世界的逃生船，卻沒有空間容納人類。

從那山巔望出去，我不再感到敬畏和興奮，卻有些微不適。既爲格陵蘭的規模，也爲我們竟然有能力包圍格陵蘭。有某種令人驚駭的東西存在於冰與冰融——冰的浩瀚與脆弱中。冰像某種「東西」，我們無從理解，卻有能力毀滅。

三座大冰山悄悄進入視野，像白色帆船滑過地球弧面。陽光照上第一座冰山上緣，燃亮銀光，繼而在頂端閃耀，彷彿整座冰山都在燃燒。

◆ ◆ ◆ ◆ ◆

古希臘劇作家埃斯庫羅斯的《阿伽門農》中有一個稱爲「邁錫尼瞭望」的段落，描述屋頂塔上的瞭望人，他的任務是觀望地平線上的烽火，那代表特洛伊已陷落，一旦看見就要高呼。在瞭望多年以後，他見到火焰出現在遙遠的地平線，卻發覺自己無法叫出那幾個重大的字。他震驚到無法開口吐字。埃斯庫羅斯的形容令人難忘——他感覺彷彿「有一隻大公牛站在舌上」。悉尼（Seamus Heaney）的版本形容瞭望人感覺他的舌頭「痲木了……像牛車掉落的踏板」。

當我想著我們怎樣試圖談論人類世，我想起那舌上站著公牛的瞭望人，無法喊出警報，導致危險步步進逼。人類世的念頭屢次令我們啞口無言。人類世的結構複雜，時空尺度寬大（從奈米至行星，從微秒到萬古），對我們構成巨大挑戰，連指涉都困難，又該如何詮釋？人類世的能量是互動的，屬性是新興的，結構則是內向的。即使是**在**人類世，談論人類世也很困難。或許可以將人類世想像爲失落的世代——物種、地點、人的失落——爲此我們還在尋找哀悼的語言，尋找更難尋得的希望的語言。

文化理論學者倪迢雁（Sianne Ngai）指出，人在震驚或悲傷時，往往只能藉由「口齒不清」來表達感受。倪迢雁說，人在口齒不清時，平常的「詮釋或回應」能力都受到挑戰，語速遽減，言詞反覆，是疲勞和困惑表現在修辭上。時態彼此牴觸。這當中有一種「回流」，一種猶豫和口吃的集合，而因果的驅動則消失。我們口吐迴旋的言論，使人膩煩到癱瘓的程度。

在那日漸稀薄的冰上，格陵蘭的數週時光裡，我認出了這種「口齒不清」。我經常奮力避免言語哽在喉嚨。我筆記本上的黑墨字顯得遲鈍，像焦油一般滯重。在那既不宜人居又不合時宜的寒冰世界裡，書寫失去了意義，凝結在漫無目的中。很多時候不言不語還比較容易，或者說，只是觀察但不求了解會比較容易。我的全新世之舌上站著一隻人類世公牛。

◆　◆　◆　◆　◆

我們由山脈的西北脊下攀，走在頂峰寒冷的陰影中，然後海倫叫了出來。

「看！看上面——流星！」

大白天怎麼會有流星？我回頭望向山脊，在驚奇中停下腳步。太陽照出山峰剪影，峰頂上方的湛藍天氣布滿銀光小點，挾著生氣勃勃的能量和意念不斷顫動、投擲。發亮的小精靈數以百千計，脫離陽光進入陰影後便立即消失。我們著迷地看了大概一兩分鐘。這是我在山間所見最精緻離奇的景象，是沸騰的銀色花火，散落的星辰碎片。

那日稍晚我們恍然大悟，那可能是柳絮，是矮柳的白絮在散播種子，從山谷被東風吹上六百尺，越過頂峰，被冷硬的北極之日鍍上銀色背光，在北極的寒風吹拂下旋舞。

我們沿原路折返，小心走下冰河，一道道解鎖我們上行時通過的門，冰河背隙、冰隙原、冰河底……我們終於一個個砰砰跳下冰河鼻，回到在我們腳下沉寂無聲的冰河礫灘。

我們穿過巨礫夾道的山谷，下到湖畔，再度驚得群鷗喋喋喧鬧。

那天晚上，低垂、皎潔、明亮的太陽穿過平原，點燃了大地。羊鬍子草的棉絮發亮如燈泡。苔蘚燦綠，每片柳葉、每塊卵石、每座擱淺的冰山都散發晚日的光芒。

那天夜裡的極光是綠色的霧堤，翻滾、凝聚、消退。第一顆星斗現身冰河之上，而後消失，然後星星來得愈來愈快。

我們一起坐在外面，再次沉默無語。

極光在約一小時後消退，因月升而疲弱。滿月很快出現在營地上方的山肩，彷彿是從那天我們攀登過的冰河升高。我們輪流使用望遠鏡，而月亮在鏡片之後亮得幾乎無法直視。我們可以辨識隕坑環、撞擊點、低地的月球海、高地的月球山。月亮向太陽借來了黃光，又借影子給岩石、帳篷和我們。月光的力量令我驚訝，我興起了強烈的寂寥感。

那天夜裡兩點，冰河的一陣轟隆聲喚醒了我。我走出帳篷。黑暗中傳來三趾濱鷸尖銳的叫聲。月亮依然又大又黃。北極光有如綠幔，閃爍冰帽之上，一道飄帶迴向我們攀登過的山峰頂巔。

冰河又發出難以理解的咆哮，混響二十秒才告消失。

翌日清晨我們醒來，發覺營地籠罩著濃重白霧。彷彿冰在一夜之間重來淹沒了我們。刺網上結著露珠。一隻烏鴉在我們上方盤旋，不見鴉影，只聞鴉啼。

過了兩天又兩峰之後，我們拔營前往拉芒森冰河，要去尋找一個直入藍冰深處的冰臼。

＊注1：背隙（bergschrund）指冰河頂部流動的冰脫離靜止的冰及萬年雪所形成的深溝。——編注

＊注2：感潮指水位受潮汐影響，呈週期性起伏的現象。——編注

十一、融冰水（拉芒森冰河，格陵蘭）

在看到冰臼之前，我們已經聽到冰臼的聲音——那是一種低沉的轟隆聲，音量隨著我們靠近而增大。冰臼位於低窪地帶，沿著冰河往上走一天可達，有三條融水河迂迴流入，宛若羅弗登大漩渦的海沫渦流。

我繞著冰臼走動，小心不靠近邊緣，來到一個我能安全下望之處。這確實是我所見過最美卻也最駭人的空間。冰臼口呈橢圓形，最寬處約有四公尺，兩側都是藍冰，光潔有如玻璃。冰臼像礦井的豎坑一樣，由冰河表面垂直下陷。六公尺深處是光線的盡頭，也是視野的盡頭。冰臼彷彿可以蝕穿冰河，直至數百公尺下方的基岩。一股融水的激流由冰臼西緣沖入空無。

那天我們全都感受到冰臼的某種吸引力。正如漩渦之於海洋，冰臼也影響了周遭地景，似乎將一切都往冰臼而去。身在冰臼附近，我感覺胸口有一股嚮往，一種想向冰臼邊緣靠近再靠近的衝動。冰臼明確而強大，是通向地下藍冰世界的門戶。

◆　◆　◆　◆　◆

找到冰臼之前七天，我們來到拉芒森冰河。這冰河冰體之巨大，竟創造出冰河本身的氣候。我們抵達的那一天下午，霧氣籠罩約有一．五公里寬但高僅數百公尺的峽灣，冰河也因此無由得見。霧上是藍天，霧下是藍水，霧後是藍冰。那看不見的冰寒氣之重，壓縮了濕潤的水氣，形成懸浮之霧。

我們看不到冰河，但能夠聽到。與拉芒森冰河相比，阿披昔耶克冰河顯得相當內向。我們卸下背包，放上片麻岩的岩台上，入秋之前我們會以此爲家。數分鐘後傳來冰河的第一聲轟響，那出自霧堤，毫無預警傳來，震得我們的身體像果凍袋一樣晃動。

「砰！歡迎來到拉芒森冰河。冰在說話！」海倫說。

在我們上方高處，淡淡虹彩橫過天空，那是我們上方七、八公里高對流層上部空氣中的冰晶所折射的太陽顏色。

又一次爆炸聲響從霧堤後翻滾而出。

我們看不到冰河，但感受得到。冰河周身寒氣深重，使氣溫至少降低了五度。我們選定的營地離冰河崩落面約有一．五公里，即便如此，我們依舊置身冰河氤氳之內。在拉芒森冰河的那些日子，我們成了冰人。喝的是冰，洗的是冰，睡在冰旁和冰上。冰占據我們的耳朵、夢境和言語。冰占據水和空氣和岩石。我們走入冰，冰走入我們。

◆ ◆ ◆ ◆ ◆

我們由阿披昔耶克冰河向北，循著通往拉芒森冰河的路線，走入一種全新等級的僻遠和尺度。我們經過的峽灣有如峽谷，兩側是高達數百公尺的片麻岩絕壁，頂部是塔狀尖峰。這地區有一種我不認識的岩石，易碎而粗糙，呈巧克力色，在片麻岩中形成寬達百公尺的紋脈，在山峰和山谷間延伸達數公里。你可以順著這紋脈穿過這片大地，一路追蹤，直到紋脈消失在岸邊峽灣的水面下，又在彼端重新現身。

即使在這樣蠻荒的地景中，依舊有人類衝突的痕跡。在一道支流河谷內，一座頂峰分岔有如魚尾的山峰下方，我們走入半世紀前荒廢的美軍冷戰基地遺跡。一座生鏽的機棚骨架，大樑因冬季反覆的雪崩而彎曲；一座前方裝有雪橇的拖拉機沉入淺淺的苔原；數以千計鏽成橙色的油桶，或堆疊在起重機抓斗上，或在地上蜿蜒開來。這一切使這地方帶有孵化場的氣息，讓我想起羅弗登群島的莫斯克內斯那些鏽蝕的釣魚浮標。這基地的所有人造物都已染上苔原的色彩，那橙色、棕色、綠色的陰暗色調。地衣和苔蘚在基礎設施的遺骸中欣欣向榮，是北極的迷彩。

在同一峽灣下方，一座有淡水溪流注入的海灣裡，有座美麗的龐然冰山在陽光下閃耀著瑩白光輝，長而低矮，總不會高出環繞自身膝下的黝暗海水四．五公尺。冰山上方冰脊曲線優美，但引人注意的是深切冰山脅腹的溝槽，一道道彼此平行，彷彿細心鑿成。每道溝槽投下的藍影略有不同。在溝槽變淺之處，冰面坑坑點點，就像受過傷的皮肉，凹凹凸凸閃閃發光。

峽灣分岔成Y字型，一條切向東北，一條切向正北。橫越北方的峽灣開口時，我看到遠方的一座冰河，那是卡拉萊（Karale），呈一曲弧流向漲潮線，西邊可見一條較小的冰河，已經融退且高出水面，終點是一段我猜大約有幾百公尺寬的冰拱。那冰拱閃現舊冰的藍色亮光，湧出一道強勁的融冰溪流，奔流入海。

「齊歐跟我曾經駕狗拉雪橇在兩天內從庫魯蘇克抵達卡拉萊，」馬特說，「在絕差的條件下每天行進八十公里。天候惡劣，海冰軟爛。很多時候我們得用魚叉試探雪橇前方冰的韌性，看我們能不能過去。」

我們沿著峽灣臂膀向東北方前進，靠近灣底的霧堤時，海水因爲一大糊散冰和順著潮流滑出的零星冰山而濃稠起來。離霧堤一．五公里處，鄰近水邊的一座山峰下，一片淺色漂礫中，我們找到足供紮營的平地。那附近有一條來自雪原的小溪可提供淡水。山坡上有一叢越橘正開始結果。一座尖峰自我們旁邊的峽灣聳起，壁立如牆，岩壁中嵌著一塊巧克力色的螺栓狀岩石。

我們離峽灣邊緣只有數公尺，此地的岩石是連綿傾斜的片麻岩，綿延灣岸長達數百公尺，石英岩和黑雲母的線條閃閃發光。

藍色的小冰山發出喀啦聲漂流離岸。

「我願意死在這裡，再重生成這裡的巨礫。」我說。「我沒到過這麼特別的地方。」

「這裡會把我們都做掉的。」馬特說。

・・・・・

我們抵達當日的黃昏前一小時，霧堤散去，露出拉芒森冰河的崩裂面。這崩裂面與峽灣同寬，由東岸彎成一個向前的尖點，又在視野之外向西彎去。

崩裂面周遭的海水被淤泥染成棕色，與更外側呈乳綠色的海水恰成對比。淤泥自一道融冰溪湧出，溪流源頭則在峽灣海面下無法望見。淤泥上鳥類群聚，大快朵頤。在此等距離之外，唯有這些鳥可以充作比例尺，而牠們又小得與蒼蠅無異。靠近崩裂面的鳥類時不時乍然飛起，盤旋，交會，然後又重新停落水面。輕輕的崩裂聲大約在十秒或十二秒後才傳到我們這裡。

冰河崩裂面呈現冰河深度的橫剖。冰隙往下裂開達上百公尺。圓形豎坑是冰臼融解系統的延伸。即使在這麼遠的距離之外，我還是能看見冰河的層理，亦即沉積物的結構。較白、較寬的層帶漸薄，沒入下方深處全無層理的藍冰中。

冰河崩裂面是座被推入海中的哥德城市。高塔、鐘樓、煙囪、大教堂和尖頂飾，全都翻出冰河邊緣。隧道、地下墓室和墓園則將被輾碎壓入冰山。我想起諸聖嬰孩公墓被埋在上部的骸骨重量壓垮，最終死者轟然墜入埋葬地點周遭的空間。

「那個崩裂面是冰的終點站，數萬年前，那些冰是以雪的形態落在大冰河上。」海倫說。

在最新崩裂的地方，冰最藍。那些斷裂的痕跡看起來不像傷疤，而像啓示。那是寒冰數萬年來首度見到的陽光。

一隻環海豹在岸邊浮出水面，向陸上的我們瞥了一眼，再度下潛消失在乳綠色的海裡。不知冰河崩裂在海豹眼裡是何景象？我好奇地想。**聽起來**又是如何？

「某些冰河被認爲顯然不懷好意。」馬特說。「這裡有一座冰河，庫魯蘇米人怎樣也不會靠近，因爲那冰河以險惡聞名。你**非得**經過的話，穿越時就不要講話、吃東西，也**不要看**，因爲冰河會崩裂到水線以下很深的地方，可以猝不及防由下方殺死你。他們稱這個爲 puitsoq，來自下方的冰。」

在營地上方一塊巨礫的背風面，我發現一堆鬆散的矮柳葉片，大約有數千片，葉子脆而易碎，呈褐黑色，葉堆約有八、九公分。這必然是長年累月由風收集而來，每年冬日結凍，夏日解凍。每片葉子的葉脈都還清晰可見。我抓了一把，葉子在我指間沙沙作響，輕而鋒利。這裡空氣乾燥，表土稀薄，有機物的凋萎速度也變慢了。這地景中的時間步調不一，快如災難性的突發崩裂事件，慢如好整以暇的葉片漂移。

一座狀如屋簷的冰山滑過我們，十七隻海鷗棲息在冰脊上，全迎風而立。

• • • • •

住在拉芒森冰河附近就像和雷雨比鄰而居。每天我們登高探索周遭地景，每晚我們回到冰河邊的營地。冰無日無夜不在呼嘯、哭號、回響。空氣溫度和崩裂面的活動之間沒有明顯關聯。有些極響亮的轟鳴偏偏發生在夜深人靜最冷的時刻，將我們從夢中驚醒，擔心遇上了北極熊。

「你覺得這樣稱得上活躍嗎？」有天早晨馬特問。「瑟莫蘇克的赫爾海姆冰河現在以每天三十五公尺的速度入海。那是全世界最快的冰河之一。」

那冰河的名字來自北歐神話的冥界——赫爾海姆的意思是「地獄」，「隱密處」，埋在世界樹的樹根之下。英文裡的 hell 就像冰島語的 helvíti，都來自語言史的深處，來自重構過的原始日耳曼名詞 *xaljo 或 *haljo，意思是「地下世界」、「隱匿的地方」，字彙本身又來自原始印歐語的字根 *kel- 或 *kol-，同時兼有「掩蓋」、「隱瞞」和「拯救」的意思。

格陵蘭有些冰河因爲冰融而退卻，卻也有些冰河流速增加，導致上層冰量減少。據估計，在最近的四年裡，冰帽軟化所失去的冰高達一兆淨噸，再加上冰臼的潤滑，還有更多噸的冰和融冰水湧入峽灣和外海，促使海平面一寸寸逐漸攀升。

一個休息日的炎熱早晨，我躺在綿延入海的片麻岩板上，瞇著眼睛觀看冰河，希望能夠目睹崩裂事件，而不只是聽見崩裂的音效。但那天早上一切紋絲不動。我閉上雙眼，開始聆聽地景——以一種我鮮少從事的方式聆聽，讓聲音自行響動，像明亮的絲線自織物中突顯出來，並試圖由聲音推斷來源。我試著聆聽這地景的伴奏——一地的底層之音，經常爲人所忽略或至少聽而不聞的模糊低語。

我們看不到自己的背後，但我們聽得見自己的背後。聲音之流來自四面八方。閃亮的海鷗尖鳴。

裂開的冰山擱淺在漲潮線附近，日光的溫暖釋出古老的氣泡。

寒冰的碎片在水中叮噹作響，湧入的潮水輕推半融的冰，一座較大的冰山隨融冰或海水嘩啦啦顚簸晃動。

峽灣遠處有瀑布由高高的圈谷落下，發出穩定的沖刷聲，就像爆米花從料斗倒出。

在這一切之下，甚至在這伴奏之下，有什麼東西的底部就像白噪音，我無法以人耳聽出名堂，那像是一種遙遠的嘶嘶聲或嗡嗡聲，使更細微的聲音變得可聞。

砰！一聲槍響撕裂了纖細的織物，迴盪在峽灣的壁面和水面。我迅速起身四望。

馬特站在漲漲潮線的一塊岩石上，輪流拿起每支武器，對著峽灣各擊發兩次，清理槍管。**砰！砰！**每次他的肩膀都因後座力而震動。水花四起，彷彿有大魚躍出水面。槍響大得驚人，每次都要花十五、二十秒才會消散。

• • • • •

那天下午我們聚在一起，站在帳篷附近，講些無關緊要的話，享受休息日的慵懶。

槍響般的聲音驟起，鞭笞似的響徹峽灣與山壁。

「獵人嗎？」我問。

那不是獵人，而是冰河，以及巴士大小的冰塊從崩裂面高處落下的聲音。我們沒看到冰塊落下，但看到冰塊浮出水面，四下晃動。

若非有此前導，我們可能就要錯過接下來的主要事件——據海倫事後所言，此等事件「鮮少有人看見」。

「在那邊！」比爾大喊，不過我們都已經轉向那邊，看見第一塊冰落下，彷彿超速的白色貨運列車衝出冰河崩裂面，發出轟鳴向側邊破空而下，傾覆入水，然後突然以某種方式從冰山裡拉出身後的白色貨廂，彷彿離奇的魔術伎倆，白色貨廂的後方跟著一座大教堂（藍色的冰之主教座堂，塔樓拱壁俱全，連在一起形成一個側向坍塌、不自然的宏偉建築），教堂後則跟著一整座藍色與白色的**城市**。我們因爲這情景的力道而不由自主地大叫著後退，雖然那發生在一．五公里外，而在那轟然巨響傳來之前，我們在沉寂中叫著彼此，雖然我們相距不過數公尺。而後成千上萬噸的冰之城市坍塌落入峽灣之水，激起十幾公尺高的波濤。

然後可怖的事發生了，從我們所站之處看來，就在冰城落水捲起波濤之處，一座黑色閃亮的金字塔擠出冰河崩裂面的頂端，尖銳的頭閃閃發光，雖說那**必然是**冰，卻又跟我們見過的冰都不相同，看來就像我想像中隕鐵的模樣，某種來自時間深處已然失卻所有顏色的東西。我們全都蹦跳叫喊著，因爲見到此等可憎精細根本不該浮現的東西而震懾悚懼。這自星辰墜下的奔騰冰山，花了三分鐘又十萬年才平息。

二十分鐘後，峽灣恢復平靜。

潮汐湧上岩灘。片麻岩上水波輕拍，融冰劈啪，陽光在水的邊緣燦亮生輝，莎草在風中搖曳。

那令人髮指的情景或許不曾發生。

冰山已然在水中安歇，變成一張傾斜的藍桌，面積有數十平方公尺。數十隻海鷗拍動雙翼成群降落在新領土上，一隻腳收入胸口的羽毛中保暖，蹲坐下來。

我看到青銅色的片麻岩摺之間有隻三趾鷗，嚇了一跳。

隔天我在漲潮線上發現了一座小冰山，圓形，深藍色，擱淺在岩灘上，是那暗黑之星的孑遺。我勉力舉起，用雙臂抱在懷中，叫喚其他人，雙手和胸膛都凍麻了。小冰山比看起來重得多。我一跛一跛上坡，走向營地，放在帳篷旁的一塊巨礫上。陽光穿透了小冰山，裡面的氣泡呈銀色，是蟲洞，彎成直角，有著離奇的蜿蜒和鋒利的層次。

那天夜裡，一道俏皮的藍色身影來到我們的營地，是北極狐。

小冰山花了兩天融去，在深色的岩石上留下不會消失的漬痕。

◆ ◆ ◆ ◆ ◆

冰就像油，始終頑抗我們的分類。冰很滑溜，會滑動，從不保持靜止。冰混淆概念，擾亂任何試圖將冰變得平庸的舉動。在冰河學以新科學之姿興起的一八六〇年代，冰河的論述因一個爭論而四分五裂：冰究竟該歸類爲液體、固體或某種類似膠體的物質。

人類有製造、賦予意義的習慣，面對冰卻一籌莫展，這不足爲奇，因爲冰的形狀會變換，狀態會轉移。冰會飛翔、會游泳、會流動。冰像變色龍一樣變色。九千公尺深處的冰晶會在太陽和月亮四周折射出光暈和幻日。冰可以雪、霰、霰的型態落下；冰有羽毛般的結晶，鏡子般的瑩光。冰能抹銷山脈，卻能保存氣泡數千年之久，也能溫柔地保存人體完整數百年。冰能沉默，也能發出嘎吱聲或轟然響動。冰能使人目光敏銳，也能製造海市蜃樓。

現在我們正在把冰當成一種新的靈動物質來體驗。多少世紀以來，極地一貫被想像成無生氣的地區，是南方和北方的「冰凍荒原地」。而今在全球暖化的背景下，冰在地景和我們的想像中再度活躍起來。「冰凍」的兩極正在融化，而後果遍及全球。俄文稱永凍土爲「Вечная Мерзлота」，字面意義爲「永遠凍結的地面」——這個名稱愈來愈顯得不合時宜。格陵蘭、南極洲和北極地區現在都成了前線地區，冰在此形塑整個星球的未來。

過去「冰河步調」一詞指的是緩慢得近乎靜止的運動，然而，今日的冰河會翻湧、融退、消失。喜馬拉雅山區超過十億人的營生與生活仰賴冰河季節性的儲水及放水，如今面臨冰河融退的威脅。西南極冰蓋正在潰解，分崩離析成任性漂流的冰山和冰棚。製圖速度遠遠趕不上海冰消融的速度。地球儀製造商不再有信心爲極區冠上白色。冰變髒了，正如道格拉絲（Mary Douglas）對污垢的定義，成爲一種「出現在錯誤地方的物質」。

在密切接觸中適應了與冰共存的原住民文化裡，冰始終是種曖昧的存在，關於冰河的故事也往往模糊了人與非人活動的界線。冰河在這故事裡以角色之姿出現，有知覺有意圖，時而寬仁，時而險惡。舉例而言，人類學家克魯申克（Julie Cruikshank）記錄了阿拉斯加西南部的阿薩巴斯卡人和特林吉特人口述傳統中的冰河，「既有生命，也將生命賦予所居的地景。」這地區的語言有一種指涉生命力量的特殊動詞，在英語裡可能會被歸類爲被動的景觀。這類動詞不僅肯定冰的行爲，也肯定冰有行爲的能力。語言人類學家指出這類動詞具有「活化」的影響力，在深刻的層面上肯定環境有靈有性，能聽能說，令人想起金茉勒期望能有以一種「有生性文法」去肯認植物生命的自主性。

旅行於冰河之上或冰河附近的那些年裡，我透過譯本讀了北方原住民各文化中數十則關於冰河和冰的故事。當中不少故事與危險的地下冰國有關，那是人可能不幸失足陷入的王國。有個普遍的故事（有許多地區性的變異版本）說，有個旅人「落入冰裡」（可能是從海上薄冰或冰隙摔落），大家認爲他已經死了，他卻從地府浮現，帶回奇幻景象、艱辛和生還的故事。這主題和事件的順序幾乎與現代西方最知名的地下冰河故事如出一轍——辛普森（Joe Simpson）的《冰峰暗隙》。這所有故事都與從地底深處奇蹟生還有關。我們已在冰河崩裂那日目睹了自己的「浮現」，只不過那浮現的不是任何人類主體，而是寒冰本身，是進入深處之後再度回到光亮當中。

見識冰河崩解後的那幾日，我經常回想我們的反應——當那閃亮的黑色金字塔搖搖晃晃自水中冒出，周身海水奔流，我們的呼喊也從敬畏轉成某種類似恐懼的東西。冰浮現的時候我的胃也猛然一跳——面對這樣的離奇展示，原先的崇高感被一種更本能的反應所取代。以前我常感覺山中物質對一切無動於衷，反而激勵人心，然而那黑冰展現的是另一種孤僻的狀態，如此極端，令人極度不快。卡繆稱這種物質屬性爲「厚實」。遭遇到物質的原始形態時，他寫道，「陌生感悄然爬入」：

發覺這世界是「厚實」的，感受到石頭於我們是何等陌生且無法征服，自然或地景又以何種強度否定我們。所有美麗的核心都有某種殘酷不仁……這般原始的敵意從世界升起，數千年來與我們遭逢——世界的這種厚實和陌生，就是荒誕。

我在格陵蘭見識到了此等「厚實」的某種形式（也就是「荒誕」）——其程度刷新我的經驗。在這片地域，物質使語言無用武之地。語言遇冰擱淺。物體拒絕被描述。冰毫無意指，岩石和光也毫無意指，因而這是個古怪的領域，一種舊的、強烈的古怪感，是無法以人類的言詞或型態表達的地形。我想起梅林，想起貞菌及其地下灰色王國，那個他協助我看進的顫動、溜滑的地下世界。

在格陵蘭，物質穿透慣常的紗網滲漏出來。那黑星冰河崩裂時，滲漏頓成洪流。日後我還會再次遇上那洪流，在冰臼深處的藍光裡。

◆ ◆ ◆ ◆ ◆

冰河與山峰的攀登大日來了又走。柳葉從黃轉橙。有一天早晨我們踏出帳篷，發現第一次霜凍，滿地是星星點點的坑窪。

我們試著攀爬營地後方聳立的無名山。從下方看去，山勢在透視中縮短，像一道上千公尺高的平板，然而實際上遠不止於此，其實下方藏著豐富景物。山的中心有一座冰河圈谷，側傾的山肩將小巧湖泊與長年積雪抱在懷中。

我們花七小時爬了七段繩距。海倫莫是強勁的先鋒攀登，在繩距間較為柔和的地面上爬行、選路。我在封閉的深谷和岩板上並不感覺緊張，但到了稜線上，恐懼擠壓著我的心。

這山峰的稜線像五片魚鰭，是純淨的金色岩石，我們可以從那裡眺望、俯瞰東側那巨大的馬蹄形圈谷。圈谷被陡峭的山岳環繞，中央有座坍塌的冰塔壁，高達二百公尺，將薄荷藍的冰屑撒落下方的雪原。一陣寒風從圈谷升起，吹得我信心大失。

馬特擔任最後一段繩距的先鋒，那是冰寒、堅硬的煙囪地形，攀到上方後我們一個接一個躺下。我們攀登時，冰塔壁坍塌了三次，轟然聲響在圈谷四壁迴盪。從這山峰上，我們看得見高高的拉芒森冰河。從這角度看過去不像冰河，卻像冰海，淹沒了周遭的高峰。

我們用冰冷的手循原繩距從峰頂下攀。卡拉萊冰河上方有莢狀雲流連。一道鋒面正在靠近。那日稍晚，陽光穿透雲層灑下斜射的金光，光線從我們下方峽灣裡的冰山背後透出，彷彿蛋白石一般閃耀。

那天晚上我們坐在一起，疲倦不堪，同病相憐。太陽正在黃道帶上過渡到另一個星座。黃昏，九月初，北極圈邊緣，東格陵蘭漲潮線的一座冰河邊。日夜的交替，季節的交替，全球的交替，土地的交替。北極狐再度造訪營地，始終隱身在暗處，毛色因而轉爲銀藍。

我們在外面待到很晚。最後的光亮聚集在峽灣水面、冰山邊緣、片麻岩的石英隙上。暮色使細節顯得纖細，從而使地貌變得明確，卻也疏散了地貌。物體間的關係鬆散，形狀不時變化。在夜幕全然籠罩之前的最後一分鐘，我起了一種強烈的幻覺，疲倦的雙眼將帳篷邊每顆淡色巨礫看成蹲伏蓄勢的北極熊，而不是岩石。

夜裡我被冰河崩裂的巨大聲響吵醒。數分鐘後，波濤擊上海岸的岩石。

隔日早晨，九座人形大小的冰山在一夜間漂入海灣，擱淺在岸上，融化時發出滴答聲響，是九座冰鐘。

• • • • •

再隔日一早，我們帶著好幾日的重裝備啓程，要沿著冰河前往內陸，深入拉芒森冰河建立一個前進營地，再以之爲基地，探索更遠的山峰和隘口。

我們想找一個寬得足以降入的冰臼。

我們將會通過冰磧而上到冰河，通過崩裂面上破碎的冰層，來到冰河中心平坦的冰面，從那裡起就容易推進了。至少計畫是如此。日後馬特將會形容我們在拉芒森冰河上遇到了「大規模爆炸地形」，我則將之想像爲迷宮，相形之下，阿披昔耶克冰河的裂隙像是孩子的拼圖玩具，而迷宮後方躺著一頭米諾陶牛頭怪。

我們沿著峽灣海岸走向冰河崩裂面，切過長著越橘和柳樹的斜坡，來到橫展開來的冰磧坡，一道碎石壁被向海逼進的冰河推向山谷的一側。

陡坡上的巨礫地必然危險。我知道有人想要獨攀美國西南部一座內角地形①的尖峰，卻死在巨礫坡上。他甚至還沒來到路線底部，就在巨礫坡上觸動一大片岩石，岩石滑向腰際，壓碎了他的骨盆，將他困在地上動彈不得。

因此，在布滿冰磧的斜坡上要像貓一樣躡手躡腳，以什麼都不碰爲目標，連一小粒石英也不動分毫。動作要溫柔，腳步放輕。先放下腳前掌，而不是整條腿直直地用腳跟戳地。**絕對不要**拉岩石，而是以手掌或指尖下壓，如此所施之力才有助於岩石停留在原先的位置。未經探試，**絕對不要**將整隻腳的重量放到巨礫上。**絕不要**在正下方滾落線上有人時移動。**絕不要**將手腳伸入岩石與岩石間的縫隙，以免上方岩石落下。小腿和前臂很容易卡在岩石裂口而骨折。

我們平安上到冰磧壁——四頭貓排成一列，我則是笨重的牛，蹣跚殿後。從冰磧壁肩部高處我們可以仰望冰河四周，再回頭俯瞰冰河崩裂面。距離如此之近，我們於是對崩裂面的規模有了概念。那是一座海崖。海鷗彷彿淤灘上的水黽。

我們從那裡小心選擇路線下到冰磧遠端，書桌大小的巨礫隨著我們踩上的重量而搖晃，然後我們終於一個個走上冰磧與冰河相接、黑色玻璃般的邊緣，由那裡我們再攀上拉芒森冰河本體的低處。

黑夜在池面靜水留下一層冰膜，精緻的冰破碎時叮噹作響。冰河是一座冰凍之海，卻如此風平浪靜，我們不用繩索，也無需冰爪。

走了八百公尺後，這海起了波濤。冰雪的波瀾翻湧，等高線越來越陡尖，像豬背多過波濤，然後又像鯊魚鰭勝過像豬背。我們繫上繩索，拿出冰斧，穿上冰爪。滑倒或絆倒的後果都相當慘重。我們速度慢了下來，等待馬特小心探路穿過冰隙迷陣。我們的交談也變少了。

周遭冰隙四綻，起初只有一、兩公尺深，很快便深及六、九、十五、不知多少公尺。顏色也變了。表面的冰比冰河鼻的冰更白。冰隙散發一種我們在阿披昔耶克冰河見過的不世之藍。而這裡的藍還更強烈、更光彩、**更古老**。

冰是藍的，因爲光束穿過冰的時候撞擊冰的結晶結構，因此而偏斜、彈開，射入另一塊結晶，又再次偏斜射入別的結晶，又偏斜射入別的結晶，進入一個又一個結晶，如此一路跳彈到人眼中。光在冰中穿行的路徑比直線距離要長得多。在這過程中，光譜的紅端被吸收，只剩下藍光。

在那等惡劣的冰河地形上，穿越冰層時，你的移動會像光一樣。時間旋轉向前而空間放肆妄爲，花上一小時只能朝想去的方向移動八百公尺。目的地的直線距離無關緊要，因爲冰會使人走上偏移、彈跳的路徑——藍光的路徑，而非最短距離。

我們在迷宮走了四小時。馬特總算在較平的冰面上找到穿越的路線，我們於是可以解開繩索，站在安全的地方進食、飲水。我緊繃的神經再度鬆弛。我們當中有人哭了一下。我們都覺得自己成了冰的獵物、驚嚇的對象。

前方路段依然艱難。上坡，進入內陸，但冰比較平靜，我們的步伐加速。冰河支流在我們兩側展開。地平線上可以隱約看到新的山峰，全都無人攀登過，吸引著我們前去。我們希望那天晚上能在高處紮營，隔日由那裡出發攻頂。這是探勘型的攀登，沒有可資討論的地圖，對前方地形幾無所知。

此時太陽熱了起來，冰的表面迅速融化，看得見也聽得見。每次破曉時，冰霜森林會拔高約一公分，在其間形成的細小冰片現在傾斜了，又轉化爲水，在轉瞬間消逝。冰河嘶嘶作響，又發出**爆裂**聲。有時一片冰雪坍入融冰溪流，冰晶像鍋中熱油般湧入水道。

「融冰的水都到哪裡**去了**？」我問馬特。

「到冰臼裡了。我們會找到的。到時候你就知道了。」

確實如此。我們先是找到兩個小冰臼，只比我們在阿披昔耶克冰河找到的那個略大一些。然後我們又找到一個大冰臼，彷彿橫向冰磧帶上的裂口。三條融冰溪蜿蜒匯入，在最後數公尺交織成一道湧流，傾瀉而下。

我們小心繞著冰臼走，彷。接近野生動物。我身上套了繩索，然後馬特放繩讓我來到冰臼邊緣。我略微向外傾身，直直望入那片深藍，望入冰河的血脈。我感覺自己的腹部和骨頭都被那顏色吸了過去，於是趕快退回。**虛空向地表遷徙……**

「這個就是了。」馬特說，「我們可以下去這一個。不過得早點回來，很早，趁著冰河還結凍的時候，趕在融冰變成溪流之前。不過現在我們得先找到今晚的營地。我想睡岩石，不想睡在冰上。」

支流冰河衝湧入拉芒森冰河處有一座岩石小島，是近來融冰速率加快的產物，人類世的地標，不見於任何一幅地圖，甚至不見於谷歌地圖。這小島像湍急河流上突出的巨礫，冰流在此滾落一百公尺下方的拉芒森冰河。我們在三公里外觀察它是否有足夠的平地供我們紮營。

黃昏將近，我們攀上一道灰色冰坡來到島上。當然，在這由地下冰界露出的新世界，我們是第一批踏上的人類。這裡的面積大約相當於半個網球場。

「好像月球漫步一樣。」海倫莫驚訝地說。確實如此。岩石維持冰融退時的模樣。厚厚的灰色沙塵覆蓋一切。基岩被冰磨得平滑，但表面散落著圓卵石，我們踉蹌走在上面，像醉酒一般。

巨大的穹頂和隆起的冰塊聳立在島嶼上方，我們就在那裡滿心感激將融冰水裝入瓶中，緩解長途跋涉的乾渴。

剷除沙塵、搬開石頭，清理帳篷所需的地面，這就耗去了半小時。比爾、海倫莫和我邊唱歌邊工作。夕陽西下，比爾的歌聲響徹冰河，提振我們的士氣。而後我們開始搭設帳篷，又用岩石和繩索固定，以免夜晚起風。我們滿頭滿手都是沙塵。

「看！山著火了！」海倫叫著指出。

強光也由西方流向山巔，將頂峰岩石燙成炙紅，彷彿與強光一同流淌的是岩漿。

◆　◆　◆　◆

隔日黎明，這土地被一道低低的雲帶籠罩。經歷一夜狂風之後，我們醒來，一言不發。空氣很平靜。寒氣在一夜之間就將冰河凍成堅石。

我們在那天攀登，是前往遙遠山峰的漫長爬升，卻沒能抵達山巔。

那之後的凌晨五點，我們在稀薄曙光中醒來，緊張又迅速地從岩島拔營。空氣很平靜。我們嘎吱嘎吱走下斜坡，踏上拉芒森冰河，而後挑了一條冰磧碎屑的路線，沿線走向冰臼。

我們還沒看到冰臼，聲音就告訴我們，即使在這樣的寒冷時刻，冰臼仍在翻騰，磨坊還在研磨。一股水流從洞穴西緣穩定流入。

「太陽已經開始照熱東西了，」海倫說，「每一分鐘水流都在增加。」

我們迅速開工，馬特負責架設。兩條繩索，四個確保點，每個都有雙重固定點。除去軟爛的融冰，露出堅冰，也就是可以承受螺旋冰釘的物質，然後推擠冰釘，直到緊緊咬住冰面，還要確定冰釘垂直於冰面，然後用一隻手穩定螺旋管，另一手轉動把手。任何冰上異物都會吸收熱能，使冰融化，因此我們還得在螺旋冰釘和扣環外堆上碎冰壓實。

我們花了半小時架設才令馬特滿意。瀑布的威力和聲響都明顯提高了。很顯然，一旦身在冰臼之內，出聲交談便無可能，因此我們訂出一套簡單的手勢：上，下，停——前臂交叉在胸前做出 X 形則是：**媽的把我弄出去**。

繫上垂降繩，繫上拖索，檢查、確認安全結。跺腳熱身，拉緊兜帽，系統再快速檢查最後一次。冰臼像科幻小說中的輻射藍光管，要將我發射到地底。通過冰臼邊緣時我並不覺得恐懼，也沒有必要恐懼——不過是頭皮裡熟悉的蜜蜂嗡響罷了。

冰臼內部是直接且強烈的美。空氣帶著藍色氤氳，周遭冰面觸手光滑。我三十公分、三十公分地下降，上方冰臼入口的白色橢圓愈收緊窄。向下一瞥，深不見底，孩提時代的片段記憶浮現——在地中海的小舟上看著小輔幣落入蔚藍海水，在水中翻騰、閃現銀光，三十秒、四十秒、五十秒。

下得愈深，我愈是接近衝入冰臼的融冰溪，然後我的冰爪在冰上滑了一下，我盪出冰壁，進入湍流，水流以寒凍之拳痛擊我的頭顱，那力道又將我擊出洪流，我卻無法抓住玻璃般的冰壁，於是又再盪入洪流之中，又被打了出來，我就這樣在兩邊來來回回，每一次寒凍沖刷都削減我的精力。我感覺自己被困在永動機裡，在我失能後這機器還將永遠運作下去。

我在左右擺動時仰望上方，看見馬特的臉，他傾身俯視著我，張口對我說話，但他在地表我在深淵，這兩個地方有天壤之別。他所在之處是洞口的藍天，洞緣鑲上白色和金色的光，但這深處除了整片的藍。別無顏色與時間。比爾、海倫莫和海倫都在冰河上隨意活動，但此處只有寒冰玻璃、水的湍流和它們的橫征暴斂。

但這地方怪到令人不忍離開，所以我向馬特打了手勢，示意他將我垂低。我意識到若是降得更低一些，或許就能自水流中脫身。於是我被降得更低，不斷打旋，然後我看到大約二十公尺的下方（也就是十幾個世紀的深度）有道類似平台的東西，水打著旋流入那當中一個扭曲的孔道，孔道太窄，不容我通過，倒是有一條橫向的通道可以脫出水流。我利用擺盪之勢，盪到側面入口時用手抓住冰壁邊沿，將自己拉向通道，脫離了水流，然後看清下方的冰呈精細的矛刃形，長約三．六公尺，不知怎的從平台**向上**長了出來。我一腳勾住冰矛，然後踩在頂端上。現在我總算安全了，一手抓著通道邊緣，一腳踩著冰矛，略事休息，調整呼吸，瞥向洞口，向馬特豎起拇指，表示我安然無恙。如今我有了支撐，可以研究這個空間了。

融冰湍流在我下方六公尺鑽入冰河的地下世界，那是我不可能進入的地方。但這橫向通道倒像是一條隧道，我看得見裡面有個穴室瀰漫著更藍的色澤，而我想走這條通道進入那穴室。然而我知道我一離開豎坑往側面移動，會立即被繩索拉住，不但移動困難，萬一在通道失足，那拉力又會讓我以高速撞回主要豎坑。若有螺旋冰釘在手，我可以架繩環橫越隧道，但我手上並沒有這樣東西，於是我別無選擇，只能在這天外冰刀上稍事停留，然後打手勢給馬特：**媽的把我弄出去！**

他改用確保器，眾人將我拉了上去。海倫、海倫莫、比爾和馬特，全都在普魯士滑輪系統上支撐我的重量，我就像出洞的地鼠一樣，從冰臼現身，探出頭加入充滿笑聲及「**剛才如何**」的問候、吵吵鬧鬧的地上世界，海倫伸手將我拉到安全之處，金色陽光在銀色冰面上流淌，而那次潛入深度時間之後一連數日，我都感覺藍凍入骨。

之後我們放比爾下去，降到九公尺深處他唱了《托絲卡》的一首詠嘆調。音符傾瀉而下巨大的藍冰風管，歡快飛入靜止的空氣。

◆ ◆ ◆ ◆ ◆

那天下午，我們最後一次離開拉芒森冰河，回到峽灣附近。在寒冰與岩石上渡過數日之後，苔原色調躍入眼簾，明亮得驚人。正在變色的灰藍柳彷彿燃著硫焰，地衣是龐克的綠，黑色雲母碎片在岩間閃現。

我們不在的時候，柳葉的葉尖已經轉紅了。

越橘中有六隻雷鳥，羽毛正轉換成冬日的白羽。我們都很高興見到冰以外的生命。牠們也不怕我們。比爾把牠們當樂譜，將牠們在斜坡上的位置看成五線譜上的六個音符。

抵達基地營時，我們扔下背包，沐浴在寒凍的峽灣之水裡，呼號喊叫著，在冰山之間洗刷連日來的灰塵與辛勞。

那天夜裡我們目睹了最爲激烈的極光。我們坐在睡袋裡觀看。金光閃閃的綠色帷幕向內陸延伸，高掛於拉芒森冰河、岩島和冰臼之上。粉紅色調和綠色首度出現——那是柳葉菜花的粉紅色。綠色光束由山巔射向西方。這是大方奢華的表演，綿亙數公里的天空，是熱鬧的自然活動，全然獨立於大地，似乎是在一串我們的日日年年無法估量的時間中進行……

「你注意到了嗎？」海倫莫說，「有極光的時候星星反而變多了。」

她說的不錯。我原本以爲北極光會使星光變黯而非變亮——大量的光會掩蓋星光。但結果卻違反直覺，極光反而讓更多星星出現，且在極光閃沒後又落入黑暗。我們都無法解釋綠光與星光爲何不是競爭卻是協作的關係。

那天夜裡我做了彷彿長達數小時的清晰長夢，夢見我的皮膚下長出一片纖細的藍色苔蘚，從右前臂開始，一路蔓延到我的肩膀，越過我的胸膛。無痛而奢華。

◆ ◆ ◆ ◆ ◆

在那之後數日，我們回到庫魯蘇克，我們停留在村莊的最後一天傍晚，海倫、馬特和我一起在海灣划皮艇，同行的還有村裡的一個年輕人努加（Nuka）。努加戴著一頂黑色方簷的棒球帽，還有金鏈和金牙。他十八歲，彈起吉他既溫柔又熱切，很像岡薩雷斯（José González）。他也很喜歡划皮艇。

雲在阿披昔耶克冰河周遭翻騰。向晚的太陽明亮而暴烈。暴風將至。海鷗降落水中，是光之風暴中的帆白。一座低矮的冰山獨自徘徊於海灣。兩男兩女蜷縮在海灣小屋的背風面，喝著罐裝的海尼根啤酒。

我們從巨礫間將皮艇拖下水，划過鱈魚頭和海豹魚叉。努加在前，槳划得快而短促，馬特加速追在後面，兩人都因爲置身海上而眉開眼笑。

「划皮艇的活動就是在這裡**發明**的！」馬特喊道。

他直直朝著小冰山划去，迅速撞上冰山的最低點，在皮艇前半部衝上冰山時大笑。然後他挪了一下身體，小艇落回水中，水花四濺。

「看！」努加叫著。他手上拿著一具滴水的細長物件，有個木柄，另一端是刀刃。

「他找到魚叉了！」馬特說。努加向馬特瞄準，將魚叉扔向他的皮艇，安全地落在一段距離之外。馬特划過去，抓住漂浮的魚叉，扔向我。

我從來沒玩過魚叉水上馬球，也不相信這是格陵蘭的傳統運動，但規則似乎一目瞭然：瞄準但射歪。

我們互相投擲魚叉，在海灣裡追逐，一陣賣力划槳。村裡其他男孩開著馬達小艇逼近我們，猛烈拉動引擎，在我們投擲魚叉時居間穿梭。阿披昔耶克冰河在北方閃現光亮，流向漲潮線。一段時間之後我們歇手，讓皮艇在波濤中上下起伏，回望基岩上的庫魯蘇克小村，岸邊墓地的白色十字架在陽光下清晰可辨。

回到岸上後，努加驕傲地向齊歐展示魚叉。

齊歐搖頭。

「這不是魚叉。」他以格陵蘭語對努加說。

他看著我們，接過那支東西，像使用拐杖一樣抓住木柄，讓尖端朝下，邊往下戳邊小心翼翼向前走，尖端壓向地面時眼睛向前巡查。

那不是魚叉，和武器毫無關聯，而是一種工具，用來探測前方海冰的深度，判斷是否可以安全前行——探測的是不久的未來。

回到不列顛我才知道，我們在冰河上的那幾週，第四紀地層學家的人類世工作小組提出建議，以人類世作爲當前世代的名稱，起始時間爲一九五〇年，正逢核子時代的黎明。

＊注1：內角地形（dihedral）指兩面岩壁相交，構成一道向內的夾角，攀登時或雙手雙腳張開抵壁，或將手掌插入兩壁相交的裂縫中。——編注

十二、掩藏處（奧基洛托，芬蘭）

白樺、白樺、松樹、白樺、空地、藍色農舍。低陷的河谷，木製的橋。河流、樹木、草坪、原野，一切都凍結了。粉紅色的花崗岩斷崖，黃色冰瀑自其中濺出。大如房屋的巨礫包夾著白樺、圍繞著松樹。黑色烏鴉從死去狐狸的白色肋骨間扯出紅色血肉。寒鴉啊，寒鴉。

這裡不適合你。

地下電台正播放「金髮美女」樂團的歌曲〈原子〉。浪花紋路的蛇在柏油路面上較量比快。雪在頭燈光束中旋舞。天空是不會明亮起來的灰色。一名男孩騎著高把手自行車，脊背挺得筆直，迅速掠過白色桿子上的藍色信箱。銀灰色片麻岩和雲母、冰一起迅速閃過。

此地並非榮耀之地。

過橋來到島上。橋的兩側都是鹽沼。裂成碎片的海。寒風拂過硬挺的蘆葦，掠鳥是蘆葦上方飛移的黑影。近岸八百公尺的海都已結凍。在視野所不及的海灣遠處，有一道高三公尺的波浪在昏暗天色中向西移動。

此地並不紀念可敬的事蹟。

風停時，降雪彷彿也靜止了，就像風起時降雪升至曲速。雙層的鐵絲網圍欄。三個巨大的結構穿過暴風雪，橫越海灣，朝島嶼尖端而來。巨大的灰色輪廓現身又隱沒：拱頂、塔樓、板牆。周遭海冰融盡，但海不該如此。兩輛卡車駛過，雪胎嘎吱作響。

此地沒有珍貴之物。此地一切都危險而可憎。

地下電台播放「川普們」（Trammps）樂團的〈地獄之火迪斯可〉（*Disco Inferno*）。車頭燈中雪花飄忽。我來此是爲了探訪一處埋葬地點，也要埋葬一些私物。我抵達世界盡頭時天將暗去，而我回到地表時天又將暗去。

小心。我們是認眞的。發送這訊息對我們來說意義非凡。我們的文化被認爲是重要的文化。

我們將會告訴你地下究竟有什麼，你爲什麼不該擾亂本地，擾亂又會有何後果。

◆　◆　◆　◆　◆

芬蘭西南部奧基洛托島的基岩深處正在興建一座墳墓。這墳墓不僅要比設計者長壽，也要比設計者所屬的物種還持久。墳墓要能在無人照料的情況下完好保存十萬年，要能夠承受下一個冰河期。十萬年前，有三條大型河系在撒哈拉地區流淌。十萬年前，解剖學上的現代人才剛啓程離開非洲。最古老的金字塔不過四千六百歲，而現存最古老的教堂建築還不到兩千歲。

芬蘭的這個墓室有著有史以來最安全的封鎖準則，比法老的墓室更安全，也比任何一所超高度安全管理監獄更安全。設計者希望除了地質原因以外，沒有任何外力可以帶走這墓室中的一切。

這墳墓是一場「後人類建築」的實驗，名為「安克羅」（Onkalo），芬蘭語的意思是「洞穴」或「掩藏處」。將要掩藏於安克羅的是高階核廢料，可能是人類所製造過最為黑暗的東西。

我們從製造出核廢料的那一刻開始，就一直對處置核廢料無能為力。鈾生成於六十六億年前的超新星爆炸，是構成地球的宇宙星塵的一部分，在地殼中就跟錫和鎢一樣普遍，散布在我們腳下的岩石中。我們大費周章，奇蹟般地以危害不淺的方式逐漸學會如何將鈾轉換成能量和武力。我們知道如何以鈾發電，也知道如何以鈾殺戮，卻始終不知道完工後如何處置鈾。目前全球有待最終儲存的高階核廢料超過二十五萬噸，且每年都要新添一萬兩千噸。

加拿大、俄羅斯、澳洲、哈薩克斯坦都在開採鈾礦，格陵蘭南部可能很快也要加入行列。礦石壓碎、碾磨，鈾以酸瀝濾，轉化為氣體，濃縮，固化，加工成鈾丸。一顆直徑及長度均為一公分的鈾丸，可以釋放出相當於一噸煤的能量。這些鈾丸通常密封在閃亮的鋯合金燃料棒內，數以千計綁縛在一起，置入反應爐的核心中分裂。核分裂產生的熱能驅動蒸氣，蒸氣被輸送到渦輪機，轉動葉片而產生電力。

一旦分裂過程減緩到低於效率水平下，就必須更換燃料棒。但此時燃料棒依舊熾熱且具有致命的放射性。不穩定的氧化鈾會持續釋放 α 和 β 粒子，以及伽馬波。若是沒有任何防護措施站在剛從反應爐取出的燃料棒旁，放射性很快就會刦掠人體，擊潰細胞，摧毀ＤＮＡ。你會在數小時內嘔吐出血而亡。

因此廢棄的燃料棒是由機器拖出反應爐，移動時始終淹沒在水或其他液體之下，通常會在廢棄燃料池中儲存數年，之後再送去加工或收入乾燥桶中儲存。燃料池中的水會慢慢吸收燃料棒中的雹微粒。由於這種雹會提升水溫，必須不斷循環冷卻，以免水沸騰而未能淹沒燃料棒，導致災難發生。

然而就算在池中待上數十年，燃料棒依然高溫，具毒性及放射性，長期的自然衰變是唯一能避免燃料棒危害生物圈的方法。對高階核廢料而言，這意味著數萬年，而這期間廢棄燃料都得安全貯存，隔絕空氣、陽光、水和生物。

掩埋，是確保此類廢料安全的最佳方案。我們爲收容這些遺骸而建造的墳墓稱爲深地層處置場，是我們這個物種的馬克西姆下水道（Cloaca Maxima）。低階和中階處置場放的是輕微放射性物質，是核能和核武的副產品，毒性只會維持數十年。這些東西，如衣服、工具、濾墊、拉鍊和鈕釦等，會收在筒倉中，放入世界各地的地底貯存所。每放一層，就以混凝土封住，以隨時再放上新筒倉。名爲「廢棄物隔離先導廠」（WIPP）的中階貯存所掘入新墨西哥州的鹽床，預計要存放八十萬桶二百公升低碳鋼桶裝的軍方超鈾廢料，包括美國生產核子彈頭所產生的放射性碎片。假以時日，WIPP的洞穴將會形成勻稱的地層，成爲岩石履歷中井然有序的附加物，是人類世未來化石的另一類型。

然而，最危險的廢料（來自反應爐的有毒放射性廢棄燃料棒）需要更長的埋葬時間，需要特殊的葬禮和特殊的墓穴。這類高階廢料貯存所，我們只試著蓋了幾個。比利時挖了一個這樣的地下試驗場，以研究未來深層貯存的可能性，並將之命名爲黑帝斯（HADES）。美國曾試圖在內華達州名爲猶卡山的超級死火山上建立高階廢料貯存所，但因爲數十年的爭議和抗議而中止。計畫擱置的原因之一在於猶卡山位於三百公尺寬的地震帶上，也就是日舞斷層，這斷層本身又與另一道更深的鬼舞斷層（Ghost Dance）相交。德加塔（John D'Agata）寫道，若猶卡山眞的滿載，將有「相當於兩百萬個核彈的放射量，七兆劑的致命輻射」，足以將地球上的每個人都殺死三百五十次。

位於芬蘭波的尼亞海岸，深入十九億年岩石下四百五十公尺，安克羅無疑是此等貯存所中的佼佼者，所謂的「掩藏處」。等到安克羅的墓室裝滿奧基洛托三個發電廠所產生的廢料，存放的廢棄鈾將高達六千五百噸。

◆◆◆◆◆

世界就是這麼結束，世界就是這麼結束，世界就是這麼結束——不是結束於大爆炸，而是結束於一座遊客中心。

「歡迎來到奧基洛托島，」帕西（Pasi Tuohimaa）說，「你成功抵達了！」

格陵蘭的大融冰之夏過後，我經歷了冰臼的秋天，然後在冬天來到安克羅。接待區很乾淨，顯然資金充裕。獨立式衣櫃外貼著高像素的森林景觀照。洗手間喇叭傳來的不是音樂，而是鳥鳴。人們在五子雀的召喚中小解，又或許那其實是旋木雀的聲音。

帕西把我帶到戶外。一道陡峭的木棧道由接待中心背面向下通往海濱沼澤。風中蘆葦發出脆裂聲。大海凍實了，黃色冰板堆疊於香蒲之間。海灣彼岸，三座核能電廠的輪廓在風暴間時隱時現。第三座最遠的電廠像清眞寺，一座尖頂宣禮塔自赤陶拱頂升起。

「第三座還在興建，」帕西說，「才開始不久。」

風寒徹骨。我們退到玻璃後方品評風景。寬闊的觀景窗上貼著灰色貼紙，上面印有隼及鷹之類的猛禽，以免鳥兒誤撞玻璃。窗戶的木條完美地將海灣框成一幅幅風景。等到暴風雪隱沒發電廠時，我們眼前或許將呈現一幅二十世紀早期加倫－卡勒拉①的繪畫。

帕西帶我去看常設展覽，展覽介紹了由礦物到消費者的核電供應鍊，並證明只有在處置不當時輻射才具有危險。

「大家都以爲核子廢料永久有害，」帕西說，「不是的！再過五百年你就能把鈾廢料帶回家了。」

他向我張開雙臂。「你可能都可以擁抱它了。」

他頓了一下，重新思考。

「你大概不會想把它放在床下，但客廳嘛，沒問題。」

「你大概不會想親吻它，但抱一下沒有關係。」

他聽來就像對女兒的約會對象說明規矩的父親。

「我們就是用這個來封存燃料棒，以便長期儲存。」他說著，指向一個二．四公尺高、直徑半公尺的銅柱。他用指關節敲叩銅柱，發出哐啷聲響。

「拒絕仿冒——這東西貨眞價實。你知道銅每公斤多少錢嗎？銅的惰性很高，是最佳容器。」

銅罐內部有個鑄鐵罐，內部切割成類似井字棋的空間，方格之間留有空隙，用來塞入裝有廢鈾丸的鋯合金燃料棒。銅罐裝滿的重量約爲二十五公噸，之後再嵌入吸水的膨土基座中，裝入挖空的片麻岩管內，埋在四百五十公尺深的片麻岩與花崗岩中。

我向自己喃喃唸誦這層層嵌套，由內而外是：鈾、鋯、鐵、銅、膨土、片麻岩、花崗岩……我回想自己進入地下世界的旅程之初，想著時間的初始，想著柏壁岩礦的暗物質實驗室。在柏壁，他們將氙裹上鉛裹上銅裹上鐵再封入數百公尺深的鹽岩內，藉此觀察宇宙的創生。在安克羅，他們將鈾裹上鋯裹上鐵裹上銅再封入數百公尺深的基岩中的膨土內，好保護未來不受現在的侵害。

展覽區內有一件展示，是眞人大小的愛因斯坦模型，坐在書桌後面，手中有筆，桌上有紙。

「看看這是誰！」帕西說著，領我走向愛因斯坦。

愛因斯坦因破舊而慘不忍睹。就算在最佳情況下，他那橡膠臉也顯得寒磣，如今更是從頸項上脫落了。他的喉嚨上有個大洞，我可以看到裡面的金屬支柱和鉸鏈。

「按下按鈕。」帕西催促著，指著桌子靠我們這邊的紅色按鈕，那是設計來促進訪客和展覽的互動。

我按下按鈕。

愛因斯坦朝我們俯身，猛然抽動後停了下來，灰鬍子的右半端因而震落，慢慢蓋住他的上唇。一段錄音開始對我們說芬蘭語，我想那應該不是愛因斯坦的聲音。

帕西皺起眉頭，探身越過桌子，用拇指將愛因斯坦的鬍子輕輕壓回原位。

・・・・・

前往奧基洛托下到掩藏處的前一天，我在鄰近的勞馬小鎮等待，閱讀芬蘭壯闊的民間史詩《卡勒瓦拉》。

《卡勒瓦拉》是有著衆多人發言和大量故事的長篇史詩（就像《伊里亞德》和《奧德賽》），來自多元且根深柢固的傳統，包括波羅的海的歌謠及俄羅斯的口述故事，主要以多變的口語流傳了一千多年，直到十九世紀芬蘭學者隆洛特將之收集並編輯出版，成爲我們今日手中幾乎不再變動的版本。隆洛特版的《卡勒瓦拉》由許多交錯的故事組成，結合了神祕與抒情、世俗與邏輯，勾勒出北地民族與森林、島嶼和湖泊等嚴酷、美麗地景交融的故事。內容源頭的年代層層疊疊，芬蘭學者庫西（Matti Kuusi）將詩本身的創作史比作「無數層墳塚，埋藏了許多世代的人……及其物件。」

《卡勒瓦拉》是令人難忘的史詩，多年來我爲之著迷，書中的語言、咒語和故事都有強大力量，能將世界變成它們所描述的樣子。故事中的英雄都是能言善道的奇才，維納莫寧（Väinämöinen）是箇中翹楚，這名字令人印象深刻，意思是「慢河的英雄」。

我讀《卡勒瓦拉》那天所待的房間裡有張牆壁大小的勞馬照片，攝於十九世紀末葉的某個市集日。照片放大過，影像有些模糊。照片上的男士都爲趕集而穿戴黑色西裝、黑鞋和黑帽，很顯眼。所有女士都穿著白色連身洋裝，頭戴白帽。但濕版相機的長時間曝光使女士顯得過白，彷彿幽靈般灼去。我數了一下，照片裡這般曝光過度的女子痕跡共有八十七道。她們從馬車裡探身向外。她們一手將頭巾繞過頸項，另一手拿著購買的東西。她們的洋裝長及腳踝，帽子是繞上雙帶的高草帽。四處都有移動過速的人影，模糊到無法辨識，消失在疾風當中。

我在那張照片的注視下閱讀《卡勒瓦拉》約兩小時，讀著讀著，開始發覺某種令人不安的東西，頸後因而刺痛起來——這詩作雖然古老，卻早已預知奧基洛托島上正在發生的事。

在詩作的半途，維納莫寧被賦予降入地下的任務。有人告訴他，芬蘭森林某處隱藏著一條地道的入口，那通往地下深處的洞窟，洞窟裡貯藏著能量龐大的物質，是咒語和魔法，一旦被說出口，就會釋放巨大力量。要安全接近這地下空間，維納莫寧得穿上銅鞋鐵衫來保護自己，以免被裡面包藏的東西傷害。伊爾瑪林爲他預備了這一切。維納莫寧裹上絕緣金屬，接近隱藏在白楊、赤楊、柳樹和雲杉後方的地道口。他走入通道，發覺自己置身地底「墳墓」，一個「惡魔……巢穴」。他意識到自己已然一腳踏入埋身地下的巨人維布寧的咽喉，而他的身體就是大地。

維布寧警告維納莫寧，不要將埋藏在洞窟中的東西帶到地面。他談到挖掘的「悲痛」。你爲何進入「我無罪的心、無咎的腹」，維布寧問道，「來吃、來齧／來咬，來噬？」他警告維納莫寧，說他再走下去，就會遭遇可怖力量，他將變成「風傳布的疾病／被風傳送，爲水所驅動／在強風中散開／隨冷空氣遠去」。他威脅要以咒語囚禁維納莫寧，而這咒語之強大，破解幾無可能——要同一隻母羊產下的九隻公羔羊，加上同一隻母牛產下的九隻小公牛，再加上同一匹母馬產下的九隻小公馬，一起拉動才能釋放他。

但維納莫寧不理會維布寧的話。他唱起他的信念，宣稱埋入地下的力量應當回返地面：

言語不該隱藏
符咒不該掩埋
縱然巨人已埋骨

力量卻不該沉入地下

《卡勒瓦拉》著迷於地下世界，著迷於危險物質的安全貯存，著迷於貴重物品的安全取回。這首詩的核心是個神奇的物件，或物質，被稱爲Sampo或Sammas，是《卡勒瓦拉》的另一個異能英雄鐵匠伊爾瑪林所造，收入「岩山」的「銅坡」內，以十重鎖大門守護。這施過魔法的器物通常形如磨臼或手推磨，能爲主人帶來權力、財富和運氣。用現代術語來說，那是武器系統，是豐富的原始資源，是國家組織嚴密的產業，或者核能電廠。Sampo磨出麵粉，磨出金錢，還磨出時間。它被賦予的任務之一是磨去世界的光陰，讓時代在浩瀚的歲差週期②中消磨彼此。**世界已然改變太多……我們活在人類世**。

◆　◆　◆　◆　◆

我們穿過一片平坦空地，走近掩藏處的入口。白樺、松樹和白楊被砍除，樹樁鑽洞毀去，清出一個方型的林間空地，就離道路不遠。四周圍上雙重鎖鏈的圍籬，以防駝鹿、人和恐怖分子入侵。雪落在灰色地面上，暴風已停。黃色鐵皮波紋板搭成的中央建築裡有一具自動販賣機，販售品牌名爲「電池」的能量飲料。

掩藏處挖入的這片土地，在過去兩百萬年間已讓冰河磨平。建築物大小的漂礫錯落在上次冰河退去的林間。冰河彷彿才剛退去不久，似乎很快就會返回。

掩藏處的入口是一道鑿入片麻岩的斜坡。地衣已然開始殖民入口周圍的裸岩——石黃衣一道道橙色的唇膏吻痕。斜坡上有道捲門可防止意外事故，而現在門正開啓——門下就是傾斜通往黑暗的隧道。

噴漿混凝土牆，光滑得不自然。綠色舷燈的尺寸遞減。標誌宣告世界盡頭的速限是每小時二十公里。托架之間垂著公共設施纜線。排水溝內流水汩汩。空氣泠泠，由下而上攪動沙塵。**地球是我們的禮拜堂，盛裝一切腐敗……**隧道在入口處以螺旋狀穩定繞彎深入地底五公里，最後水平進入墓室。

抽象看來，包圍著掩藏處的岩石彷彿並不存在，此地有一種優雅的簡約。三道豎坑由地表直落而下，分別是進氣井、排氣井和升降梯。運輸坡道圍繞著這些豎坑，沿著本身的螺旋往下，直到抵達四百五十公尺左右深處一個複雜的開鑿空間。貯存隧道網由中央空間延伸向外，每一條的地板都有儲存井存放燃料棒罐。當安克羅開始接收第一批廢料時，將會有兩百條以上的儲存隧道、共三千二百五十個罐子。在我看來，這些隧道的形式就像蛀蟲在樹皮下鑽出的洞穴和通道，牠們在裡面產卵、撫育幼蟲，最後再殺死餵養牠們的樹木。

有時候我們埋東西，是為了將之保存到未來。有時候我們埋東西，是為了保護未來不受這些東西影響。有些埋藏方式（貯存）的目的在於重複和重新繼承，有些埋藏方式（處置）的目的是遺忘。德國弗萊堡的芭芭拉礦坑地下檔案館（Barbarastollen）是廢棄礦坑改建而成，德國文化遺產的保全所，以匣裝的微膠卷收藏了九億幀影像，埋藏在地下超過三百九十公尺深處。這檔案館設計為足以禁受核子戰爭，能夠保存內容物至少五百年。挪威斯瓦爾巴群島的全球種子庫冷凍儲存著大量種子和植物，以防未來浩劫過後地球植被和生物多樣性都可能需要補充。這兩種貯存庫都將未來設想為稀缺的時代，也都間接將現在想像為充裕的年代。

反之，安克羅的設計是要永遠杜絕內容物被取出。此地的時間尺度使我們慣常使用的單位都相形可笑。放射性時間並非永恆，但跨度足以使我們因襲的想像和溝通模式都告崩潰。數十年或數世紀短暫得可憐，語言與安克羅深度時間的岩石空間相比，似乎微不足道。鈾二三五的半衰期是四十四．六億年，在此等年表上人類僅位於邊疆，第一人稱被粉碎為無用的概念。

以放射性時間思考，也必然不是在問我們如何看待未來，而是問未來會如何看待我們。我們會在身後留下什麼，不只是留給我們之後的世代，也是留給我們之後的時代和物種。**我們是好的祖先嗎……？**

隧道四下卷曲，又繞回原處。空氣發出古怪嗡響。看不見的機器承擔著費解的任務。我們在三百公尺的深處進入一系列寬大的邊廂。第一間裡立著一具黃色鑽井引擎，無人操作，但八個鹵素燈炯炯發亮，鑽臂還滴著水。鑰匙還停在點火位置。噴漿混凝土的天花板有一道道上緊銀色螺栓和紅色螺栓的狹縫。屋頂上的新鑽孔向我們滴水有如落淚。鹵素燈投下堅硬的陰影。我想著柏壁漂移迷宮裡的蜥蜴機器，等待著被鹽岩包圍覆蓋。

洞室裸露的壁面滿覆洞窟藝術——藍、紅、蘋果綠、核電黃的噴漆圖案。岩石上裝飾著數字、象形圖案、線條、箭頭，以及其他我解讀不來的符碼，其意義在我看來就像瑞弗斯維卡灣青銅時期的舞蹈人形一般古遠。

◆ ◆ ◆ ◆ ◆

在希臘文中，「標誌」和「墳墓」是同一字。核符號學這門研究領域誕生於一九〇年代。隨著掩埋放射性廢料的計畫不斷發展，如何向未來世代警告地下深埋著持久、巨大的危險？此一問題開始在美國浮現。美國能源部決定要設置一套標誌系統，以防「未來一萬年間」儲存庫遭到入侵。環保局成立了「人爲干涉特別工作組」，負責規劃猶卡山和新墨西哥沙漠的地下掩埋地點。兩個獨立的小組各自開會討論這個

「標誌系統」，受邀加入小組的有人類學家、建築學家、考古學家、歷史學家、圖像藝術家、倫理學家、圖書館學家、雕塑家、語言學家，以及地質學家、天文學家和生物學家。

兩個小組面臨的是艱鉅的挑戰。這套警告系統的結構和語意要禁受得起地球浩劫，在未來依舊有效，而這要如何設計？又要如何跨越時間的鴻溝與未知的生物溝通，令其明瞭絕不可侵入這些掩埋室，以免侵擾隔離中的廢棄物？

小組提出幾項建議，其中包含現在所謂的敵意建築，只是當時他們稱之爲「被動監管」。他們建議在埋藏點的地面上建造「棘刺景觀」（十五公尺高的混凝土柱，嵌入尖釘以阻止進入，同時表達「對身體有危害」的意思）、一個「黑洞」（一大塊黑色花崗岩或一塊吸收了太陽能而熾烈得無法通行的混凝土），以及「封鎖塊」（大到足以嚇退造訪者）。

然而小組成員也意識到，此等霸道結構的效果不見得是警告，也可能是引誘；傳遞的訊息可能不是「這裡有惡龍」，而是「這裡有寶藏」。白馬王子正是披荊斬棘才能夠吻醒睡美人。卡特（Howard Carter）挖掘圖坦卡門法老之墓時，也無視通道上的層層阻礙和異國語言發出的警告。

小組提出的建議也包括先驗符碼。人臉可以刻入石頭，成爲傳遞恐怖的象形符號或岩畫。有人建議或許以孟克的《吶喊》爲範本，因爲即使在遙遠的未來，這幅名畫還是有可能將恐怖感傳達給任何走近的人。又或者可以建造持久的風弦琴，將遙遠未來的沙漠風聲調到D小調，奏出這個公認最能傳達悲傷的和弦。

符號學及語言學家謝貝克（Thomas Sebeok）以徒勞爲由，反對尋找可以禁受腐朽和變異的先驗符號。他認爲這樣的符碼並不存在，相對地，他建議開發他所謂的長期「互動溝通系統」，以故事、民間傳說和神話的方式轉達埋藏地點的本質。這樣的傳播方式是由選出的「原子祭司」傳承下去，相當靈活，每一代都能重述或改編。如此一來，原本的一系列單純警告，之後可能被重新編排成長詩或民間史詩，每個需要警告的社會都能有新的敘事。那些成爲祭司的人有責任「爲〔埋藏點〕創造一系列神話，以確保人們不會靠近」。

美國新墨西哥州的廢棄物隔離先導廠預計將在二〇三八年密封，但這位址的標示至今未有定論。目前爲這項計畫提供建議的人包含科學家和科幻作者。作家班福德（Gregory Benford）稱目前的計畫是「我們的社會有意識地跨越深度時間的深淵展開溝通的最大嘗試」，措施如下：

首先，艙室和通道豎井將會回填，然後以岩石和夯土（以鹽爲內芯）築起九公尺高的護堤，圍住貯存所在地面上的痕跡。護堤和周圍的土壤還會埋入雷達反射器和磁鐵，以及陶瓷、黏土、玻璃和金屬製成的圓盤，上面刻著「勿挖勿鑽」的警告。護堤本身則以一．五公尺高的花崗岩柱圍起，上面也有警告標語。

護堤附近的地面上會設置地圖，邊長分別為六百六十公尺和一百八十公尺，略微朝中心拱起，起風時沙粒滑落，地圖就不會埋沒。地圖上的大陸以花崗岩為邊，海洋則以鈣質層圓礫呈現，並標示出全球主要的放射性物質埋藏點。方尖碑標示出先導廠位置——你在這裡。

地球盡頭的這幅地圖呼應波赫士的警世故事〈科學的精確性〉，故事中的帝國製圖師為求精準再現，製作出一幅「與帝國等大的帝國地圖」。當然這一比一比例尺的地圖既巨大又無法使用。後代「意識到此等地圖的危險」，遂任由地圖風化。波赫士寫道：「時至今日，西邊的沙漠依舊有地圖碎裂的遺跡，裡面居住著動物和乞丐。」

先導廠地圖附近會建造「熱艙」，是鋼筋混凝土結構，在地面上延伸約十八公尺，地下則為九公尺。所謂「熱」，是因為這裡將會貯存廢料的小型樣本，以此表明下方所埋是放射性物質。

護堤之內會以花崗岩和鋼筋混凝土建造訊息艙，設計為至少有一萬年的壽命。訊息艙內將會存放石板，上面刻著更多的地圖、年表、廢棄物的科學細節和風險，以目前聯合國所有的官方語言書寫，外加納瓦荷語的版本。

埋在訊息艙正下方的是貯藏室，共有四個小入口，每個都有滑軌石門，房內岩石上刻在警告，措辭簡單明瞭：

我們會告訴你下方埋藏之物、為什麼你不該打擾此地、打擾的後果。
這個地方稱作廢棄物隔離先導廠，關閉於公元二〇三八年。
廢棄物是在製造核子武器時產生的，核武又稱為原子彈。
我們相信我們有義務保護未來的世代免受該物的危害。
本訊息是危險警告。
千萬不要破壞、挖開房間。

護堤、地圖、熱艙、訊息艙和埋起的貯藏室，全都坐落於脈衝放射性分子桶的上方，桶子則埋入二疊紀地層深處——在我看來，堪稱我們最純粹的人類世建築，也是至今爲止我們所挖出最偉大的地底墓室。而那不斷出現的咒語（語調介於懺悔和告誡之間），在我看來就是我們最臻完美的人類世文本，我們最黑暗的彌撒。

然而我也知道，即使是這些言語，也終將在深度時間裡腐朽——被沙漠之風挾帶的砂石粉碎，被大氣水分腐蝕，或無人能解譯。語言也有半衰期，有衰變鏈。從楔形文字初現起，有文字可考的人類史不過五千年左右。我們的語言系統是動態的，我們的銘刻系統卻易受破壞或扭曲。大部分墨水都禁受不住陽光直射，數月內就會消失於無形。即便將文字銘刻在持久的物質上，也無法保證未來的讀者能讀懂。如今全世界大約只有一千人還能讀懂楔形文字。

負責安克羅墓室的人大體上並不關心如何將警訊傳達給未來世代。他們知道，在那個緯度，森林很快就會在荒地上長出來，遮沒處置廠的地面建物。他們也知道，森林一開始生長，不久（以地球的時間尺度而言）冰河也將重返。他們知道流經的冰將磨平此地的一切活動痕跡，抹除整片地形。

◆　◆　◆　◆　◆

我們來到安克羅的最低點。一道拱形橫向隧道通往終端艙房。隧道的地面平整，下方挖出兩個空心的圓柱空間。這就是等待遺體入葬的墓穴。每個洞穴的深度都是二．四公尺，周長則爲一．五公尺，由一圈黃色護欄保護著。

隧道口有一張灰色的美耐皿桌和棕色塑膠椅。在存有致命物質的貯存罐送到之前，此地是工作空間，而就跟所有工作空間一樣，總是有待塡的表格，有需要歇息的雙腳。

隧道側面有一系列以螺栓固定的棕色塑膠板，板子塗有石粉，上面有些不知名人士以指甲畫出圖像。塑膠板共有三片。左手邊的板子上畫著暴風、一株樹、一棟房子。中間的板子上是一隻坐在雲上的兔子。右邊的板子上是笑咪咪的人臉。

我在地下世界旅行多年，安克羅下方並非我到過最深之處，但在這一刻卻似乎是最黑暗之處。我強烈感覺到時間的重量壓在我們上方與周遭，壓著血管也壓著身體組織。

波斯尼亞灣的波濤在我們上方遠處向東沖刷，大海在綻裂的冰層下移動，一支多國合作的隊伍正在裝設渦輪，以接收某座核電廠的最大葉片，太陽越過破碎的敘利亞，大氣中的二氧化碳濃度增加了百萬分之幾，拉芒森冰河加速崩裂墜入峽灣。

這一切感覺都很遙遠，彷彿異星球的熙來攘往。

「安克羅建造的最初幾年，設計師和工程師之間有個笑話。」帕西突兀地說，用指關節敲打著石頭，「說他們開始鑽孔爆破以後，第一樣發現的東西就是銅罐，裡面裝著廢棄的燃料棒……」

我打了個冷戰，想起《卡勒瓦拉》，想起書中強大的 Sampo 如何磨去時代的變遷，帶著數世紀前深埋的警告，訴說打擾地底會帶來危險，需要以銅來隔離傷害，若是過早帶到地面，可怖的疾病將摧殘空氣、水和所有生物。

我想起謝貝克的「原子祭司」，那些負責以民間傳說和神話形式跨越世代傳遞危險訊息的人。我想著斯洛維尼亞山毛櫸林的滲穴，人們被推擠被棍棒打落，滲穴旁邊的錫板上的最後一行詩。**任何試圖抹去這記錄之人將受詛咒……**寒意倏然湧上——《卡勒瓦拉》正是這種訊息系統的一部分，我們卻置之不理，甚至充耳不聞。

周遭石頭的靜止如今開始粉碎。我記得和尚恩一起置身門迪的岩層內，那一動也不動的黑岩不停施加壓力。回憶紛至沓來，來自更早以前，不斷浮現我的腦海。我和我的父親在一起，用榔頭的雙爪撬起我家的地板，在我自幼居住的房內留下果醬罐做的時間膠囊。我們在裡面放了些什麼？一架小小的壓鑄飛機，大概是轟炸機吧。一封寫給不知名未來收件人的信。一些米粒，用來吸收濕氣，避免紙墨消失。我和弟弟的拍立得照片。就這樣嗎？過了這麼久，細節已經模糊了。我能夠清楚回憶的只剩下放罐子（那是個胖胖的罐子，罐口很窄，有著黃銅的蓋子），然後將上方的地板釘回原處。看不見了。安全了。一份留給未來的訊息。

時間開始崩裂，變成彼此交疊的暗影時間。地下世界的墓葬思維蜂擁而至。莫斯，他的遺體還在峰區的豎井裡，埋在混凝土中，以免未來傷害到任何人。門迪丘的中石器時代遺體被方解石收入結晶，幾欲化爲岩石……，我父親希望死後骨灰分在三地撒入風中，如此他死後就不會有墓地羈束我們，而我們則將透過大氣、聯想來懷念他。

我疲倦地在世界盡頭的棕色塑膠椅上坐下。帕西還在橫向隧道裡跟一名工人交談。我想像自己走下主隧道，繞過轉角，走到帕西的視線之外。隧道右側的牆上有三道孔洞，每一道的直徑都有我的肩膀那麼寬。我想像自己盡力將手伸入中間的孔洞，我想像手收回時已有重量被移開，有承諾被遵守。

一旦廢棄物儲存罐放入安克羅，所有銅柱都裝滿，螺旋式的坡道將會回填，通風井會回填，電梯井會回填，最後隧道口也將回填——兩百萬噸的基岩和膨土，將銅罐原地封裝，保護未來不受現在的危害。

然後我看到另一片鎖在終端艙牆面的塑膠板上有個手印：手指張開，拇指印痕清楚。這是一隻右手，在某個時刻按在牆上以保持平衡，爲了休息，又或者只是爲了留下印記。

我想起蕭維窟壁面上的紅黑手印、伸展雙臂的紅舞者人形、巴黎地下墓穴的噴漆手印、以及海倫伸進冰臼要拉我出去的手。我想著我在地下世界邂逅的許多人，他們都不退縮或孤立，全都致力於分攤人類的工作。他們當中許多人事實上是製圖者，著手繪製相互關係的網路，努力將他們的思想縫入陌生的時空尺度，不追求一己頓悟的散落瑰寶，而是在了解深度過去、深度未來和蠻荒大地的基礎上，致力於擴大可行的邊路，讓人們可以跨越地景一起行動、思考。

突然間，出乎意料，這個平凡的功能性空間散發某種希望——不，是某種**魅力**。美耐皿桌子和鑄模的椅子。塑膠板及其塗鴉藝術。帕西對安克羅的滿腔熱忱。銅罐、遊客中心、愛因斯坦掉落的八字鬍。有一群人在此盡其所能，以務實的方式逐步解開一個龐大的問題。集體決策和打造世界的艱苦工作在此進行，不盡完美但非做不可，所關心的不只是十年或一個世代之後，而更遠及後人類的遙遠未來。

我在想，在我們能夠嘗試的事情中，這或許可以列入最好的那一些，Sampo磨穿這個世界的年代：要當好的祖先。我記得曾經將《自然之後》（After Nature）的一段話抄在筆記本上：

> 在大自然中同時發現兩件事情時，最好換條路走：害怕的東西，也就是想要避免的威脅，以及，所愛的東西，盡全力推崇的……性質。兩種衝動都能令人類縮手，但第一樣東西在被焚毀或打破之後，人類就會停手；第二樣則延伸到問候或和解，使人維持伸手的姿勢。人們在建立下一個家園時，這種手勢是合作的開始，存在於人類之間，但超越我們。

◆　◆　◆　◆　◆

我們返回地面時，風已然緩和，但雪勢變大了。黃昏將至。視線所及的一切都罩上褪色的灰光。下午三點左右，一日已告終了。

過橋回到島上。鹽沼在橋的兩側。裂成碎片的海。白桿上有藍色信箱。大如房屋的巨礫包夾著白樺、圍繞著松樹。我的車頭燈在前方的暮色中射出隧道。樺樹、松樹、樺樹、樺樹。一切都凍結了。

返回勞馬的途中，黃色儀表板上的警示燈亮起。後胎正在漏氣。我可以感覺到車子開始無法抓地。我停向路邊，下車一看，輪胎幾乎已經全癟了。道路左右兩側是深幽幽的森林。車上顯示氣溫是攝氏零下十二度。我很快就發冷。手邊沒有足夠的禦寒衣物。我看了後車廂。有一個備胎，但沒有千斤頂。情況不妙，而我不知如何是好。

五分鐘後，我看到有車輛的頭燈接近。第一輛車過去了。我站在車邊，手舉在半空求助，並不抱期望。但那輛車停了下來，一個男人下車。我解釋我的情況、我的無助，說明意外是在我開車返回島上時發生。他說他是奧基洛托的工人，剛結束輪班要回家。

「很抱歉，你一定很累了。」我說。「謝謝你停下來。」

「那沒什麼。」他說。

他有個小千斤頂。十分鐘後他已經換好輪胎，將扁平的輪胎小心收進行李廂。他用一塊布清理指間的油脂。然後他伸出一隻手，我滿懷感激地和他握手。我們一前一後駛入黑暗。

＊注1：加倫－卡勒拉（Akseli Gallen-Kallela, 1865-1931）是著名的芬蘭畫家，他的畫作被認為是芬蘭民族意識的代表。——譯注

＊注2：地球的自轉軸是傾斜的，在地球自轉並公轉的同時，自轉軸的指向也沿著一個巨大的圓弧移動，繞一圈大約為二萬五千八百年，此為歲差週期。——編注

十三、浮現

在離開地下世界的道路上，有九道泉水自基岩湧出。

安克羅之行後數月，時令轉暖之時，我帶小兒子前往離家約一公里半的白堊高地。他四歲，我四十一歲。我們騎了大半路程，然後我將單車放倒在草地上，跟他牽手走了幾百公尺，來到九泉林（Nine Wells Wood），一片占地二千平方公尺的山毛櫸和白蠟樹林。九泉林鄰近鐵道，鄰近醫院，就跟許多小樹林一樣，一旦置身其間便覺得似乎比外面看來大得多。

我跟他在樹林裡過了平靜開心的一小時。在那裡，我可以盯著他，按照他的步伐行走，揣想這世界在四歲孩童眼中是何模樣。烈陽高照，光線穿過樹冠，裂成碎片落在我們四周。

我們走到樹林盡頭，泉湧之處。泉水圍繞著白堊上的一個坑洞，填滿一個約三十公分深、二公尺寬的水池。池水澄澈非常，若非水上樹枝照在水面形似樹根，幾乎就要以為池水並不存在。

坑洞的兩側觸手滑溜，因此我一手抓住一株接骨木的幹身，另一手抓著他的手臂，如此一來我們就可以向下滑至池水邊緣，蹲伏在那裡。

泉水讓他驚奇。他無法理解水怎麼會就這樣從地底湧出、石頭怎麼會以這種方式流動。

我們一個一個地數泉水。他們只以水面的漣漪宣告自身的存在。

「水是黑色的。」他說，而這話讓我迷惑了一陣子，後來才醒悟——水太清澈，他看透池水，直接望入池底，而那裡堆積著深色的樹葉與枝條。

爲了證明水的存在，我掬起一把池水喝下。自白堊直接湧出的泉水有股味道，與我喝過的水都不相同，在口中有種圓潤感。而且很冰。像岩石一樣冰。我捧水給他，他也喝了，一開始小心試探，然後就貪婪地握著我的手腕，在暖天享受水的涼爽。

九泉中他喜歡水流最強勁的泉水。我則喜歡最小的，在池的遠方幾乎無法接近之處，就在水位以下。那裡的白堊最白，只能從微弱的漣漪以及白堊上一道三角形的黑幽裂隙看出泉水身影。

他坐在我身上，我坐在泉畔的地上，我讓思緒逆水而流，循其路徑進入裂隙和白堊，向下穿越岩石的空隙。我想著數千年來人類在此地挖掘和埋葬的一切——新石器時代的堤圈、銅器時代的墓塚、鐵器時代沉落的環形堡壘、中世紀的墓園、第二次世界大戰的反坦克戰壕，以及數百公尺外埋藏的冷戰時期的觀測哨，若是發生核戰，觀測員要入內避難，裡面卻沒有容納他妻兒的空間，他們必須奉政府之命拋棄家人。

我抱著小兒子。一名年輕女子現身池水上方的小路，俯望湧泉窪地，看到我們時露出微笑。她正在遛她的柯利牧羊犬。狗四處竄跑吠叫。我們談了一陣子，話題由低至高，從泉水、樹林談到天氣。她的小腿上有個圓形的地圖刺青，顯示加拿大到格陵蘭的北極圈，就好像從北極點上方某處鳥瞰。

常春藤間的一塊塊白堊在樹林薄暮中露出微光。泉水由我們身邊流開之處有蜻蜓掠食。無形的眞菌網路在我們下方和周圍連結樹木。

年輕女子走開了，叫喚著不見蹤影的狗。兒子跟我鮮少交談。置身天地間，我們覺得很渺小，也很相依。

稍晚我們離開時，他跑在前面，跑下一條石南和黑刺李的隧道。那隧道起先還在陰影中，但就在我看著他奔跑的時候，他穿過隧道跑入烈陽照射之處，身影被明亮的日光燒去，消失在我的視線中，突然間我腦中閃過他終將死去的念頭。從我們周遭的樹上飄下的所有落葉、淡化成淺灰色的空氣，顏色盡失——然後生命和色調重回世界，速度之快，一如先前的消失，樹葉再度閃現綠意。

我跑向前追他，大聲叫喚，他在樹林邊緣轉身面朝我。我屈膝跪地時他一手舉到半空，五指大張。我向他伸出手去，與他掌對掌，指尖貼指尖，他的皮膚與我的相貼，奇異如岩石。

謝辭

首先，我要感謝那些陪伴、引領、教導、協助我學習如何在黑暗中觀看的人，他們對本書影響巨大。這些人是 John Beatty、Hein Bjerck、Sean 及 Jane Borodale、Bill Carslake、Lucian 及 Maria Carmen Comoy、Sergio Dambrosi、Steve Dilworth、Bradley Garrett、Meriel Harrison、Lina 及 Jay、Helen Mort、Robert Mulvaney、Bjørnar Nicolaisen、Þóra Pétursdóttir、Neil Rowley、Merlin Sheldrake、Richard Skelton、Helen 及 Matt Spenceley、Christopher Toth 及 Pasi Tuohimaa。Garnette Cadogan、Walter Donohue、Henry Hitchings、Julith Jedamus、Simon McBurney、Garry Martin、Rob Newton 及 Jedediah Purdy 在我寫作過程中閱讀了全部或部分的書稿，這些人的回應是無價的。我希望我對每一位都表示了深切的謝意。有幾個人影響了本書的特定段落，並以豐富的專業知識糾正、釐清了相關內容。我尤其感謝 Carolin Crawford（關於星空）、John MacLennan（關於岩石）和 Ruth Mottram（關於冰）。Tanja Trcek 友善而勇敢地爲我翻譯了滲穴的內文。Rob Newton 是我在寫作本書的最後幾個月裡所能期望的最佳研究助理，總能提供冷靜的建議和敏銳的眼光。

我的編輯 Simon Prosser 和我的經紀人 Jessica Woollard 在我寫作本書的六年半間

一直是傑出的讀者和朋友。在 Penguin 集團的 Hamish Hamilton 出版社，我非常幸運能與 Richard Bravery、Dave CradduckCaroline Pretty、Anna Ridley、Ellie Smith、Hermione Thompson 合作。在美國 W. W. Norton 出版社，我有幸受益於編輯 Matt Weiland 的才智、支持和耐心，以及 Jim Rutman 的鼓勵。

我從我的學生那裡學到了很多（也一起思考了很多），尤其是 Jei Degenhardt、Louis Klee、Aron Penczu、KryštofVosatka 和 Lewis Wynn。我感謝我的密友爲我和這本書所做的一切：Julie Brook、Peter Davidson、Gareth Evans、Nick Hayes、Michael Hrebeniak、Michael Hurley、Raphael Lyne、Finlay Macleod、Leo Mellor、Jackie Morris、Clair Quentin、Corinna Russell、Jan 及 Chris Schramm、David Trotter、James Wade 及 Simon Williams。尤爲重要的是，我要向 Julia、Lily、Tom 及 Will，以及我的父母 Rosamund 及 John 致上愛與謝意。

我也要感謝多年來以下人士提供的各種幫助、資訊和啓發：Glenn Albrecht、Alice 及 Chris Allan、Tim Allen、Antti Apunen、Marina Ballard、Ariane Bankes、Mattias Bärmann、Ginny Battson、Sharon Blackie、Miguel Angel Blanco、Adam Bobbette、Edward-John Bottomley、James Bradley、Michael Bravo、Julia Brigdale、Julie Brook、Rob Bushby、Jonathan 及 Keggie Carew、Steve Casimiro、Silvia Ceramicola、Christopher Chip-

pendale、Václav Cílek、Horatio Clare、Erlend Clouston、Michela Coletta、Ray Collins、
Adrian Cooper、Holly Corfield-Carr、Nicola Dahrendorf、John Dale、William Dalrymple、
Jane Davidson、Jeremy Davies、Tim Dee、Thomas Demarchi、Aly Derby、Hildegard Diem-
berger、Hunter Dukes、Cody Duncan、Minna Moore Ede、Chris Evans、Garry Fabian-Mill-
er、David Farrier、Kitty Fedorec、Rose Ferraby、Toby Ferris、Johnny Flynn、Xesus Fra-
ga、Robin Friend、Rebecca Giggs、Antony Gormley、Simon Grant、Susan Greaney、Pino
Guidi、Beatrice Harding、Katerina Havlíková、M. John Harrison、Harriet Hawkins、Cas-
par Henderson、Julia Hoffman、Cymene Howe、Robert Hyde、Bob Jellicoe、Martin John-
son、Stuart Kelly、Michael Kerr、Patrick Kingsley、Andrew Kötting、Paul Laity、Szabolcs
Leél-O˝ssy、Angela Leighton、Emily Lethbridge、Huw Lewis-Jones、Tim de Lisle、Thel-
ma 及 Bill Lovell、Borut Lozej、Richard Mabey、Helen Macdonald、Jim Macfarlane、Dun-
can Mackay、Finlay Macleod、Andrew McNeillie、Geoff Manaugh、Kevan Manwaring、Phil-
ip Marsden、Jana Martincic、Rod Mengham、China Miéville、Alex Moss、Helen Murphy、
Victoria Nelson、Kate Norbury、Annie O'Garra Worsley、Bjørnar Olsen、Jay Owens、Fran-
cesco Panetta、Fabio Pasini、Donald 及 Lucy Peck、Sibylle Pein、Borut Peric、Pirhuk、
Jonathan Power、Andrew Ray、Lara Reid、Fiona Reynolds、Dan Richards、Autumn Rich-

ardson、Darmon Richter、Tim Robinson、David Rose、Giuliana Rossi、Corinna Russell、Stanley Schtinter、Adam Scovell、Geoff Shipp、Robbie Shone、Philip Sidney、Iain Sinclair、Ingrid Skjoldvær、Paul Slovak、Jos Smith、Rebecca Solnit、Emily Stokes、John 及 Katja Stubbs、Kier Swaffield、Sarah Thomas、Louis Torelli、Michaela Vieser、Marina Warner、Jim Warren、Julianne Warren、Giles Watson、Stephen Watts、Samantha Weinberg、Andy Weir、Deb Wilenski、Christopher Woodward、Geoff Yeadon、Benjamin Zidarich。還有 Twitter 上的許多通信網友。

我感謝那些慷慨允許我在書中使用他們的圖像的攝影師和權利人。〈壹號室〉篇首的照片是在西班牙北部 El Castillo 洞穴中製作的手工模版轉印畫。最早的 El Castillo 模版至少可以追溯到三萬七千三百年前，因此可能是由尼安德特人的畫家製作的。本照片在 La Sociedad Regional de Educación、Cantabria（SRECD）的 Cultura y Deporte 的許可下重製，第一章〈降下〉的篇首照片是 Ivana Cajina（@von_co）所拍攝，在 unsplash 取得並獲准免費使用。第二章〈墓葬〉的篇首照片是普利迪九塚的其中一塚，權利人是 Richard Scott-Robinson。第三章〈暗物質〉的篇首照片由 Alexander Andrews（(@alex_andrews））拍攝，在 unsplash 取得並獲准免費使用。第四章〈下層植物〉的篇首照片由 Johannes Plenio（@jplenio）拍攝，在 pixabay/CC0 Creative Commons 取得並獲准免費使用。第五章〈隱形城市〉的篇首照片由 Le Passe-Muraille 拍攝，權利人是 Laura Brown。第六章〈無星河〉的篇首照片是特列比伽諾深淵的其中一座洞穴，提馬沃河流經其間。這是十九世紀 Giuseppe Rieger 的版畫，我很感謝 Biblioteca Civica Attilio Hortis、Trieste、E. Hapulca 允許我在書中重製。第九章〈邊緣〉的篇首照片是 Harry Clarke 的畫作，愛倫坡《默斯肯漩渦沉溺記》在一九一九年收入《神祕與想像的故事》一書中出版時，便以本畫爲插畫。本畫爲公版畫。第十章〈時光之藍〉、第十一章〈融冰水〉的篇首照片拍攝是現代的東格陵蘭，權利人是 Helen Spenceley。第十二章〈掩藏處〉的篇首照片拍攝的是奧基洛托，權利人是 Posiva。第十三章〈浮現〉的篇首照片拍攝的是 Cueva de las Manos，這名字可直譯爲「手洞」，攝於二〇〇五年的巴塔哥尼亞。手的印痕是用一支骨管將赭石土吹上製成，可追溯到九千三百年前。本張照片由 Mariano Cecowski 慷慨提供。其餘照片都是我的作品。

關於字文的使用授權，我要感謝 James Maynard 和 Helen Adam 的繼承人允許我在卷首題辭引用〈下方暗處〉一詩。我要感謝 Alexey Molchanov 允許我全文引用他母親莫查諾娃的詩作〈深度〉。本書出版前唯一以任何形式發表的可觀段落是刊登在 Emily Stokes 編輯的《紐約客》線上版〈網際網路的祕密〉（*Secrets of the Wood Wide Web*）。我要感謝 Emily 和《紐約客》允許我在書中重複使用那篇文章的若干句子。如果沒有英國國家學術院以 Mid-Career 獎學金的型式支持我，我不可能完成《大地之下》，文字不足以表達我的謝意。我感激幾個機構和同事，尤其是劍橋 Emmanuel 學院，我有幸在那裡執教十七年。此外還有劍橋的英文系和英文系圖書館（僅次於 Babe 的最佳圖書館）。音樂和音樂家的作品始終在地底陪伴著我。若沒有 *AR、Bon Iver、the Duke Spirit、Elbow、Johnny Flynn、Grasscut、Willy Mason、the Pixies、Karine Polwart、Schubert、Cosmo Sheldrake 及 Le Tigre，我無法完成本書。

《大地之下》的封面圖片是我的長期友人暨合作夥伴 Stanley Donwood 的作品，在我開始撰寫本書的第二年，二〇一三年，我第一次看到了他的畫作 *Nether*。我第一眼就大爲驚奇——大陽的詭奇光芒、樹木捲曲的鮮豔手指，深深望入輻射的、危險的地下世界的感受。我立刻知道我想要用這幅畫當封面。這幅畫很大：一點五平方公尺，大到足以讓人一頭鑽入——或墜下。確實，Nether 一字最簡單的意思是「墜下」，「往下」。該畫更徹底地表現出《牛津英語大辭典》所收入的解釋：「在下方的，或想像中是在下方的、地底的；屬於，或原生於地獄或冥府。」我撰寫《大地之下》時，每感到疲憊或不安（通常是如此），我都會想到 *Nether*。這幅畫爲我照亮前方。

不過，*Nether* 雖然看起來像一輪從下陷的鄉間道路中升起的巨大大陽，但其實並不是。我記得我問過 Stanley 這幅圖像，那天我和 Stanley 一起待在奧福岬，二戰後的幾十年中，英國政府一直在這片薩福克海岸測試核子武器。他說：「*Nether* 不是太陽，是你所見到的最後一件事。那是你從沒徑中看到的核爆光線。當你看到那種光線時，你的生命還剩下〇．〇〇一秒，然後肉就會從骨頭上融化。」哦，燦爛而致命、致命而美麗、核子而自然，這幅畫作將觀眾的目光召喚到地下世界，進入核子的反應爐堆核心，因而可能更貼近《大地之下》的氣氛。

大地之下

Underland: A Deep Time Journey

時間無限深邃的地方

作　　者｜羅伯特・麥克法倫（Robert Macfarlane）
譯　　者｜Nakao Eki Pacidal
校　　對｜魏秋綢
視覺設計｜格式 InFormat Design Curating
內文排版｜謝青秀

責任編輯｜賴淑玲
行銷企畫｜陳詩韻
社　　長｜郭重興
發行人兼出版總監｜曾大福
出 版 者｜大家／遠足文化事業股份有限公司
發　　行｜遠足文化事業股份有限公司
231 新北市新店區民權路 108-2 號 9 樓
電　　話｜(02)2218-1417
傳　　真｜(02)8667-1065
劃撥帳號｜19504465　戶名・遠足文化事業股份有限公司
法律顧問｜華洋國際專利商標事務所　蘇文生律師
定　　價｜500 元
初版一刷｜2021 年 2 月
初版三刷｜2021 年 12 月

國家圖書館出版品預行編目 (CIP) 資料

大地之下：時間無限深邃的地方 / 羅伯特・麥克法倫 (Robert Macfarlane) 著 ; Nakao Eki Pacidal 譯 . -- 初版 . -- 新北市 : 大家出版 : 遠足文化事業股份有限公司發行 , 2021.02
面；　公分
譯自 : Underland : a deep time journey.
ISBN 978-986-5562-04-5 (平裝)

1. 旅遊文學 2. 世界地理

719　　110000064